MON TOUR
DU MONDE
EN 1980 JOURS

MON TOUR DU MONDE EN 1980 JOURS

JÉRÉMY MARIE
ET FRÉDÉRIC VEILLE

City
Document

Photo de couverture et photos intérieures : D.R.
ISBN : 978-2-8246-0348-3
Code Hachette : 51 9966 6
Rayon : Récit/Actualité
Catalogues et manuscrits : www.city-editions.com

Dépôt légal : septembre 2013
Imprimé en France par France Quercy, 46090 Mercuès - n° 31597/

À mes parents.
À ma sœur.

Préambule

Ne croyez surtout pas qu'un matin je me suis levé en me disant que j'allais me lancer dans un tour du monde en auto-stop. Non, je crois que cette envie de voyager, de découvrir, de m'évader, je l'ai toujours eue en moi. À preuve, à l'âge de dix ans, je jouais déjà avec Coralie, ma sœur jumelle, à apprendre les capitales du monde. Comme nos deux chambres étaient voisines, elle venait parfois dans la mienne et nous prenions un atlas géographique. Alors commençait la grande interro :

— Burkina Faso ?

— Ouagadougou.

— Indonésie ?

— Jakarta.

— Syrie ?

— Téhéran. Ah non ! Damas !

Ces noms dégageaient une couleur, un exotisme dans mon esprit d'enfant. Ils ne voulaient rien dire, mais leurs tonalités résonnaient quand même comme des promesses de mondes à explorer.

Et puis, nous tournions les pages. Il y avait ces couleurs chatoyantes sur la carte des reliefs : jaune pour les déserts, vert pour les forêts, rouge pour les très hautes montagnes. Sur les cartes apparaissaient aussi des illustrations : gorilles au Congo, lamas au Pérou, kangourous en Australie. Ces illustrations de choses et d'endroits qui m'étaient tout à fait inconnus attisaient ma curiosité. Une curiosité d'enfant, une vision colorée de l'atlas géographique que mes parents ont vite transformées en réalités en nous amenant tout simplement, ma sœur et moi, en vacances à l'étranger.

À l'âge de treize ans, je suis allé avec eux en Turquie, à quinze ans, aux Canaries, à 17, en Tunisie. Ces voyages ne me permirent pas de comprendre la culture des populations vivant dans ces pays, mais cela me donna l'opportunité de humer un air différent. Il n'y avait pas que la grisaille normande sur cette planète. Le désert tunisien, chaud et sec, existait vraiment. Les volcans, comme le pic de Teide des Canaries, n'étaient pas qu'un mythe. Aller dans ces endroits me prouvait une bonne fois pour toutes que l'atlas géographique de mon enfance ne racontait pas que des fables pour enfants de dix ans.

Mes parents nous poussaient même, ma sœur et moi, à nous intéresser aux richesses des pays où nous étions. Bien sûr que, pour des enfants de notre âge, la piscine était plus tentante que les vieilles ruines, mais ils avaient su nous arracher à cela pour nous faire découvrir Éphèse et Pamukkale, en Turquie.

Qu'ils avaient raison !

Au lycée, j'ai aussi pu participer à un voyage en Pologne, où nous étions logés chez l'habitant, soit dans les familles d'étudiants polonais de notre âge. C'est la première fois que je me retrouvais seul à l'étranger.

Logé chez les parents de ma correspondante Alicja, je me pliais à leurs coutumes, goûtais à leur cuisine, vivais à leur rythme. J'ai aussi pu visiter le centre de Cracovie, le camp de concentration d'Auschwitz, les mines de sel...

Lorsque je suis revenu en France, j'avais des souvenirs plein la tête et je n'avais qu'une envie : vivre continuellement ce genre d'expériences.

Mon baccalauréat en poche, je ne savais toujours pas dans quelle direction aller. Rien ne m'inspirait, rien ne me donnait envie. Faculté de droit ? De médecine ? D'histoire, peut-être ? Ce n'était pas encore l'heure de ce choix pour moi, je le savais bien. Alors, j'ai décidé de partir pour faire quelque chose d'utile : apprendre l'anglais. Pas à la faculté d'anglais, non. J'allais partir à l'étranger. Seul.

Mes parents me soutinrent dans cette démarche et, après quelques semaines, je trouvai un emploi de serveur dans un hôtel-restaurant de Llandrindod Wells, au pays de Galles.

Ce départ était le début d'une nouvelle période de ma vie. Je coupais le cordon avec ma famille et partais m'installer seul, dans un pays où je ne connaissais pas la langue pour faire un travail que je n'avais jamais fait.

Je me rappellerai toujours mon arrivée dans ce patelin au nom imprononçable avec ces petites maisons de briques rouges. Je fus accueilli par le responsable du restaurant. Il commença à me parler en anglais pour évaluer mon niveau. Tout de suite, comme cela, sans équivoque. Même pas le temps de me préparer mentalement, de me remettre du voyage, de tous ces chocs émotionnels. J'étais entré dans le monde et j'étais seul, naïf et sans arme pour me défendre.

S'ensuivirent les neuf meilleurs mois de ma vie, à cette époque. Le début fut bien évidemment difficile, car je ne comprenais rien à ce que ma supérieure me disait, mais, peu à peu, j'apprenais quelques mots, je commençais à communiquer. J'oubliai ma peur et je me fis des amis. Polonais, Lituaniens, Réunionnais… Cet hôtel avait des allures d'auberge espagnole.

Nous vivions également tous ensemble. Les gérants de l'hôtel avaient acheté deux maisons pour loger le personnel étranger. Nous étions deux ou trois par chambre. Je vécus avec un Espagnol, puis avec un Polonais.

Je découvris que je comprenais mieux les étrangers que les gens du pays. Les Gallois parlaient anglais avec un accent très fort, comme s'ils articulaient avec une pomme de terre dans la bouche. À peine prononçaient-ils le premier mot que le troisième se terminait. Une véritable bouillie d'anglais.

Après quelques semaines, je décidai d'aller explorer les alentours : Builth Wells, Swansea, Liverpool, Cardiff. J'y allai en train ou en bus. C'était l'aventure. J'avais réussi à me construire une base, d'où je pouvais aller et revenir.

Toutefois, au bout de quelques mois, je me rendis compte que l'étendue des destinations proposées par les moyens de transport locaux était limitée. Puis, il y avait les horaires à respecter. Limité dans le temps et dans l'espace, j'éprouvais une certaine frustration. Je touchais un peu à une sorte d'émotion, difficile à définir. Il y avait quelque chose, là, au bout de mes doigts, quelque chose qui me faisait un peu peur, mais qui m'excitait également.

C'est ainsi que, quelques jours plus tard et après avoir raté mon bus qui était censé me ramener à l'hôtel, je me suis retrouvé au bord de la route, en train de faire du stop.

Quelle idée m'avait amené à solliciter les véhicules de cette façon ? La curiosité, certes, mais aussi le désir d'autonomie et d'indépendance. Les mêmes qui m'avaient conduit au pays de Galles. Et puis, je me disais que, si cela fonctionnait, si quelqu'un s'arrêtait, je ne serais plus dépendant des transports en commun. En somme, je serais libre d'aller où je voulais et quand je voulais !

Et, justement, après une dizaine de minutes, un homme s'arrêta. Incroyable ! J'avais provoqué l'arrêt d'un véhicule !

Cet environnement autour de moi n'était pas figé. Je pouvais, si je voulais, y avoir une influence et changer le cours des choses.

Je courus pour arriver au niveau du conducteur. Il avait la quarantaine. Il portait un jean et une chemise, il était propre sur lui. Sa voiture aussi était propre, presque neuve. Une Ford Mondeo bleue !

C'était un homme qui allait travailler dans le prochain village. Il me demanda où j'allais, puis engagea la conversation :

— Je ne vois plus jamais d'auto-stoppeurs. Certes, il faut être prudent, mais c'est une bonne façon de voyager pour un jeune homme comme toi.

J'hallucinais. Cet homme m'encourageait même à continuer. Moi qui croyais que l'auto-stop était à la limite de la légalité. Oui, car personne ne le faisait. Quand il fallait se déplacer, cela impliquait systématiquement une certaine organisation. Regarder les horaires de bus ou de train, aller à la gare, acheter le ticket, prendre le bus ou le train, et revenir de la même façon. Là, il m'avait simplement fallu me mettre au bord de la route, dans la direction désirée, et faire signe aux conducteurs l'empruntant. C'était d'une simplicité étonnante.

À bord de son véhicule, je ne peux pas nier que je fus pris d'une sensation étrange. Je partageais un habitacle de voiture avec un inconnu, que j'avais de surcroît interpellé. J'étais responsable de tout cela. Je ne me sentais pas chez moi, j'étais comme un intrus, et des pensées me revenaient.

Et si cet homme était issu de cette société que l'on aime à décrire comme dangereuse ?

Les phrases que ma mère m'avait glissées à l'oreille avant mon départ résonnaient alors dans ma tête : « Ne parle pas aux étrangers. » « Ne fais confiance à personne. »

J'étais en train de faire tout le contraire de ce qu'on m'avait appris. Pourtant, rien ne se passa.

Il me déposa à une jonction cinq kilomètres plus loin et me souhaita bonne chance. J'avais réussi. Certes, j'étais encore loin de ma destination, mais le plus important n'était pas là. J'avais vaincu la peur, l'appréhension. J'avais fait un pas vers un monde que je ne connaissais pas. J'avais élargi mon champ des perceptions. L'auto-stop n'était pas qu'un mot dans un dictionnaire, c'était un concept et, aujourd'hui, j'avais avancé grâce à l'aide de quelqu'un.

Je réalisai aussi que j'avais ouvert une porte. L'auto-stop m'avait amené où je voulais, en totale liberté. Mon choix de destination était la limite. J'aurais pu aller jusqu'à Londres si je voulais. L'étendue des possibilités était infinie. Je pouvais techniquement aller partout. Je gardai cette information dans un coin de ma tête. Un jour, cela pourrait être utile.

Lorsque je revins en France, au cours de l'été 2005, après neuf mois passés au pays de Galles, il y avait du soleil, il faisait beau. Je ne savais toujours pas ce que j'allais faire à la rentrée, mais j'avais deux mois pour y penser. Ce qui me trottait dans la tête était tout autre. Cette expérience d'auto-stop m'avait chamboulé.

Et comme en juillet, en France, c'est le mois des festivals de musique, avec Raphaël, un ami, je partis à Belfort pour passer quelques jours aux Eurockéennes. Une fois le festival terminé, nous nous sommes retrouvés sur les routes allemandes, à faire du stop, souvent dans de grosses berlines.

Arrivés à la frontière tchèque, nous avons poussé jusqu'en Pologne, puis en Lituanie, Lettonie, Estonie. Ensuite, en bateau vers la Finlande, la Suède. En train vers le Danemark. En avion vers l'Angleterre, puis de retour en France par le train.

Pour nous, ce voyage faisait figure d'épopée, car nous n'avions rien préparé. Nous allions vers l'est, puis encore vers l'est. Nous ne jetions qu'un coup d'œil à la carte de l'Europe et, comme ça, nous décidions du prochain pays à visiter.

En 3 semaines de voyage, j'avais l'impression d'en avoir vécu 50 à la maison. Il s'était passé tant de choses. La police avait vidé mon sac sur la voie piétonne en Allemagne, un conducteur tchèque avait essayé de voler mon sac, j'avais dormi dehors à Riga, découvert le passé communiste polonais, mangé des *zipelinais* à Vilnius, passé la nuit sur un bateau à Stockholm, visité le quartier de Christiania à Copenhague...

J'avais vécu tout en apprenant. J'avais d'ailleurs appris un peu sur tous les sujets. En géographie, bien sûr. J'avais réalisé avec étonnement qu'il ne fallait traverser que l'Allemagne pour atteindre la République tchèque. Moi qui croyais que Prague était aux antipodes de la France… Ma perception des distances s'en voyait toute disproportionnée. Le monde n'était pas si grand que cela. Pour arriver quelque part, il fallait juste choisir une direction et s'y tenir.

Tout simplement, mon monde s'élargissait. En regardant la carte de l'Europe à mon retour, je ne la vis plus de la même façon. Les noms des villes que j'avais visitées ne résonnaient plus comme les simples tonalités de mon enfance. Ma curiosité s'était affinée.

Après cette vingtaine de jours passés à vadrouiller en Europe, la question récurrente me revint : que vais-je faire de ma vie ?

Comme mon expérience à l'étranger m'avait beaucoup plu, mon choix se porta sur le tourisme. J'entrepris donc des études de tourisme en alternance. J'étudiai à Caen et travaillai à l'office de tourisme de Rouen. Le travail à l'office de tourisme était très répétitif. J'étais agent d'accueil et il me fallait expliquer toute la journée où se trouvait la cathédrale, le Gros-Horloge, la place du Vieux-Marché et le musée des Beaux-Arts. Mon cerveau était inactif. J'étais quand même heureux de pouvoir parler un peu avec les touristes lorsque le moment le permettait, mais autre chose vint même me retirer ce plaisir : l'ambiance de bureau.

Je le sentis dès le début : je n'étais pas aimé. Je ne rentrais pas dans le moule et, en conséquence, il fallait que je reparte au plus vite. Pour cela, mes collègues m'aidèrent à me dégoûter de ce lieu. J'étais en formation, donc là pour apprendre. C'était là leur angle d'attaque. Ils se mirent à bloquer mes prises d'initiative, à ne pas répondre à mes questions et, au final, je n'appris plus rien.

Au bout de quelques semaines, je retrouvai des sensations que je pensais enfouies dans ma mémoire depuis l'école : la frustration de ne pas pouvoir s'exprimer et de s'entendre dire qu'on n'est pas capable.

Seulement, j'avais un petit peu plus d'expérience dans ma vie. J'analysais mieux la situation. Comme mes collègues ne me connaissaient pas, ils ne pouvaient pas connaître mes limites. Tout cela était du bluff, juste une excuse de leur part pour me donner envie d'abandonner.

Je savais que démissionner entraînerait l'arrêt net de mes études, mais que continuer me rendrait malade. J'étais aussi choqué par cette méchanceté gratuite. Ils me faisaient ce qu'il y avait de pire. J'aurais préféré être insulté, bousculé.

Cela aurait été plus sain. Non, eux, ils avaient choisi de m'ignorer. Ils ne m'écoutaient pas, ne me regardaient pas. Pour eux, je n'existais pas.

Cette situation très désagréable eut tout de même le mérite de m'amener à me requestionner sur le sens que je voulais donner à mon avenir. Comme lors de mon retour de ce voyage dans d'autres pays d'Europe, je focalisais mes interrogations sur ce fameux choix.

Qu'est-ce que je voulais faire de ma vie ? Quel type de personne voulais-je être ?

Le séjour en Angleterre, le tour d'Europe, l'auto-stop. Tout cela m'inspirait vraiment. Je m'étais senti vivre. J'avais appris des choses, j'avais rencontré des personnes intéressantes. Je redevenais curieux. Non, il est vrai que ranger les cartons de l'office de tourisme ne m'intéressait pas ; cela me rendait amorphe. En revanche, apprendre l'anglais, avoir des interactions avec des Polonais, goûter le plat national lituanien, voilà des choses qui valaient la peine d'être vécues !

Tant pis pour le diplôme ; je me ferais ma propre éducation, même si elle ne serait jamais approuvée sur un bout de papier.

J'avais assez confiance en moi pour franchir le pas. Je n'abandonnerais pas. Je savais ce que je voulais et c'était suffisant pour prendre ce risque.

Quelques jours plus tard, je démissionnai de l'office de tourisme. Ce jour fut un vrai soulagement. J'avais l'impression d'avoir pris la bonne décision. Je tournais le dos à une vie conventionnelle et j'avais décidé de vivre pleinement ma passion.

Franchir le pas se matérialisa quand j'annonçai cette nouvelle à mes parents. Je m'en souviendrai toujours. Nous étions encore à table, dans le salon, après avoir fini de déjeuner.

— Papa, maman... Alors... Je sais ce que je veux faire… J'ai bien réfléchi… Je veux partir faire le tour du monde en auto-stop.

Je me mets à leur place aujourd'hui. Si mon fils me sortait une chose pareille, alors qu'il n'a pas de diplôme, s'il venait de démissionner et s'il n'avait rien de concret pour démarrer une vie active, je crois que je sortirais de mes gonds.

Mon père, pourtant, me dit une chose qui restera à jamais gravée dans ma mémoire :

— Je me doutais bien que tu allais vouloir faire quelque chose comme ça un jour.

Il m'avait compris. Il avait même identifié ma passion et, du ton de sa voix, j'avais réalisé qu'il la respectait.

Ma mère eut une réaction de maman. Son fils allait disparaître, personne ne saurait où il serait, et il pourrait lui arriver toutes sortes de choses dans ce monde si dangereux. Et puis, ce n'était pas une vie. Comment allais-je subvenir à mes besoins ? Quand commencerais-je à travailler ? Maintenant, je voulais faire le tour du monde ? N'importe quoi !

Elle ne dit rien de cela, mais je le sentis, parce qu'elle ramassa les assiettes et partit faire la vaisselle.

Cette annonce marqua pour moi le début de l'aventure. Je ne pouvais plus faire marche arrière. J'avais l'impression d'avoir prononcé cette phrase avec tellement de sincérité, que cela faisait office de signature de contrat. Comme lorsque l'on jure sur la bible. Impossible de mentir ou de revenir sur mes mots. C'était trop tard, l'engrenage était enclenché. Il me faudrait désormais avancer tout droit dans cette direction. Pour me donner encore plus envie, je décidai de faire un tour de France en auto-stop, dans les conditions de mon futur tour du monde. Pendant une quinzaine de jours, je voyageai de Caen à Rennes, puis Poitiers, Bordeaux, Toulouse, Montpellier, Marseille, Lyon, Genève, Bâle, Strasbourg, Reims et Paris.

Raphaël m'accompagna pendant la moitié du voyage, jusqu'à Marseille. Ensuite, ce fut à moi de jouer. Cette fois, je choisis un sac beaucoup plus petit. J'avais appris du tour d'Europe qu'il valait mieux voyager léger lorsque l'on était amené à beaucoup marcher. J'utilisai aussi le réseau de couchsurfing et de Hospitality Club. Ces deux sites Internet offrent la possibilité de dormir chez l'habitant.

Je découvris que ces sites étaient une véritable mine d'or pour faciliter les interactions culturelles. Les gens qui m'ouvraient leur demeure avaient la même mentalité que ceux qui me prenaient en stop. Ils étaient ouverts d'esprit, curieux et avaient envie d'apprendre, d'échanger. Comme ces sites étaient gratuits, cela établissait un échange ami/ami, au contraire d'un vendeur/client qui aurait tout de suite détruit l'interaction au profit d'une recherche de bénéfices.

Je ne pouvais pas négliger l'aspect financier également. Sur le long terme, je n'aurais pas pu dormir à l'hôtel tous les soirs. Dans ma situation, ces deux sites Internet rendaient mon voyage deux fois meilleur. La réduction des coûts et surtout l'accès aux cultures depuis l'intérieur des maisons. J'imaginais déjà la richesse des échanges lorsque je serais dans des pays comme le Mexique, le Pérou ou encore le Vietnam. Grâce à ces sites, j'aurais directement accès à tout cela !

Ce voyage faisait aussi figure de test. Allais-je réussir à me débrouiller une fois complètement seul ? Allais-je même aimer devoir faire face à tous types d'inconnus ? J'étais déjà sûr de la réponse, mais il me fallait tout de même me mettre en situation.

Cette seconde partie de voyage, où il me fallut remonter la France, fut très concluante. J'appris que la seule personne qui pouvait régler tous les petits problèmes auxquels je devais faire face était moi-même. J'appris qu'il me suffisait simplement de réfléchir un petit peu pour les régler. J'appris que, en auto-stop, sortir des villes était la chose la plus difficile, que les stations-services étaient un bon endroit pour parler aux conducteurs.

Je terminai mon tour de France sur un bon point. J'étais sûr de ma passion. Je pouvais donc me lancer dans la préparation de mon rêve.

Maintenant, le plus dur restait à faire. Je démarrais de zéro. Concrètement, je n'avais pas d'argent, pas de travail et pas de diplôme. J'avais toutefois deux acquis : l'anglais et la connaissance du métier de serveur.

Alors, je commençai à démarcher les restaurants. Vers le mois de décembre 2006, je trouvai un contrat à durée indéterminée dans une brasserie de Caen.

Chaque mois, je mettais environ 900 euros de côté. Je vivais très simplement. Je mangeais souvent au restaurant où je travaillais, je vivais dans un vingt mètres carrés et je limitais au maximum les dépenses superflues. J'étais heureux. Ce mode de vie, qui peut paraître spartiate en France, était plus que suffisant pour moi. Je n'avais besoin de rien. Célibataire, sans enfant, mais avec un but en tête. Je regardais mon compte se remplir mensuellement et je m'imaginais combien de pays en plus je pourrais parcourir.

Je me mis à lire des récits de voyage. François et Claude Hervé avaient réussi à faire le tour du monde à vélo pendant quinze ans. André Brugiroux, lui, l'avait fait en stop il y a une cinquantaine d'années. Toujours en stop, un Français du nom de Ludovic Hubler était même en train de terminer le sien à l'heure où je préparais mon sac.

Tous ces routards m'inspiraient. Ils personnifiaient ce rêve. Ils l'avaient tout simplement fait. Cela voulait dire que c'était possible.

Je commençai à diffuser la nouvelle de mon départ à mon groupe d'amis. Jérémy, le petit copain de ma sœur à cette époque, m'encouragea en me créant un site Internet au nom de mon projet. Quel beau cadeau ! Cela me permettrait de communiquer tout au long de l'aventure. Je sollicitai les entreprises pour obtenir des sponsors.

J'envoyai des demandes de parrainage à tous les grands magasins de sport, mais aussi aux collectivités, à toutes les sociétés qui avaient un jour sponsorisé quelqu'un ou quelque chose. Mais rien. Absolument rien.

Personne ne s'intéressait à ce projet loufoque. Ce fut un coup dur, mais je n'allais pas abandonner. J'allais partir seulement avec les économies empochées au restaurant. Au pire, je travaillerais sur la route.

C'est à ce moment que la Direction de la jeunesse et des sports du Calvados me délivra le fonds départemental d'aide à l'initiative des jeunes d'une valeur de mille euros. J'étais passé devant des juges et je leur avais expliqué mon projet. Ils avaient adhéré. Je vivais l'obtention de cette bourse comme une reconnaissance et un respect de mon projet. Ça n'avait plus l'air aussi fou qu'au début, quand j'évoquais un rêve lointain et inaccessible. Cela se concrétisait.

Le jour du départ se rapprochait. Je l'avais fixé au 8 octobre 2007. En neuf mois, j'avais mis environ huit mille euros de côté, auxquels s'ajoutaient les mille euros du fonds d'aide.

J'estimais ce tour du monde à deux ans, et cette somme me semblait suffisante.

Mon sac était désormais prêt. C'était une musette de l'armée suédoise qu'un collègue de mon père m'avait offerte. Petite, compacte, de couleur kaki, c'était parfait pour être discret. J'obtins à la préfecture mon permis de conduire international. Ma banque m'envoya ma carte bleue Visa, et je souscrivis une assurance.

Je me suis fait aussi administrer différents vaccins : rage, fièvre jaune, hépatite A et B, typhoïde, méningite… C'était le moins que je puisse faire pour rassurer mes parents, car le moment était venu de les quitter. Ils habitent Rouen et j'avais décidé de partir de Caen. Mon départ de la maison fut émotionnellement pénible, pour eux comme pour moi. Tout s'est fait dans les non-dits.

Résignés à me laisser vivre mon destin, ils m'ont regardé partir comme si j'allais à la guerre. Cela me fit mal au cœur de les laisser devant la porte du jardin. Je m'en voulais. Qui étais-je pour les abandonner ainsi ? Ils m'avaient éduqué, tout donné, et moi je leur exprimais ma reconnaissance en disparaissant pour une durée indéterminée.

Pour les remercier, je me fis la promesse de ne pas les décevoir et d'aller au bout de mon rêve. Olivier, un ami à qui j'avais demandé de venir me chercher, mit enfin le camion en marche. Nous étions partis pour Caen.

J'avais choisi Caen pour le départ, car l'école primaire Le Clos Herbert était intéressée à suivre mon périple par procuration. On m'enverrait des questions sur les pays que je traverserais et j'y répondrais sur mon site Internet. J'avais voulu partager cette expérience avec des jeunes, car je me disais que ce type d'éducation était ludique et bon à prendre.

J'avais mis tout cela en place avec Denise Demonte, la directrice de l'école. On nous avait mis en relation via la mairie de Caen.

En ce jour J du lundi 8 octobre 2007 et dans le hall de l'école, elle avait préparé un banquet, mais aussi accroché des photos, des planisphères, des noms de pays notés sur des feuilles de papier, tout cela pour les enfants, certains parents, des professeurs, la presse, une élue de la mairie de Caen, laquelle m'offrit d'ailleurs un drapeau…

Je me retrouvai avec un micro dans la main et commençai à remercier tout le monde d'être là. Puis, les enfants se mirent à réciter des poèmes, à chanter des chansons pour me souhaiter bonne chance et bon voyage. Je tentai de garder ma contenance, mais c'était difficile. J'ai déjeuné avec tous les professeurs, qui me demandaient dans quelle direction j'allais partir. Il était déjà 14 heures et je me disais qu'en partant à cette heure-là, je n'atteindrais sûrement pas Reims, ma destination envisagée avant la nuit. Olivier, qui avait passé la journée avec moi, me déposa au premier endroit où je ferais du stop, au péage de Dozulé, sur l'autoroute A13.

Je savais que c'était une bonne place pour tenter d'arrêter les voitures. Derrière les barrières rouges et blanches du péage, il y avait un parking, assez grand pour accueillir quelques camions. Olivier me laissa.

— Tu te dépêches de revenir, ou c'est moi qui viens te chercher.

J'avais l'impression qu'il prenait autant de plaisir que moi. Il était heureux de me voir partir. Il vivait son rôle comme s'il était honoré d'être ma rampe de lancement. Il m'avait déposé là où tout allait commencer.

J'étais donc tout seul, face à mon rêve et à mon incertitude. Je ressentis à peu près la même émotion que lors de mon arrivée au pays de Galles. Je me demandai tout d'abord ce que je faisais là, avec mon petit panneau TOUR DU MONDE. J'avais l'impression d'être ridicule.

Je repris contenance. Ce n'était pas le moment de se poser ces questions : 14 h 30 ! Il était temps de bouger d'ici avant qu'il ne fasse nuit.

Quelques instants plus tard, un camion Renault blanc s'arrête en face de moi. À l'intérieur de l'habitacle, un monsieur, la cinquantaine, mal rasé et l'air un peu louche de loin. Je l'ai vu, il a regardé mon panneau !

— C'est pas toi le p'tit gars qu'était sur RTL ce matin ?

Oui, effectivement, c'était bien moi. Je ne savais pas que j'étais déjà si populaire !

Un seul passage sur la première radio de France, et tout le monde me connaît ! Lui, en tout cas, a entendu le reportage et décidé de m'aider. Mais comme il ne va pas dans la même direction, il allume sa CB pour savoir si des collègues à lui vont vers Reims.

Quelques minutes plus tard, un de ses amis camionneurs s'arrête à côté de nous sur le parking. Un autre camion Renault blanc. Il va pouvoir me faire avancer un peu vers l'est.

Le voilà donc, mon premier conducteur. Un camionneur. Et pour faire dans les inaugurations, c'est la première fois aussi que je fais du stop avec un camion. Je découvre ainsi l'intérieur avec surprise.

La cabine d'un camion est bien plus grande que l'habitacle d'une voiture. Je peux me lever dedans si je veux. Il y a deux sièges et une couchette derrière. Cela doit être aussi spacieux qu'une chambre de bonne à Paris. Je comprends maintenant comment tant de camionneurs vivent sur la route.

Mon conducteur a les cheveux grisonnants, a également la cinquantaine, mais a su garder un corps assez fin. Lui aussi a entendu mon projet et mon histoire sur RTL !

Il sourit, enclenche la première, et nous démarrons. Voici le premier d'une longue série de véhicules. Maintenant, c'est sûr, je ne ferai pas demi-tour. En avant pour le tour du monde !

I

Premiers kilomètres

Enfin ! J'y suis ! Ma première étape se situe à Laon, préfecture de l'Aisne. Cette escale n'évoque encore rien de paradisiaque, mais au moins, j'aurai un lit au chaud pour dormir ce soir.

En effet, la première nuit de ce tour du monde, je l'ai passée hier sous un pont au bord de l'autoroute ! Grelottant dans mon sac de couchage, avec le bruit des camions me résonnant dans les oreilles. Belle entrée en matière, mais il me faudra m'y habituer, car me voilà désormais sur la route. Les prochaines étapes en vue sont Metz, Zurich et puis Milan... Si la bonne fortune m'accompagne !

Les premiers kilomètres défilent rapidement, je les mène tambour battant. J'arrive ainsi en Suisse, où je teste le couchsurfing pour la première fois de ce voyage.

C'est Casey Fenton, un informaticien américain, qui a créé ce projet en 1999. Après avoir trouvé un vol de Boston à Reykjavik, il avait contacté par mail plus d'un millier d'étudiants de l'Université d'Islande pour leur demander s'il pouvait loger chez eux. Surprise ! Il reçoit au total plus de cinquante propositions d'hébergement. Dans le vol de retour à Boston, il commence à échafauder le projet couchsurfing, qu'il lancera en janvier 2004 sous le slogan « découvrir la planète et ses habitants avec le canapé comme moyen de locomotion ».

Grâce à Casey Fenton, me voilà donc chez Anna à Bâle.

Anna a un look de randonneuse. Elle a deux longues couettes qui sortent d'un bandana rouge, un pull polaire qui serait parfait pour les longues marches dans la montagne et une petite paire de lunettes pour prouver qu'elle est bien étudiante. En ce moment, elle privilégie ses études à la randonnée et je ne la vois guère, car elle est très occupée.

Je passe tout de même le week-end chez elle, dors dans son grand canapé et partage sa passion de faire à manger. Un vrai dimanche de pantouflard avant de reprendre la route demain matin où, pour bien débuter la journée, une BMW Z3 s'arrête. Décapotée, sièges chauffants.

Je me la raconte un peu dans ce coupé sport. Cheveux au vent, les derniers qu'il me reste, j'admire les paysages, les lacs et les montagnes du panorama suisse.

À Lugano, Raphaël me rejoint pour quelques jours. Il souhaite participer un peu à cette aventure. À peine je le retrouve que deux policiers nous interpellent :

— Vos papiers, s'il vous plaît !

L'éternelle technique du flic gentil et du flic méchant. L'un nous pose des questions sur le voyage tandis que l'autre nous fait vider nos sacs sur la voie publique.

Bref, nous quittons déjà la Suisse et entrons en Italie où nous sommes hébergés chez Federico pour un repos bienvenu, car, depuis quelques jours, je ressens une douleur au genou. J'espère que ce n'est pas une tendinite ; ce serait dommage de s'arrêter ici sur blessure !

C'est grimaçant que je continue ma route vers Gênes, toujours avec Raphaël. Mais l'auto-stop ne fonctionne pas, ce qui nous contraint à passer la nuit dehors dans un bâtiment en construction, alors que les premières gelées sont arrivées. Il fait moins de zéro.

Le lendemain, un peu frigorifié, j'utilise tous les panneaux, cartes et documents que j'ai en ma possession pour tenter d'attirer l'attention des conducteurs. Cela fonctionne et quelqu'un s'arrête enfin. On dirait que le visuel est important en Italie.

Quel soulagement de revoir la Méditerranée ! Gênes me fait un peu penser à Barcelone, ville portuaire et ensoleillée avec ses ruelles étroites et son port de plaisance. C'est ici que je quitte Raphaël pour prendre la direction de Florence. Le soleil a disparu et la pluie a fait son apparition. Comme depuis mon entrée en Italie, l'auto-stop est difficile. Même l'averse qui commence à tomber n'apitoie pas les conducteurs. Derrière les nuages gris, le soleil couchant fait place à l'obscurité, et il continue à pleuvoir. Je passe sans doute une des pires nuits de ma vie, dehors, sous un banc, à flanc de montagne.

Pour le moins humide, je reprends la route au matin. L'averse redouble d'intensité. J'ai vu des jours meilleurs. Je marche le long d'une route sinueuse de montagne.

Maintenant, j'essuie des rafales qui m'envoient des sacs de pluie dans la figure. Toutes mes affaires sont complètement trempées, jusqu'à mes sous-vêtements qui suintent d'eau. Flic, floc, mes chaussures sont de véritables éponges. Je continue de marcher et, au détour d'un virage, je tombe sur un vieux camping-car anglais de marque Ford.

Le conducteur me voit arriver. Je lui fais signe et il m'invite à venir. C'est immanquablement un Australien, car il porte le fameux maillot jaune des Wallabies. Il a d'ailleurs le profil du rugbyman, plutôt première ligne, ceux qu'on voit dans les mêlées. Il a sans doute dormi ici, car il a l'air de se réveiller. Il s'appelle Phil et il voyage en Europe. Il me fait monter à bord.

Comme il me voit ruisseler, il me prête des affaires sèches, me donne une boisson rafraîchissante et des biscuits. Puis, nous partons vers Pise, sa prochaine destination. Les jours s'enchaînent vraiment de manière différente durant ce premier mois de voyage. Après avoir dormi dehors sous la pluie, me voilà nourri, logé et même habillé !

Je me sens comme à la maison dans le camping-car de Phil. Ma présence a l'air de le réjouir, car cela faisait plusieurs jours qu'il roulait seul. Sur un fond de musique folk anglo-saxonne, nous faisons escale à la fameuse tour de Pise.

Le trajet s'est jusque-là bien passé. Nous avons discuté de son voyage en Europe et de son pays natal, qu'il aime par-dessus tout. Alors, comme nous allons dans la même direction, il m'invite à continuer. Quelques heures plus tard, nous voilà à Florence.

Nous nous arrêtons pour deux jours. Phil me propose de rester dans le camping-car. J'ai ma propre couchette. J'en profite pour laver mes affaires et pour prendre un bon repas. Pas de doute, le moral est à la hausse ! Ce jour est différent, que réservera le prochain ?

Phil m'emmène dans son tour d'Italie. Notre prochaine étape est Rome. Lieu hautement historique, l'emblème de la botte est une véritable ville musée. C'est sans doute pourquoi la capitale italienne est si touristique. Le monde entier semble s'y être donné rendez-vous, avec caméras et appareils photo à la main.

Je retrouve cette masse populaire au Vatican. Nous sommes dimanche, et c'est le jour de la messe. Des dizaines de milliers de personnes assistent à cet office religieux. C'est impressionnant, d'autant plus que cela se déroule au milieu d'édifices historiques tels que la basilique Saint-Pierre et la chapelle Sixtine. Tant de richesses apparentes pour célébrer un prophète qui prônait la simplicité… Il y a de quoi se poser des questions.

L'importance de l'apparence, comme en France, est un problème qui m'insupporte en Italie. J'ai l'impression que les Italiens n'expriment leur personnalité que par leurs marques de vêtements ou de voitures. J'en ai même vu porter de grotesques lunettes de soleil alors qu'il pleuvait à torrent. La *commedia dell'arte*, c'est dans la rue que chacun la joue, en s'exhibant façon m'as-tu-vu. C'est amusant à regarder, certes, mais ça n'encourage pas à engager la discussion.

Nous remontons vers Venise, la perle de l'Adriatique. C'est le dernier jour d'octobre et, pour une fois, le ciel est d'un joli bleu. Il n'y a pas énormément de touristes, mais toujours autant de pigeons place Saint-Marc. Ces oiseaux gris n'hésitent pas à recouvrir les quelques empotés qui trouvent un certain plaisir à leur donner des graines. En voyageant en stop, je me suis détaché des circuits touristiques. Parfois, voir les activités proposées aux touristes me fait sourire.

Je découvre Trieste par son panorama. Cette ville côtière est bâtie derrière des montagnes. C'est ici que Phil et moi nous séparons. Le GPS indique que, depuis le village de Sestri Levante, où Phil m'avait trouvé ruisselant six jours plus tôt, nous avons parcouru 1190 kilomètres ensemble. Tout de même, un lift de presque une semaine ! Ça sera difficile de faire mieux !

À l'heure du premier bilan, je dois dire que j'ai aimé l'Italie pour ses côtés gastronomique et historique. Au milieu d'un décor de villes majestueuses comme Rome, Florence et Venise, je pouvais me délecter des spécialités de la cuisine italienne.

Mais ces aspects positifs de la culture italienne n'ont pas occulté le fait que l'auto-stop était très difficile. La culture d'entraide ne m'a pas paru très développée.

Individualistes, intolérants, les conducteurs italiens ne m'ont pas montré leur meilleur visage. J'ai reçu des insultes, des doigts d'honneur et on a même essayé de me cracher dessus. Enfin, ma plus grosse déception reste quand même de n'être pas monté dans une Fiat !

L'auto-stop devient beaucoup plus facile quand j'entre en Slovénie. J'ai déjà parcouru la moitié du pays quand j'arrive à Ljubljana, soit une centaine de kilomètres depuis la frontière italienne. Un homme me prend en stop dans sa petite voiture grise.

Il fait partie de ces conducteurs que j'aime rencontrer. Il m'explique un peu son pays et il y a un vrai échange. Par exemple, lorsque nous passons près d'un parc naturel, il me dit que dans les grottes qui le constituent vivent des « poissons humains », des sortes de serpents d'eau vêtus d'une peau similaire à celle de l'homme. Ils peuvent vivre jusqu'à 100 ans.

Globalement, les paysages slovènes me font penser à ceux

de la Suisse. L'ouest du pays que je viens de découvrir est formé de forêts, de montagnes et de lacs.

À Ljubljana, je suis hébergé par Ania, que j'ai contactée via Hospitality Club. Comme Couchsurfing, c'est un des plus grands services d'hébergement en ligne qui existe dans plus de 200 pays. Les utilisateurs de ce service gratuit peuvent laisser leurs commentaires au sujet de leurs hôtes ou de leurs visiteurs, et les membres inscrits peuvent s'identifier comme guide dans leur ville ou leur pays. J'espère trouver d'autres membres de ce site sur mon chemin, car c'est un gage de quiétude dans ma façon de voyager.

En ce 11 novembre 2007, j'arrive en Croatie. À Zagreb, je découvre le *ćevapi*, une spécialité culinaire locale. En ce début de tour du monde, comme je passe beaucoup de temps sur la route, il m'arrive presque tous les jours de sauter un repas. C'est pourquoi je n'hésite pas une seconde avant de mordre dans ce pain chaud rempli de quenelles de viande et d'oignon. Ce n'est peut-être pas très fin, mais cela me cale bien, et c'est bien là l'important.

Zagreb n'est pas une ville spécialement très jolie, mais j'apprécie le style austro-hongrois de certains bâtiments comme le Théâtre national et le musée Mimara.

C'est dans la banlieue de Zagreb, à Bjelovar, que je suis invité par un groupe d'une quinzaine de Croates à vivre une expérience de *free hugs*. Ce concept amusant consiste à faire des « câlins gratuits » à des personnes inconnues que l'on croise dans la rue. Il devient encore plus amusant lorsque, le soir, nous nous remémorons notre journée autour d'une bouteille de *rakija*, cet alcool de prune avoisinant les 40 °C qui me laisse penser que les Croates ont trouvé une solution radicale à la froideur du climat.

Je reprends la route le lendemain, la tête complètement dans le brouillard, en direction de Novi Sad, puis Belgrade, en Serbie. Les Croates et les Serbes sont d'ethnies différentes. Ce fut sans doute l'une des raisons pour laquelle ils se sont affrontés dans une guerre sanglante entre 1990 et 1995.

À Belgrade, la « ville blanche » vêtue de gris, je découvre ainsi d'immenses trous dans les murs de bon nombre de ses édifices. Un Serbe qui me prend en stop dans sa camionnette m'explique qu'ils sont le fait des bombardements de l'OTAN en 1999. Comme si Belgrade voulait exhiber ses blessures au reste du monde, ces plaies béantes font toujours partie du paysage urbain belgradois.

En Bosnie-Herzégovine, le stop devient un peu plus difficile. Il n'y a qu'une petite route qui mène à Sarajevo. Elle passe par tous les villages. Je change donc souvent de conducteurs, qui n'effectuent que de petits trajets. Et puis, il y a cette barrière de la langue.

Ces villageois bosniens ne parlent pas anglais et je ne connais pas leur langue. Nous communiquons donc par signes, par gestes. Cela ne reste que des banalités, et l'échange est plutôt superficiel. Toutefois, cette parodie de pantomime crée de la bonne humeur dans l'habitacle et se conclut parfois en franche rigolade. J'essaie par exemple de dire dans ce langage que les Français mangent de la langue de bœuf :

« Manger, manger », fais-je en mimant une cuillère factice portant quelque chose à ma bouche.

Puis : « Langue, langue », que je traduis visuellement en tirant ma langue et en la montrant du doigt.

Et enfin : « Meuhhhhhhh ! », conclus-je en faisant des petites cornes sur ma tête avec mes deux index.

Ce meuglement soudain n'aide pas mon conducteur à en savoir plus sur les spécialités culinaires de l'Hexagone, mais il a le mérite de dérider ses zygomatiques. C'est bien là l'important, tandis que nous continuons en imitant désormais tous les animaux de la ferme.

Cette petite route me mène finalement à Sarajevo. La capitale bosnienne est très différente des autres zones urbaines balkaniques que j'ai déjà visitées. Située sur un rond-point de civilisations, cette petite ville plaisante a subi plusieurs influences. Empires ottoman, romain ou austro-hongrois y ont laissé des traces. Je ne peux pas manquer les mosquées, semblables à celles du plateau anatolien, tandis qu'à côté subsistent des églises catholiques et orthodoxes.

Cette diversité, qui aurait pu être une occasion d'échanger culturellement, n'entraîna qu'un échange de balles, de bombes et d'obus. Là aussi des traces de guerre subsistent sur les façades des immeubles, sur la chaussée ou dans les mémoires collectives. Entre 1992 et 1996, Sarajevo a subi mille jours de siège et entraîné la mort de dix mille personnes.

Je n'arrive pas à réaliser. Les cris et le sang se sont évaporés dans le temps. Ils ne sont pas non plus gravés dans *ma* mémoire. Seul devant ces pierres brisées, je suis arrivé après la catastrophe et je n'arrive pas à comprendre quelle démarche a conduit ces hommes à se haïr à ce point. Je fais face à la même incompréhension, quelques jours plus tard, quand j'arrive à Mostar.

Bojan, mon hôte du jour, va travailler et me laisse devant le Stari Most. Je découvre un charmant pont tout neuf inauguré le 22 juillet 2004.

Comment savoir, comment comprendre, que ce monument classé à l'Unesco fut une conséquence de la folie des hommes lorsque, le 9 novembre 1993, il fut complètement détruit par un obus croate ?

Comme la paix succède à la guerre, il fut reconstruit à l'identique par une équipe bosno-croate.

Tout cela m'est trop complexe. Mon âme n'a pas encore côtoyé la misère humaine, et je ne vois qu'un pont.

Je traverse donc une chaîne de montagnes pour retourner en Croatie, où un autre monde m'attend. Dubrovnik est une ville médiévale fortifiée très touristique. Bien qu'elle ait également subi un siège de plusieurs mois pendant la guerre, ce joyau de la côte dalmatienne a su rebondir et recommencer à dynamiser l'économie du pays. Je visite rapidement et je reprends la route en direction du Monténégro, du Kosovo et de la Macédoine.

Je quitte pour la deuxième et dernière fois la Croatie. L'auto-stop a été chose aisée, car les Croates que j'ai rencontrés étaient globalement sympathiques et bien intentionnés.

Malgré tout, je ne peux pas nier avoir entendu quelques propos racistes dans ce pays, notamment à l'encontre des musulmans. Est-ce là une conséquence de la guerre ou un éternel recommencement ?

Après plusieurs jours, des montagnes et sept voitures, j'arrive à la frontière kosovare, où je trouve le gîte et le couvert chez Mavrich, qui me propose une pièce, ou plutôt l'arrière-pièce de son bar. C'est la première fois que je trouve l'hospitalité, de la manière la plus directe possible... Et donc la meilleure. Le fameux Mavrich est un sacré personnage, quand même. Au bout d'une demi-heure, j'ai déjà vu son arme qu'il a constamment sur lui. Quant à son frère, il est carrément sorti pour tirer des coups de feu en l'air.

Il avait l'air content. Reste qu'au Kosovo, le paysage est grisâtre, sombre et boueux. Des sacs plastique abandonnés traînent autour de bâtiments écroulés. Ambiance... Pristina, la capitale, n'offre guère plus de réconfort. À la morosité visuelle s'ajoute la pollution sonore. Comme les coupures d'électricité sont incessantes, il y a des générateurs devant tous les magasins qui peuvent se le permettre. Marcher dans les rues de cette ville ressemble plus à une visite de chantier qu'à une promenade du dimanche matin. En plus, des véhicules de l'ONU et de la KFOR circulent partout dans les rues de cette ville, où l'eau courante est coupée durant la nuit.

Bien que la terreur ait récemment fait escale sur ces terres, l'auto-stop fonctionne très bien, et je garde en tête d'arriver à Sofia, en Bulgarie, pour le 15 décembre 2007, date à laquelle je dois rencontrer Ludovic Hubler.

Cet Alsacien de naissance m'a fortement inspiré durant mes préparations. Il termine actuellement son tour du monde en stop, qu'il a entamé en 2003. Cinq ans plus tard, il prouve à tous que ce genre de défi est réalisable, puisqu'il l'a lui-même réussi.

— Alors, tu as fait du brise-glace-stop en Antarctique ? Tu as rencontré le dalaï-lama ? Comment était-il ?

Pendant que je lui énumère les faits majeurs de son voyage

pour qu'il m'en donne les détails, il regarde mon itinéraire envisagé et me demande :

— Tu veux faire du bateau-stop ?

— Oui, dis-je.

— Alors, tu es parti dans le mauvais sens. Pour le Pacifique, par exemple, il vaut mieux que tu le traverses de l'est vers l'ouest. Le sens des courants et des vents est très important.

Je remarque aussi qu'il est accompagné d'un classeur, où des photos, des cartes et des coupures de journaux illustrent son voyage. Il m'explique que ce classeur lui a facilité la vie pendant ces cinq années sur la route. Cela lui permettait de se présenter, d'expliquer son projet, mais aussi d'ouvrir une petite fenêtre sur le monde à des personnes qui n'avaient pas forcément la chance de voyager. Je prends note de tous ces conseils et je repars, plus motivé que jamais.

Déjà 6000 kilomètres de parcourus lorsque j'arrive en Grèce. Cette distance m'a permis de voir quelle serait ma vie pendant ces prochaines années. J'ai dormi un peu partout, beaucoup marché, pas tout le temps mangé, mais j'ai été récompensé par des moments de vie importants pour moi.

Je conclus ainsi une harassante journée de stop par une rencontre avec mon hôte Stelios, devant la mer Égée, à Thessalonique. Le climat méditerranéen apporte un peu de chaleur dans la température, mais aussi dans le tempérament des Grecs. Stelios, un jeune barbu aux yeux verts, m'accueille comme un roi. Il me laisse me reposer dans son appartement, un luxe après cette éprouvante traversée des Balkans.

Tout démarre pour le mieux en Grèce, mais mon sang-froid est sollicité lors d'une nouvelle rencontre avec un Hellène.

À 470 kilomètres d'Athènes, une BMW allant dans cette direction s'arrête. Je découvre à son bord un vieil homme de 70 ans, chauve. Il me scrute derrière ses petites lunettes rondes. Il ne parle presque pas anglais, mais je comprends qu'il décide de m'emmener jusqu'à la capitale grecque.

Dans un premier temps, il semble soucieux de faire des efforts pour me montrer sa générosité. À une station-service, il m'offre un café, un sandwich. Mais quelque chose me dit qu'une certaine fausseté se cache dans ces supposés actes bien intentionnés. Ses yeux sont fuyants. Ses miroirs de l'âme n'osent pas encore tout dévoiler.

Nous reprenons la route. Il me met des petites claques sur le genou. L'acte en soi n'est pas choquant, mais j'y lis des intentions qui ne me plaisent guère. L'atmosphère dans l'habitacle est lourde et silencieuse. J'attends avec peur et dégoût le moment fatidique où il conclura son petit jeu et ira droit au but. J'essaie de reprendre une discussion, mais il emploie désormais des termes salaces et vicieux. Je ne sais pas s'il vaut mieux se taire ou le faire parler. Soudain, il essaye de me toucher les parties. Je l'écarte brusquement. Voilà le moment que je craignais. Comment réagir ?

Nous roulons à haute vitesse sur l'autoroute et je ne peux évidemment pas sortir. D'inquiètes interrogations apparaissent à la vitesse de la lumière dans mon esprit. Est-il armé ? Va-t-il me kidnapper ? Va-t-il tenter de nouveau ?

Je bous intérieurement de colère. Je ne suis pas violent, mais la peur crée en moi ce sentiment. Je veux frapper.

Il essaie plusieurs fois encore de me toucher. Je l'esquive chaque fois, mais la situation est sur le point de déraper. Je regarde le frein à main. Que se passerait-il si je le braquais soudainement ?

L'avantage est qu'à cette vitesse, les kilomètres défilent rapidement et, malgré lui, nous arrivons à Athènes. Il arrête donc la voiture. Je prends mon sac et pars. Il faut que je m'éloigne au plus vite.

Oui, j'ai la haine. Je me suis senti ridiculisé. Je n'étais pas prêt à ce genre de rencontre et je ne savais pas comment réagir. Dans l'urgence, j'ai tenté de ne pas exprimer ma panique. Je méditerai les prochains jours sur la meilleure conduite à tenir si cela se renouvelle.

Heureusement, une fois que je suis arrivé à Athènes, Konstantinos relève le niveau. Il m'accueille en m'emmenant au restaurant, où je déguste du sanglier aux tagliatelles. Un délice.

Je passe quelques jours dans son grand appartement, jouissant d'une magnifique vue et d'une vraie hospitalité. En plein mois de décembre, il y a ici une température agréable de 15 °C. Entre monde moderne et histoire, Athènes est une autre ville musée européenne. Au détour de ruelles fleuries et aménagées pour les Jeux olympiques de 2004, je fais face à de mythiques monuments comme le Parthénon sur l'Acropole ou le théâtre de Dionysos.

Je passe mon premier Noël loin de mes proches, à Larissa. Vaya, une couchsurfeuse engagée, m'accueille dans sa famille. Pourtant, mes pensées sont ailleurs aujourd'hui. Je sais que la Grèce est le dernier pays avant la Turquie et que, bientôt, je vais quitter l'Europe.

Le lendemain, Vaya me dépose à un péage sur l'autoroute, à trente minutes de Larissa. Alors que je demande à un officier de police s'il peut m'arrêter un véhicule, j'entends un crissement de pneus. Je vois un gros 4 x 4 noir s'écraser sur un poteau qui, lui, tombe au milieu de l'autoroute. Flagrant délit de mauvaise conduite.

Je m'éloigne à pied de cette scène apocalyptique. Il me reste 800 kilomètres à parcourir pour atteindre Istanbul. À la fin de la journée, je ne suis plus loin de la frontière turque, mais pas assez tout de même. La dernière nuit en Europe, je la passe dehors, tout comme la première.

2

La Syrie de l'Hiver Arabe

Je me réveille à l'aube et je marche vers la frontière de ces deux pays qui se détestent mutuellement. Impossible pour moi de passer à pied du poste d'immigration grec au poste d'immigration turc. Un douanier me trouve finalement une voiture. Voilà pour moi et pour lui un problème de réglé. J'arrive à Istanbul, où j'ai rendez-vous avec l'organisation couchsurfing locale pour passer le Nouvel An.

En ce début d'année 2008, je visite Istanbul, la seule ville au monde bâtie sur deux continents : l'Europe et l'Asie. J'erre dans cet incroyable foyer de culture. Ça bouge, ça crie. Il y a des mosquées partout. Des milliers, paraît-il, et, à l'heure de la prière, c'est un concours de celui qui gueulera le plus fort.

Dans le quartier de Sultanahmet, j'entre dans un décor de conte des *Mille et Une Nuits*. Le musée Hagia Sophia, la Mosquée bleue, le Grand Bazar.

J'ai l'impression d'avoir franchi un fossé culturel. La réserve et la timidité européennes ont disparu. Les vendeurs du marché aux épices n'hésitent pas à héler les passants, allant parfois jusqu'à les agripper.

Je subis un choc culturel. Les interactions sociales sont plus simples, plus directes. Il y a une proximité que j'aime entre les gens. Zone interdite aux maniérés. C'est un régal pour un voyage auprès des populations locales. Moi qui voulais les rencontrer, je suis servi !

Avant de me lancer de tout mon corps dans cette conquête d'apprentissage des mœurs turques, il me faut organiser mon futur droit d'accès au Proche-Orient. La Syrie requiert un visa ; ce sera le premier d'une longue série. Après une coûteuse lettre d'introduction du consulat français, qui ne fait que confirmer le fait que je suis français, je tente ma chance au consulat syrien.

L'attente n'est que de trois jours, mais la tension est présente. Le gouvernement syrien est versatile, et de nombreux voyageurs se sont vus refuser leurs visas pour aucune raison apparente. Ouf ! J'ai de la chance. Nous sommes en ce moment dans une vague diplomatique favorable pour les ressortissants français, et j'obtiens ce précieux sésame.

Suite aux conseils de Ludovic Hubler, j'ai dû réorienter mon itinéraire. Après une courte investigation sur le monde marin, j'ai appris que les meilleurs endroits pour trouver des voiliers traversant l'Atlantique seraient les îles Canaries et l'Afrique du Sud. D'où je suis en Turquie, le seul itinéraire plausible selon la géopolitique du moment serait de traverser l'Afrique du nord au sud. L'idéal serait d'arriver au mois de décembre au Cap, afin de débuter les recherches de bateau au bon endroit et au bon moment.

Avant cela, il me faut sortir d'Istanbul et de son immense banlieue. Ma prochaine destination est Ankara, la capitale du pays. Pour me retrouver sur l'autoroute, je prends consécutivement un tramway, un métro, un ferry, un train de banlieue, puis je marche.

À deux reprises, des camions s'arrêtent sans sollicitation de ma part. Ils me proposent tout simplement de me faire avancer. Comment ça ? Ils n'ont pas peur d'un étranger ? Ils font même un pas vers moi, pauvre auto-stoppeur ? Ah ça, oui ! Je suis bien sorti de l'Europe !

En comparaison d'Istanbul, Ankara n'offre que peu d'attrait touristique. Consacrée capitale par Atatürk en 1920, Ankara passa du statut de petite bourgade de 20 000 habitants à celui de mégapole de quatre millions d'habitants. De grosses barres d'immeubles ont donc surgi de terre un peu partout dans la ville. Au cœur du nationalisme turc, je découvre dans les rues de nombreux drapeaux à la gloire du père fondateur de la nation. Mustafa Kemal Atatürk a même le privilège d'avoir un mausolée à son nom, prouvant l'état de culte voué par une grande partie du peuple à cet ancien chef de guerre.

Après cinq jours à Ankara, je file vers la Méditerranée. Le stop est toujours incroyablement facile dans ce pays. N'étant pas aussi contraints qu'en Europe par les compagnies d'assurances, les camions s'arrêtent souvent.

Comme partout, je tombe aussi sur des cas plus délicats. Vers Antalya, une bande de jeunes un peu louches m'offrent de monter. Dans l'habitacle, mes trois nouveaux compagnons consomment de la bière et du chanvre, alors que les enceintes battent sur la musique électronique d'un rythme de discothèque.

Juste après, un autre conducteur m'invite pour prendre un *çay*, le fameux thé turc consommé dans des verres en tulipe. Je préfère de loin ce type de rencontre plus calme, plus posée et plus constructive.

La consommation de thé noir prête plus à la conversation et m'amène à apprécier l'hospitalité qui m'est ici souvent donnée. Il m'arrive aussi de me faire haranguer par les commerçants comme un dollar ambulant.

Cependant, cela ne se passe généralement que dans les zones hautement touristiques, comme ici à Antalya. Le tourisme de masse amène des troupeaux d'Occidentaux qui consomment allègrement à des prix infiniment supérieurs à ce que les habitants d'ici paient.

Passer après eux avec un faciès de Blanc revient à leur faire passer leur treizième mois sous le nez.

Le libertinage français est sans doute aussi arrivé ici. À la sortie d'Antalya, un nouveau timbré me prend pour un objet sexuel. Dès mon entrée dans son camion, j'ai ressenti la même impression qu'avec le vieux Grec. Mon sixième sens de l'auto-stoppeur se développe. Cela n'a pas manqué. Après cinq minutes, mon conducteur se dévêtait littéralement tout en requérant mes services.

Heureusement, j'ai eu le temps de méditer depuis la dernière fois. Au moment où nous arrivons près d'un feu de signalisation, j'ouvre la porte, lance mes sacs et saute du véhicule. L'expérience fut visuellement plus violente, mais j'y étais préparé et je ne suis pas choqué. Je souris même. Je m'immunise petit à petit contre la bêtise humaine.

À l'inverse, je ne peux rien contre le froid. À Konya, heureusement que Bilal m'héberge à la dernière minute, car il fait -10 C° cette nuit. Bilal est un musulman pratiquant, et l'hospitalité est très importante pour lui. Il me loge, puis me nourrit.

Ses enfants nous apportent le repas sur la table. Un détail me frappe, cependant : sa femme, qui a préparé tous ces plats, n'apparaît pas. Elle passera la soirée enfermée dans la cuisine. Je ne la verrai toujours pas lorsque mon hôte jouera du *bağlama*, un instrument de musique turc à cordes.

Le même scénario se répète le lendemain lors d'une soirée de discussions avec des amis de Bilal. Le thème choisi est : « Réflexions sur l'Islam. » Pendant que la dizaine d'hommes présents s'assoient sur des tapis et discutent, la femme de l'hôte du soir prépare le festin, et je ne la verrai pas. La place de la femme dans le monde musulman est un sujet tabou en France. Ce voyage me permet de côtoyer des peuples, des familles. Je compte bien utiliser ce biais pour casser mes préjugés, comprendre le monde et découvrir sa myriade de cultures différentes.

Pour l'instant, j'observe, j'interroge et je me garde bien de donner mon avis, car qui suis-je pour porter un jugement sur un mode de pensée millénaire ?

Voilà un mois que je suis en Turquie. L'accueil a été excellent. Les Turcs ne m'ont pas laissé dormir une seule fois dehors, m'ont invité je ne sais combien de fois à prendre un *çay* et ont commencé à me prouver que l'hospitalité dans le monde musulman n'était pas que légendaire. Puis, que dire de ces lieux incroyables, comme cette région de Cappadoce que je viens de traverser. Ces formations de roches surnommées « cheminées de fée ». Les villages de Guzelyurt, Kaymakli, Gorem, Urgup, Mustafapasa.

Il y a aussi la ville historique d'Antakya, connue aussi par son nom d'Antioche. Ici subsiste l'une des premières églises chrétiennes du monde, l'église Saint-Pierre.

Demain, j'entre en Syrie.

À l'approche de la frontière syrienne, la pression monte. Je ne connais de ce pays que les avis donnés par les médias. Je sais que j'arrive dans une zone souvent conflictuelle et, inconsciemment, je m'attends à découvrir un territoire en état de siège permanent.

C'est la première dictature dans laquelle je vais voyager, et je me demande bien ce que cela signifie vraiment. Pourtant, je me dois d'y aller. Ce n'est pas le moment de flancher. Si je veux comprendre le monde, je dois aussi et surtout passer par ce genre d'endroits.

Le conducteur d'une Mercedes turque, qui m'a fait avancer un peu depuis Antakya, sort de sa grosse berline pour m'arrêter un nouveau véhicule, le dernier en Turquie. Alors que nous longeons les barbelés qui délimitent la frontière avec le voisin syrien, je vois un homme arriver de loin en courant à perdre haleine. Il se lance à travers les barbelés et entre illégalement en Turquie. Je regarde cette scène avec curiosité. Je n'analyse rien. Ni les causes ni les conséquences, étant déjà complètement noyé dans tout ce flot d'informations que crée un changement culturel. Sortir du pays, de ce point de vue, semble plus difficile que d'y entrer, car je n'ai aucun problème à la frontière. L'officier me tamponne simplement mon visa obtenu à Istanbul. Je suis officiellement en Syrie.

L'environnement change complètement. Il y a des portraits du dictateur Bachar el-Assad absolument partout, des mobylettes montées par des hommes avec des keffiehs rouge et blanc, des femmes voilées de la tête aux pieds, des feux allumés un peu partout pour se réchauffer. Et les conducteurs sont toujours aussi sympathiques, même s'ils ont l'air assez surpris de me voir faire du stop.

Car le stop est possible en Syrie, même si je doute que le concept ait été importé jusqu'ici. Je dois plus ressembler à un client potentiel de « services », car ces minibus s'arrêtent constamment lorsque j'apparais dans leur champ de vision.

J'arrive à Alep, l'un des plus anciens foyers de civilisation du monde. Des preuves d'habitations de plus de 5000 ans y furent retrouvées.

Teintée de beige, cette ville couleur désert est agréable à voir, mais pas à entendre. Le trafic est terrifiant. Je n'identifie aucune règle de circulation et ça klaxonne partout.

Je suis hébergé chez David, un professeur de français. Il vit dans un immense appartement où il fait froid, car il y a une pénurie de chauffage. Les vendeurs de mazout de la ville attendent une hausse du prix de leur ressource pour recommencer à en vendre.

La Syrie, comme l'Italie, m'accueille par des pluies diluviennes. La différence est que je suis désormais aux portes du désert.

Dans mes cahiers de géographie, ces zones climatiques sèches ne sont supposément pas propices aux fortes précipitations. Ai-je bravé quelque interdit pour provoquer ce déluge ?

Enfin, même mouillé, cet endroit me dépayse après déjà 9850 kilomètres sur la route. Bien que la ville soit belle, cela n'allonge pas mon visa qui n'est que de deux semaines. Je dois donc partir et je reprends la route en direction de Lattaquié.

Le stop est finalement facile en Syrie. La principale difficulté est de refuser aux Syriens qu'ils me payent le bus. C'est tout de même un comble ! Alors, j'expérimente toutes sortes de véhicules. Aujourd'hui, je suis même monté dans un tricycle à moteur sans porte. Autrement dit, un *tuk-tuk*.

C'est à Lattaquié que je fête mes premiers 10 000 kilomètres. Établie sur la côte méditerranéenne de la Syrie, cette ville me paraît plus occidentalisée. Moins radicale dans le respect des valeurs du Coran, j'y vois moins de foulards et plus de robes et vêtements à la mode. J'imagine que la proximité de l'air marin adoucit les mœurs.

Tout à coup, je suis surpris. Cela fait déjà quelques jours que je suis entré dans ce pays et je me rends compte que je m'y sens totalement en sécurité. J'ai du mal à concevoir que quelque chose de mal puisse m'y arriver. Quel contraste avec mes idées préconçues à la veille d'entrer au Proche-Orient !

En situation d'Occidental disponible à la rencontre, je suis continuellement invité à boire et à manger dans ce pays, comme à Homs, où Hamy m'accueille. Avec ses amis, nous allons dans un café réservé aux hommes. C'est un lieu où l'on discute tout en s'abreuvant de thé et en s'enfumant du tabac parfumé de la chicha.

À l'abord du sujet de la politique syrienne, Hamy me coupe. Il me fait comprendre que, même si la situation semble tout à fait normale, il est possible que notre discussion soit suivie par des agents du gouvernement. Interdit de parler de Bachar el-Assad et de ses sbires dans un lieu public : c'est trop dangereux.

Le lendemain, mon hôte me conduit à la station de bus. Il insiste pour que j'abandonne le stop, à ses yeux trop dangereux. Je réalise que ma naïveté est une bonne arme pour continuer sans peur. Bien sûr, je ne peux pas être totalement ignorant, mais je ne peux pas non plus m'inquiéter continuellement. Autant prendre les petites difficultés comme elles viennent. Je continue donc en stop.

Le chemin menant à Palmyre est magnifique. C'est le désert, le néant beige. J'évolue pour la première fois de ce voyage dans cet environnement. Du sable, des cailloux, quelques rares arbustes çà et là. La route est tracée majoritairement en ligne droite, car il n'y a pas de relief outre quelques collines par moments. Aux abords de Palmyre, le relief s'escarpe un peu et, au détour d'un virage, la ville apparaît comme au milieu de nulle part. Dans ce décor de ruines romaines bâties il y a environ 2000 ans, je suis invité par des Bédouins pour prendre le thé. Pauvre de moi, c'est un attrape-touristes ! Comment ai-je pu croire une seule seconde que ces indigènes puissent se comporter naturellement alors que, chaque jour, des centaines de touristes passent devant leur tente ! Quelques instants plus tard, je me retrouve entouré de perles et de souvenirs. Comme je refuse d'acheter quelque chose, ces gentils Bédouins me font payer le thé qu'ils m'avaient offert. Quand l'appât de l'argent efface l'ordre moral, cela devient pathétique.

Après avoir refusé une quinzaine de bus, services et taxis, j'arrive sur la route de Damas et je reprends le stop. J'aime me promener dans les dédales de rues du centre de Damas. L'étroitesse et la distorsion des ruelles apportent un charme anarchique à cette ville. Je m'y perds. Pourtant, ce serait encore plus difficile de m'orienter si la foule du bazar était là, mais nous sommes vendredi, et la Syrie est un pays musulman. Comme le dimanche dans les pays chrétiens, ou le samedi chez les Hébreux, tout est fermé.

Cela me prend beaucoup de temps pour sortir de Damas, mais, comme si j'étais un coureur de marathon, la population m'offre thé, bananes et oranges sur le chemin. Je me dis qu'un jour, il faudra tout de même que je fasse connaître cette incroyable hospitalité à qui veut l'entendre.

À la frontière jordanienne, mon chauffeur me montre l'endroit pour effectuer les formalités d'usage. Je ne perds pas de temps, c'est facile, je paye quinze dollars et je reprends la route.

Un camion, un autre camion... Le stop en Jordanie fonctionne très bien et j'arrive facilement dans la banlieue d'Amman, la capitale du pays. Un Jordanien m'aborde en italien, une langue que je n'ai jamais apprise, mais que je comprends plus que l'arabe du Proche-Orient. Il m'offre finalement de me ramener vers le centre-ville.

Amman est une ville qui est plus bâtie pour le business que pour le tourisme. La vie y est assez chère, il y a beaucoup d'expatriés et je ne fais presque pas de rencontres. Cela me donne le temps d'organiser la suite de l'itinéraire. Une difficulté se dresse en effet entre ma situation actuelle et le continent africain, que j'ai dans ma ligne de mire.

Quelques témoignages de voyageurs m'ont amené à étudier plus précisément la géopolitique de cette zone. Entre la Jordanie et l'Égypte se trouve Israël. Un tampon israélien sur mon passeport me fermerait la porte du Soudan. Ce pays est actuellement l'unique porte de sortie terrestre de l'Égypte. La Libye, sous le régime dictatorial de Kadhafi, ne délivre pas de visa touristique pour un piéton comme moi.

Les relations entre Israël et ses voisins sont conflictuelles, et il me faut prendre cela en compte si je veux poursuivre mon voyage. Malgré mon désir de visiter Jérusalem, Tel-Aviv ou Bethléem, je devrai certainement les contourner. En jetant un œil sur la carte, je réalise qu'il me faudrait faire du bateau-stop sur une petite portion de la mer Rouge.

Mi-février 2008, je quitte donc Amman par la route du Désert. Elle me mène à une plage au bord de la mer Morte. J'y passe la nuit et, au matin, je décide de m'y baigner. La mer Morte est connue pour être située sur le point le plus bas de la planète, soit - 417 mètres, mais elle attire surtout les touristes par son taux de salinité exceptionnel. Je flotte comme un bouchon. Après être entré dans l'eau, je fais l'expérience d'une étrange sensation. Celle de m'attendre à couler et de refaire surface, comme si des bouées me propulsaient continuellement vers l'air libre.

Je ressors de l'eau tout encroûté de sel. Je me dirige vers une plage publique où des douches sont disponibles pour les touristes. Les personnes à l'accueil me demandent six euros pour ce service.

M'étant habitué à la vie au tarif des gens du pays, je trouve ce prix exorbitant pour une simple douche. Cela me pousse à manifester ma rébellion face à ce chantage en m'essuyant le corps entier avec un mouchoir. Quel stupide acte de bravoure, me dis-je, puisque je passe les trois jours suivants à me gratter les bras et les jambes !

C'est au milieu de ces paysages bibliques que je reprends ma marche vers Pétra. La nuit tombe quand je traverse un ultime village. Un véhicule de l'armée m'arrête. Les officiers m'interdisent de continuer jusqu'au petit matin et me recommandent de trouver illico un endroit pour dormir. À ce moment interviennent Mahmoud et Yasser, deux réfugiés palestiniens cultivateurs de tomates. Ils ont suivi la scène et m'invitent chez eux pour la nuit. Comme c'est l'heure du dîner, ils préparent une bouillie de tomates avec des oignons, seuls aliments à leur disposition.

Au matin, à la lueur du jour, je peux reprendre la route. J'arrive de nouveau dans le désert. Les véhicules composant le trafic local sont une majorité de pick-up Toyota. L'un d'entre eux me prend en stop dans sa remorque et sort soudainement de la route pour emprunter une piste formée par deux lignes de pneus.

C'est un Bédouin et il m'invite chez lui pour prendre le thé. Nous arrivons rapidement devant une tente noire faite à partir de poil de chèvre. Nous entrons et nous nous asseyons sur le sol ensablé. Sa femme, qui n'est pas voilée, nous apporte du thé et du pain, tandis que son fils part à travers les arbustes en direction de l'école.

Je me sens privilégié de vivre ces instants d'hospitalité. Tout ceci est réalisé avec tant de naturel qu'il me semble que cela fut répété des millions de fois sur ces terres. Je regarde mon hôte et je vois qu'il n'y a aucune peur dans les yeux perçants de ces Bédouins. La vie est simple, mais les petits moments de bonheur sont appréciés.

J'arrive à Pétra, l'une des sept merveilles du monde. Après avoir suivi une sorte de canyon sur plusieurs centaines de mètres, un trésor se dévoile devant mes yeux : le Khazneh. J'admire cette façade creusée dans la roche rosâtre qui ressemble un peu aux temples gréco-romains avec ses colonnes supportant un ornement triangulaire.

Le site se révèle exceptionnel. Du marron au rouge, cet environnement rocailleux offre un éventail de couleurs qui changent chaque heure selon la position du soleil. Une ville entière a été façonnée dans ce relief escarpé. Des monuments apparaissent comme des troglodytes géants.

En milieu d'après-midi, je tombe ainsi nez à nez avec le monastère du Deir. Cet endroit est fascinant. J'ai l'impression d'être entré dans un décor de livre d'histoires et de m'y ébahir pas à pas. Je peux comprendre que les Bédouins vécurent pendant des siècles dans les grottes de ce site. C'est donc déjà avec nostalgie que je quitte le plus bel endroit où je suis passé jusqu'à présent.

Je continue en empruntant la route des Rois. Le moment est venu de faire face à la première vraie difficulté de ce tour du monde.

Comment accéder au continent africain ? Pour cela, je me rends à Aqaba, seule ville portuaire de Jordanie, située sur les bords de la mer Rouge. De là, j'espère faire du bateau-stop jusqu'à la ville de Taba, en Égypte.

Après avoir fait un petit tour dans la ville, je réalise que cette recherche de bateau va nécessiter du temps. De plus, je ne sais pas comment m'y prendre. À qui demander exactement ? Comment émettre cette requête ?

Cette situation est quand même frustrante. Arrivé à Aqaba, je me rends compte que l'Égypte est en face de moi, à moins d'une vingtaine de kilomètres. Je la vois, je peux presque la toucher, mais je ne peux pas y accéder !

Alors, je vais chercher du travail. Je me présente à plusieurs hôtels, mais personne n'a besoin de main-d'œuvre supplémentaire. À South Coast, le gérant du Bedouin Moon Village accepte mon aide. Il me propose de m'engager contre le gîte et le couvert. C'est exactement ce qu'il me faut.

Pendant un mois, je refais la brochure, le menu du restaurant ou encore les badges du village-vacances. J'emmène aussi les touristes faire du *snorkeling*. Les poissons multicolores du récif de la mer Rouge sont magnifiques. La barrière de corail n'est qu'à quelques mètres de la plage.

Les fortes chaleurs arrivent avec le mois de mars, et je n'ai toujours pas entrepris mes recherches de bateau. J'ai prolongé mon visa, fêté mes 24 ans et je me suis reposé une trentaine de jours dans cette station balnéaire. Si je continue, mes pieds vont rester figés sur cette plage. Je veux repartir. Pour me motiver, ce n'est pas difficile, je n'ai qu'à imaginer les pyramides d'Égypte qui m'attendent.

Comme pour signaler le départ, un touriste me fait part d'une information importante quant à la traversée de la frontière israélienne : *demander la feuille volante.*

Je décide de passer par Israël, au risque de provoquer plus tard un incident diplomatique à l'ambassade soudanaise.

Je vois de loin les premiers édifices du poste d'immigration israélien, là où on tamponne les passeports. Alors que je marche dans cette direction, deux officiers viennent à moi. Je suis encore complètement hors de portée des bâtiments officiels, mais le contrôle a déjà commencé : « Qui êtes-vous ? » « Qu'est-ce que vous faites là ? » « Quel est votre nom ? Votre nationalité ? Montrez-moi votre passeport ! » « Qu'est-ce qu'il y a dans votre sac ? Ouvrez-le ! »

Je subis un interrogatoire de trente minutes sur la voie piétonne. Les officiers alternent les questions et les ordres. J'obéis. Pour faire preuve de bonne foi, je leur tends mon classeur de voyage qui en dit plus long sur ma présence. Ils refusent de s'y intéresser. J'aurais dû attendre qu'ils le trouvent d'eux-mêmes, car ce sont eux qui mènent l'échange et pas moi.

Toutefois, ils sont satisfaits de leur recherche et me laissent passer. Le moment le plus délicat approche.

Derrière les fenêtres du poste d'immigration s'affichent des petites frimousses toutes mignonnes qui contrastent avec le sévère treillis militaire. Les officiers offrant le droit d'entrée dans ce pays sont toutes des jeunes filles de mon âge. Voir des cheveux à l'air libre m'a tout émoustillé. Pourtant, l'officière qui s'occupe de mon cas ne m'encourage pas à aller sur ce terrain. L'interrogatoire recommence :

— Votre nom ? Votre nationalité ? Pourquoi voulez-vous visiter Israël ?

Bien que mon cas soit totalement dépendant de son bon vouloir, sa sévérité n'atteint pas le but espéré. Au lieu de la craindre, je la trouve charmante. Il est dit que le port de l'uniforme excite les femmes, mais il s'avère que l'inverse soit aussi vrai. Une heure passe, et mon cas est finalement accepté. Je vais pouvoir entrer en Israël. C'est le moment le plus important et il va me falloir faire preuve de timing :

— Excusez-moi, mademoiselle ? Serait-il possible de tamponner sur une feuille volante ?

L'officière me regarde, agacée. Elle a tout de suite l'air moins charmante. Pourtant, elle accepte et me rend mon passeport vierge de toute trace de ce passage en terre judaïque.

J'entre dans ce nouveau pays et c'est même un camion de l'armée qui m'offre mon premier lift vers Eilat, une station balnéaire également située le long de la mer Rouge.

Après déjà trois mois dans des pays musulmans, la sensation est étrange de revoir des filles vêtues légèrement, de manière occidentale.

Imaginez donc le choc. À Aqaba, les femmes se baignent encore tout habillées, alors que, 10 kilomètres plus loin, c'est le déferlement de bikinis. Un monde entier sépare ces deux endroits pourtant situés à portée de jumelles. Il m'avait fallu une transition graduelle de plusieurs mois pour passer de l'Europe au Proche-Orient.

J'avais vu les changements de culture s'orienter vers une société plus traditionnelle, plus conservatrice. Et là, tout d'un coup, j'ai l'impression de passer des Bédouins à la Côte d'Azur. Certes, Eilat ne représente pas Israël dans sa globalité, car c'est un lieu de villégiature pour touristes, mais la sensation d'être revenu en Europe est bien là.

Des barres d'immeubles comme à la Grande-Motte, des bars lounge, des centres commerciaux climatisés ; le front de mer israélien est bien loin des barbecues familiaux jordaniens. J'aurais voulu visiter Israël en profondeur pour comprendre sa culture du point de vue de sa population locale, mais mon tampon de sortie de Jordanie doit concorder avec celui d'entrée en Égypte. Il me faut quitter le pays dès aujourd'hui.

Sortir d'Israël est plus facile que d'y entrer. L'immigration égyptienne ne me pose aucun problème, si ce n'est un petit détail qui va avoir son importance. Lorsque les officiers égyptiens me tamponnent le passeport, je vois apparaître sous mes yeux le dessin d'une belle voiture. Je suis en effet entré en Égypte par voie terrestre, donc par Israël.

Bougre d'idiots ! Quel intérêt de demander une feuille volante chez le voisin alors ? Ô trahison, je suis allé faire un tour chez l'ennemi ! S'il vous plaît, donnez-moi un formulaire où il y a cette case à cocher : *« N'appartient à aucun camp, ne soutient ni l'un ni l'autre, et est juste là pour voyager sans aucune motivation politique ! »*

Sérieusement, avec tout mon bardage, ai-je l'air d'être militant pour un quelconque parti ? J'espère que l'ambassade soudanaise ne se souciera pas de ce malencontreux détail.

3

Ardent Sahel

Échauffé par cette conséquence inattendue du conflit au Proche-Orient, j'en oublie presque que je viens d'entrer sur le continent africain ! L'Égypte ! À moi les pyramides, le Nil, Louxor, Assouan ! Quelle fierté d'être arrivé en Afrique en stop. C'est déjà un rêve d'accompli en soi.

Pour fêter cela, je décide d'aller à la rencontre des Égyptiens. À la terrasse d'un café à Nuweiba, j'aborde quelques jeunes qui discutent. Après un moment, ils m'invitent à venir avec eux sur la plage. Là, ils sortent un joint et commencent à le fumer devant moi. Je ne connais pas les lois locales, mais je doute que cela soit légal et je ne veux vraiment pas savoir quel traitement est réservé à ceux qui l'ignorent.

Quelques minutes plus tard, un de leurs amis arrive. C'est un policier. La coïncidence est très étrange, d'autant plus qu'il s'intéresse cordialement à ma présence. Toute cette histoire sent l'entourloupe. Je m'éloigne, prétextant aller dormir sur la plage, ce que je fais.

Au milieu de la nuit, j'ai la désagréable surprise d'être réveillé par ce même policier. Cependant, je me méprends complètement sur ses intentions. Sa sympathie n'avait que pour but de me séduire, car il me propose de l'argent pour avoir une relation sexuelle avec lui. Sur la route, on m'a déjà pris pour un hippie, un bandit, un clandestin, mais pas encore pour un gigolo. Soit, je l'éconduis gentiment et je retourne sur la route.

Second jour au pays des pharaons et déjà une autre surprise. Alors que je marchais le long de la route, une voiture de police s'est arrêtée pour me prendre en stop. Au volant, ni plus ni moins l'un des jeunes qui fumaient sur la plage. Son chef lui a manifestement donné cet ordre et je me prélasse à l'arrière du véhicule. Les rôles sont inversés.

Je tire un certain plaisir à le voir se recroqueviller sur son siège, lui qui la veille était si confiant à m'exhiber au bout de cinq minutes son haschich. Ce n'était pas le fait qu'il fumait qui me dérangeait, mais l'impression qu'il attendait une faute de ma part pour abuser de son pouvoir. Le destin revêt parfois l'habit du donneur de leçons.

Une voiture me dépose devant le monastère Sainte-Catherine, au pied du mont Sinaï. Je veux escalader ce relief où Moïse découvrit les dix commandements de Dieu. Comme il est déjà tard, je demande l'hospitalité dans ce lieu saint. Un pope me mène dans le bureau de l'archevêque Damianos. Il est vêtu de noir, ce qui contraste avec sa barbe blanche. Je lui expose mon projet et lui formule ma demande, insistant sur mon désir de découvrir leur vie en communauté. Il accepte de m'héberger pour une nuit et me conseille d'éviter la Chine, ces derniers ayant des croyances barbares. Certes, j'y penserai !

J'erre en fin d'après-midi dans ce monastère chrétien orthodoxe grec sans pouvoir réellement discuter avec les moines. Chacun médite, et toute forme d'échange social est limitée au strict nécessaire. Ce moment de la journée est beaucoup plus calme que pendant les heures d'ouverture du monastère aux touristes. Je peux profiter du silence, admirer les nombreuses petites chapelles et prendre un repas avec les pensionnaires en m'abstenant toutefois de parler.

À 6 heures du matin, je pars à l'assaut du mont Sinaï.

Alors que j'entame simplement l'ascension, je me retrouve subitement à contre-courant. Plus de 500 touristes dévalent la montagne devant moi. Ils ont escaladé le mont pendant la nuit pour assister au lever du soleil et retournent désormais à leur hôtel. Pas aussi matinal, j'ai raté ce spectacle, mais au moins j'aurai le sommet pour moi tout seul.

Une fois là-haut, le panorama est ahurissant. J'ai l'impression d'être sur le toit du monde avec une carte en trois dimensions s'étalant sous mes pieds. Mon regard se porte sur ces morceaux de roche énormes qui semblent être sortis du ventre de la terre en gardant sur eux la couleur des particules du sol. C'est sans aucun doute un endroit où Dieu aurait pu se manifester.

Je quitte la péninsule du Sinaï et me dirige vers Suez. Je ne trouve aucune voiture sur ce trajet, car la police le fait à ma place. Il y a de nombreux points de contrôle sur les routes égyptiennes, et je profite de la présence policière pour qu'elle m'arrête des véhicules. Du monastère jusqu'à Suez, j'utilise cette stratégie à quatre reprises.

Je m'assois sur un banc devant le canal de Suez et je regarde passer les bateaux. Je médite sur le courage qu'il a fallu à ces hommes pour creuser à bout de bras une telle voie navigable. C'est grâce à eux que, ce matin, d'énormes porte-conteneurs peuvent sillonner lentement entre la mer Méditerranée et l'océan Indien. Je me demande où chacun de ces navires va. Australie ? Chine ? Japon ?

Pour ma part, ce sera Le Caire. Après le désert, la montagne et la mer, le retour à la vie citadine me satisfait. Pas pour longtemps cependant : Le Caire est tellement immense que je me sens rapidement envahi par toute cette activité incessante.

Puis, l'argent est un sujet qui revient trop ici. Au Caire et en Égypte en général, il est totalement naturel qu'un étranger paye plus qu'un habitant d'ici. C'est le cas dans beaucoup de pays en développement, mais aucune subtilité ne vient atténuer ici ce sentiment d'abus. Il m'arrive même qu'un vendeur me l'expose clairement :

— Tu es un touriste, je te fais payer trois fois plus, c'est normal !

Cette normalité me pèse. L'Égypte est trop touristique. Les gens d'ici ont réalisé, à force de côtoyer des Occidentaux dépensant un an d'économies en deux semaines, qu'ils pouvaient en tirer profit. Cette mentalité rend les interactions avec les Égyptiens très difficiles. Il faudrait que je m'exile dans quelque oasis du pays pour trouver un peu d'authenticité.

Le Caire m'offre toutefois un spectacle unique au monde : les pyramides, étape obligée de mon passage en Égypte. Je m'assois et j'admire ces tombes géantes dédiées aux pharaons. Je tends l'oreille pour savoir si l'on peut entendre d'ici le trafic de la ville. En effet, la capitale égyptienne s'est aujourd'hui étendue jusqu'au pied de ses monuments fétiches.

Il me faut toute une matinée pour m'extirper par le sud de cette ville aux dimensions monstrueuses. Je planifie de tenir cette direction générale, ce qui me conduira prochainement au Soudan. Mais, avant, j'ai encore toute l'Égypte à traverser. Comme j'en ai pris l'habitude dans ce pays, je m'adresse au premier barrage de police que je vois pour m'arrêter un véhicule. Sur cet axe, je vais les collectionner. La route qui longe le Nil en direction de Louxor est truffée de ce type de postes de contrôle.

Vers Maghagha, deux de ces barrages vont s'amuser à me renvoyer l'un à l'autre comme une balle, en me faisant faire plusieurs allers-retours. À l'issue de ce petit jeu, je suis escorté jusqu'au commissariat de la ville, où le chef de police de nuit m'interroge. Je lui présente mon projet et il décide de m'aider. Accompagné de trois de ses gorilles, je suis conduit dans le train menant à Louxor.

Cette première expérience de train-stop s'avère être pour le moins rocambolesque. Mon escorte rapprochée ne me lâche pas. Dès l'arrivée en gare, je vois les voitures de troisième classe vomir des gens par les portes et les fenêtres. Un incroyable brouhaha a lieu, et je comprends d'ores et déjà la future utilité de mes imposés gardes du corps. Ils frayent leur chemin grâce à leurs muscles et je les suis jusqu'à l'intérieur d'une de ces voitures populaires. Ils réquisitionnent quatre sièges, alors que je vois des jeunes s'installer littéralement dans les porte-bagages ! Ils s'y allongent ! La chaleur et la promiscuité sont désagréables dans ce long compartiment moite et bondé. Un vrai sauna.

Arrivé sous bonne escorte à Louxor, je tombe en pleine zone touristique. La chaleur humaine, elle provient des bras qui m'alpaguent à chaque coin de rue. Les vendeurs sont là pour une seule raison, et je représente quelques zéros de plus sur leurs calculettes. Autant, en Syrie et en Jordanie, un simple « Non, merci » concluait ce type d'échange, autant ici on me suit sur une centaine de mètres en me faisant l'inventaire total du magasin.

Quand les commerçants abandonnent finalement leur course au dollar, ce sont les enfants qui reprennent le flambeau. Ils sont malins. Ils ont très bien compris qu'un vêtement en loques et un « Aidez-moi, j'ai faim » soufflé du bout des lèvres à une horde de touristes peut leur rapporter gros, beaucoup plus que de passer leur jeunesse à étudier et répéter un schéma de vie d'Égyptien moyen.

Le problème est que cela ne dure qu'un temps. Leurs petites bouilles encore attachantes vont vite se friper avec l'âge et la dureté de la vie dans la rue. Je ne crois pas en l'assistance systématique. Toute récompense se doit d'être méritée, sinon, cela crée de la dépendance et de la paresse. À terme, les effets peuvent être désastreux.

En attendant, je quitte Louxor pour Assouan, où je dois demander mon visa soudanais. Les employés du consulat me demandent de patienter une semaine. J'espère juste qu'ils n'ont pas vu la petite voiture sur le tampon égyptien. Pendant ce temps, je visite un peu le centre et ses alentours, mais Assouan est une ville étape des croisières sur le Nil, et le scénario de Louxor s'y répète. Alors que je traîne dans les rues piétonnes de la ville, un jeune vendeur de mon âge m'interpelle. Je m'approche. Avant même de me demander mon prénom, il entame notre échange par des questions extrêmement indiscrètes sur l'anatomie des zones érogènes des filles de mon pays.

J'essaye de comprendre pourquoi ce mâle en rut m'assaille de ces interrogations si embarrassantes. La réponse n'est pourtant pas difficile à trouver : dans les pays musulmans, il est interdit d'avoir une relation sexuelle avant d'être marié. Pour pouvoir se proposer en tant que mari, l'homme doit pouvoir offrir un confort et un certain matelas financier à sa future compagne. Comme il est très difficile de réunir ces conditions avant l'aube de la trentaine, la plupart des hommes égyptiens restent vierges pendant toute leur puberté. Inutile de décrire leur état lorsqu'ils voient des jeunes filles occidentales en vacances et qu'ils savent qu'elles sont libres de s'offrir à qui bon leur semble.

Après trois semaines d'attente et un aller-retour inutile de 1800 kilomètres à l'ambassade soudanaise du Caire, l'inertie administrative touche à sa fin. Les employés du consulat soudanais m'ont fait payer mon passage par Israël par cette attente. Ce 20 avril 2008, je me déleste des cent dollars du visa et m'apprête enfin à entrer au Soudan.

Cela aurait été d'autant plus dommage, car la Nile Navigation Company, la seule compagnie de ferry assurant le lien entre l'Égypte et le Soudan, a accepté de m'offrir le passage contre la promesse de mentionner leur acte généreux sur mon site Internet. Promesse évidemment tenue !

Accompagné d'un toussotement de moteur, je quitte l'Égypte en ferry-stop. Nous débutons notre traversée du lac Nasser en soirée et je passe la nuit sous un bateau de secours situé sur le pont. Si nous coulons, cela réduira mes chances d'être dévoré par les crocodiles. Nous voguons toute la nuit et toute la journée du lendemain. Peu avant de passer la frontière, je vois devant moi s'élever les temples d'Abou-Simbel. Finalement, je la fais aussi, ma croisière sur le Nil !

L'aventure égyptienne s'arrête ici et j'entre dans un territoire qui m'est absolument inconnu : Wadi Halfa. Seul *wadi*, qui signifie « oasis » en arabe, m'indique que le néant du désert m'y accueillera. Quelques instants plus tard, plus de doute sur la destination.

Dès la descente du ferry, c'est le choc. Quelle chaleur ! Il fait en effet 50 °C. J'ai l'impression d'être en permanence sous un sèche-cheveux réglé au maximum. Et encore, il n'y a pas une once de vent ici. Quelle idée aussi de débarquer en été dans l'un des endroits les plus chauds de la planète.

La plus grosse différence que je note avec l'Égypte est sociale. Les Soudanais sont souriants, prévenants, sociaux, réservés. Quel contraste ! À peine le temps de marcher jusqu'au village de Wadi Halfa, l'on me souhaite dix fois la bienvenue :

— *Welcome to Sudan !*

De la population soudanaise émane une profonde gentillesse. Peut-être que leur simplicité les aide à accéder à cette sagesse qu'ils semblent posséder. Oui, à première vue, ils sont matériellement beaucoup plus pauvres que leurs voisins. Plus de chemises et pantalons de marque américaine ; les Soudanais portent le kamis blanc. Cette longue toge leur permet d'ailleurs d'amenuiser les attaques des rayons du soleil.

Privilégier l'utile au superficiel. À mes yeux, voilà un autre bon point.

Je passe la nuit dans une *lokanda*, ce qui me permet de faire connaissance avec ce genre d'auberge à la soudanaise. Le gérant m'amène dans une petite chambre, dont le sol est comme à l'extérieur recouvert de terre battue.

Je vais faire un petit tour dans Wadi Halfa, qui est vraiment bâti au milieu du désert. Quand je reviens, surprise, les lits de toutes les chambres de la *lokanda* ont été emportés dans la cour. La fraîcheur des nuits du Sahel amène les Soudanais à dormir à la belle étoile.

Je me lève à l'aube et décide de tenter de rallier les 170 kilomètres qui me séparent d'Abri, le prochain village. Seulement, je fais face à une tout autre réalité que la veille. La chaleur est moins poétique qu'à mon arrivée, et je tombe à genoux, régurgitant la seule eau que contient mon estomac. Une fois que je suis debout, la situation est loin d'être meilleure. Il n'y a pas de route. Wadi Halfa est complètement isolé du reste du monde. Aucun chemin n'y vient ni n'en part. Quelques traces de pneus témoignent cependant d'un récent passage. Elles semblent s'éloigner vers le désert et son inconnu. Je ne veux pas les suivre, car une erreur me serait ici fatale. Me perdre dans cette fournaise n'est heureusement pas encore une option à considérer.

Mon salut vient d'un petit pick-up Toyota qui passe par là. Les traces de pneus témoignaient bien de la route à prendre. Il a encore de la place et accepte de me conduire jusqu'à Abri. Il n'y a absolument rien entre Wadi Halfa et Abri. Pas une habitation, pas une route.

Du désert, du désert, encore du désert. Puis, il se passe la chose à laquelle je m'attendais le moins au monde : il se met à pleuvoir. C'est même le déluge. Le chemin creusé par le passage des véhicules est inondé. Le pick-up s'enlise, les autres passagers descendent, nous poussons et nous repartons.

J'arrive le soir à Abri. Je vais dormir directement. Je n'ai rien mangé, j'ai été malade et je suis exténué. L'aventure est passionnante, mais elle ne m'épargne pas physiquement.

Au matin, c'est jour de marché. Il y a beaucoup de gens dans les rues ensablées de ce village. Sachant que rien ne peut pousser ici, le coût de l'importation fait hausser les prix. J'achète quelques fruits, aussi colorés que les vêtements des femmes soudanaises. Ce peuple me paraît toujours aussi charmant.

Si la chaleur ne venait pas du ciel, je dirais qu'elle vient de leur générosité. Khaled, que je rencontre dans un marché, m'invite à son village. Khaled me fait découvrir Sai et Nulweita, qui sont deux îles situées au milieu du Nil. Ici subsistent des villages nubiens.

Au milieu d'un climat hostile, ces constructions humaines se fondent complètement dans leur environnement, car elles en proviennent. Les Nubiens utilisent la terre séchée pour construire leurs maisons. Pas de truelle, les traces circulaires de mains sur les murs témoignent d'un travail sans outil.

Mon attention se dirige vers les portes d'entrée. De véritables explosions de couleurs accueillent quiconque s'introduit dans ces maisons. Grâce à Khaled, je peux découvrir ces bâtisses depuis l'intérieur, car nous sommes invités chez nombre de ses amis. Malgré la simplicité apparente de cette vie, je découvre une délicatesse et un certain art de vivre chez les Nubiens. Tout est propre, et leurs kamis blancs toujours immaculés en sont une autre preuve.

Un habitant de ce village vient discuter avec moi dans un anglais parfait. J'apprends qu'après avoir terminé ses études de physique à l'Université de Khartoum, il a abandonné la vie stressante de la capitale pour revenir à l'essentiel dans son village d'origine :

— Tu sais, ici, l'argent est inutile. Nous sommes autosuffisants et, ce qui nous importe au final, c'est de vivre avec nos proches.

Voilà comment, après déjà plusieurs mois sur la route, je réalise que je peux recevoir des leçons de vie de la part de personnes provenant de ce que l'on appelle le tiers-monde. Je suis stupéfait par la sagesse de ses propos.

Cet homme a tout compris. Au milieu d'un environnement presque stérile, mais avec un peu de bon sens et beaucoup de cœur, il arrive à être heureux, et c'est tout ce dont il a besoin. Je repars avec ces phrases à méditer et un soleil qui me tape toujours autant sur la tête. Il fait tellement chaud que j'ai besoin de boire dix litres d'eau par jour. Heureusement, ces Nubiens ont pensé à tout. Des jarres d'eau publiques sont disponibles un peu partout sur leur territoire.

Cap sur Khartoum. Dans un village après Dongola, la famille de Hawat m'invite alors que je marchais près de leur maison. Je suis passé des Nubiens aux Arabes, et l'hospitalité n'a pas disparu. Néanmoins, après la sagesse de cette civilisation que je viens de laisser, il m'est difficile d'apprécier celle-ci au même titre. Je ne retrouve pas la même lueur dans les yeux de mes nouveaux hôtes.

Pendant que le père fait l'apologie du dictateur Umar al-Bachir, le fils me montre une vidéo d'extrémistes arrachant la tête d'un pauvre Américain. Il n'y a aucune méchanceté dans leurs yeux, mais à la place un puits d'ignorance qui fait peur. Ces gens-là sont les idiots utiles du gouvernement qui se garde bien de les éduquer. Moins ils en savent, plus manipulables ils sont. Pour l'instant, ils n'ont que des convictions dont ils ne mesurent ni le caractère raciste ni la portée politique.

Une preuve de leur absence totale de discernement : ils ne font pas la relation entre leur dictateur, la vidéo qu'ils m'ont montrée et moi, l'Occidental.

Ils m'accueillent même à bras ouverts, me nourrissent et me fournissent un lit que nous installons dehors, à la mode soudanaise. Le paradoxe de cette incroyable hospitalité mêlée à cette immense bêtise me donne envie de les secouer :

— Indignez-vous ! Refusez cette mélasse haineuse de discours pseudo-politique que votre dictateur utilise pour vous triturer le cerveau ! Faites comme ce Nubien : revenez aux sources, pensez par vous-mêmes ! Regardez-vous, bon sang ! Ne voyez-vous pas qu'il y a infiniment plus de valeur dans cette hospitalité qui vous honore que dans les armes ? Ce terrain n'est pas celui d'Allah. Lui prône paix et amour, et vous le savez déjà puisque vous m'avez ouvert votre maison !

Comme s'ils avaient lu dans mes pensées, mes hôtes devancent la relative fraîcheur de cette nuit dans le désert en m'offrant des couvertures. Je me réveille toutefois la bouche et les affaires ensablées, car il y a eu un peu de vent pendant que je dormais.

À Khartoum, je passe trois jours à errer dans la capitale. Je passe prendre mon visa éthiopien, mais je ne peux pas accomplir l'autre mission que je m'étais fixée. Retirer de l'argent est en effet impossible au Soudan, car un embargo contre les banques du pays m'empêche de passer au distributeur. Je n'ai plus que 40 dollars pour atteindre Addis-Abeba, où j'espère être plus chanceux pour obtenir du liquide.

Voilà deux jours que j'ai quitté la capitale. Près de Wad Madani, je demande l'hospitalité dans une station-service. Mes hôtes pompistes m'accueillent chaleureusement en me sortant un lit en ferraille. Je m'allonge à l'air frais dans ce campement improvisé, accompagné de quatre autres camionneurs soudanais de passage. On nous apporte même une petite télévision.

J'y vois des combats dans des rues qui me paraissent familières. Les rebelles du Darfour ont lancé aujourd'hui une attaque contre le gouvernement à Khartoum. Le bilan est terrible. Plus de 200 morts. À deux jours près, j'aurais pu être dans la mêlée. Je contacte Mathieu, un ami que j'avais rencontré au centre culturel français :

— J'ai regardé la télé. Que s'est-il passé ?

— Les rebelles ont débarqué dans la ville. C'est un désastre. Ils ont tout retourné et semé la folie là où ils sont passés...

Je quitte le Soudan avec un double sentiment. J'y ai reçu la meilleure hospitalité depuis le début de mon voyage. Presque chaque soir, dans ce pays, une famille m'a accueilli. Malheureusement, ce pays est instable. Trop de violence, trop de corruption. Le traverser en stop fut un plaisir absolu, mais y vivre avec ces risques au quotidien doit être une expérience radicalement différente.

4

Le triptyque d'Afrique de l'Est

Le passage de la frontière éthiopienne ne m'amène pas dans un pays différent, mais dans une autre galaxie. Quel choc ! Que ce soit à un niveau culturel, climatique ou environnemental, tout change.

Il faut savoir que les Soudanais et les Éthiopiens n'ont rien en commun. L'Éthiopie, c'est le début d'une Afrique métissée. La couleur de la peau des habitants est d'un joli brun clair. Elle sied particulièrement bien aux femmes, que l'on dit être les plus belles du continent. Les femmes, parlons-en ! Les voir déambuler librement dans les rues m'interpelle. Leurs étoffes qui épousent leurs formes ont presque pour moi des connotations sexuelles. Après quatre mois dans des pays musulmans, je m'étais tristement habitué à éviter de les regarder. J'avais même oublié qu'elles existaient. Mes yeux de mâle se rallument devant leurs sensuelles démarches de félines.

Je ne suis pas le seul. D'autres hommes portent leurs regards dans la même direction que moi. Attablés devant une *injera* (galette de teff, plat principal en Éthiopie), ils consomment une bière. Cette simple scène m'interpelle plus pour la bière que pour ce plat inconnu. Consommer de l'alcool dans les pays musulmans est passible de sérieux problèmes. Le houblon avait donc disparu, au même titre que les femmes, de mon champ de vision. Au-delà de ces vices qui m'éclaboussent la vue, le franchissement de cette ligne imaginaire m'apporte d'autres changements.

J'entre dans la vallée du Rift. Cette fracture qui cisaille l'Afrique de l'Est modifie le relief qui m'entoure. Je passe du désert à la montagne et, par la même occasion, je perds une trentaine de degrés. La vie réapparaît sous la forme de buissons, puis de touffes d'herbe, et enfin elle reprend sauvagement son droit en verdoyant le paysage à outrance.

Pour compléter l'ensemble, quelques détails d'ordre culturel viennent s'additionner à mon trouble. Le calendrier, qui devient alexandrin, soustrait sept ou huit années au système de division du temps grégorien. En 2008, je revis pour la seconde fois de ma vie le passage à l'an 2000. Si ce ne sont pas les années, c'est le cadran horaire qui me joue des tours. Les Éthiopiens commencent leur décompte avec six heures de décalage. Alors que je reprends la route à 8 heures tapantes, il n'est que 2 heures dans le pays du défunt empereur Hailé Sélassié.

Mes premiers pas m'apportent une ultime petite surprise, alors que je ne suis pas encore sorti du village transfrontalier. L'alphabet amharique, utilisé dans cette nouvelle contrée, n'évoque pour moi absolument rien de connu. Avec plus de 200 signes à son actif, l'amharique est une nouvelle preuve de la richesse de la culture éthiopienne, qui a su se préserver des dangers de l'acculturation par les envahisseurs occidentaux.

À la sortie de ce village, les camions ne sont pas nombreux, mais l'un d'eux accepte de me faire avancer d'une trentaine de kilomètres. Il me dépose à un poste de police. Au souvenir de l'Égypte, je décide de demander aux officiers de m'arrêter un véhicule. Cette requête m'apportera une réponse affirmative, formulée toutefois avec moins d'enthousiasme que leurs confrères nord-africains. Ayant le temps et étant décidé à le prendre, mes nouveaux amis me font attendre vingt heures avant de me libérer. Leur mastication intensive de khat, plante poussant en Éthiopie dont la mastication et l'ingestion de ses feuilles conduisent à une accélération de l'activité cardiaque et une différence dans le comportement de son consommateur, n'a apparemment pas dynamisé leur cerveau.

Bien qu'ayant mentionné une demi-douzaine de fois que je ne voulais pas de transport public, ils m'arrêtent un bus. Je refuse généralement de prendre ce type de véhicule en stop, car je considère que je fais perdre au conducteur un client potentiel. Néanmoins, l'attente fut trop longue pour refuser cette offre qui me conduirait loin, très loin, de ces officiers.

C'est donc en bus-stop que je me dirige vers Gonder. Je me retrouve assis sur mon sac entre deux rangées de sièges, car toutes les places de l'autocar sont occupées. La route s'élève dans un décor de montagnes splendide, ce qui entraîne un itinéraire plus tortueux et d'ailleurs transformé entre-temps en chemin rocailleux. En conséquence, le bus entier est secoué comme un prunier. Cela me réconforte, car, dans ce cas, je sauve un client potentiel.

Nous avons grimpé en altitude. La désormais fraîcheur du climat conduit les Éthiopiens à se vêtir d'une couverture de laine. N'ayant pas réagi à cette transition brutale, j'ai pour ma part gagné un rhume. Il est vrai qu'apprécier tous ces paysages fantastiques depuis la remorque des pick-up ou des camions ne m'a pas aidé à éviter les courants d'air. Quand je ne profite pas de ces vues fabuleuses dans des véhicules motorisés, je traverse des villages à la marche.

— *You ! You ! You ! Where are you go ?*

Comme dans les pays précédents, l'auto-stop est un concept inconnu. Un piéton blanc qui tente d'arrêter les véhicules le long des routes éthiopiennes est une vision qui est loin de passer inaperçue. Des familles entières s'agglutinent devant leurs huttes en terre séchée pour me voir passer. Certains parents m'envoient leurs grappes d'enfants aux basques pour me mendier ce que je peux avoir à offrir :

— *Farenje ! Give me birr ! Give me pen ! Give me money !*

Pendant deux, trois, quatre kilomètres, ces mioches me tiennent compagnie en me répétant continuellement leurs demandes. Nombreux comme une équipe de foot, ils se relayent d'un village à un autre. Jamais depuis mon départ je n'ai vu autant de mendicité. En totale vulnérabilité face à ces enfants, je me sens harcelé. Plus qu'ailleurs, le Blanc est considéré ici comme un trésor ambulant.

C'est donc avec un groupe de gamins à mes trousses que je découvre les montagnes boisées appartenant au parc national du Simien. Des hurlements jaillissent de la jungle. Sur la route en face de moi, un groupe de babouins en est venu aux coups. Le plus gros d'entre eux essaye de se faire respecter, et le reste du groupe semble enfin l'avoir entendu.

Un camion se décharge de moi dans un petit village avant Darima. J'y suis accueilli par une soixantaine d'enfants qui m'amènent à leur école. Comme je suis consacré d'emblée comme la curiosité du jour, le professeur responsable me fait visiter le centre éducatif ainsi que la clinique qui lui est affiliée. « Clinique » est un bien grand mot quand je découvre le fameux lieu. À peine une pharmacie fournissant quelques médicaments contre les maux de ventre et de tête. Un centre de premiers soins serait mieux équipé.

S'il y a un manque de matériel de première nécessité, il n'y en a pas dans l'imagination collective. Prenons les prénoms : ils sont une source de création traduisant le mode de pensée éthiopien. Chaque appellation possède un sens élaboré. *Abebe*, par exemple, signifie « Fleur de riz qui s'épanouit au mois de septembre », ou *Manelebesh* se traduit par « Qui y a-t-il de plus que toi ? »

Les kilomètres et les paysages de montagnes défilent aussi lentement que les véhicules me font avancer sur ces routes en lacet et sans revêtement. Je vois la pauvreté, parfois la misère. Toute cette mendicité, à laquelle je reste sourd, n'en est que plus frappante lorsqu'un jeune m'invite finalement à déjeuner dans sa très modeste demeure. Son comportement est paradoxal avec mes précédentes interactions, car il refuse que je participe aux frais du repas. Comme il le mérite et que cette valeur est pour moi redevable, j'insiste.

Plus loin, je tombe sur un camp de réfugiés érythréens. Je le longe à pied et m'arrête quelques instants pour discuter avec quelques-uns d'entre eux. Être réfugié dans un pays qui connaît déjà un tel manque pour sa propre population me paraît être une véritable tare. J'ai l'impression d'approcher encore plus de la misère humaine. Le manque de biens matériels peut encore être vécu avec bonheur, mais pas la perte de ses terres, de sa famille, de ses repères. Pas quand il n'y a plus de quoi subvenir à ses besoins primaires. Je croise des regards vides, des regards perdus. Je ne peux rien faire pour eux aujourd'hui. Pire, ma naïveté et ma vulnérabilité font de moi une proie éventuelle. Mieux vaut passer mon chemin.

Quinze kilomètres ! Quatre-vingt-dix kilomètres !

En demandant à la population locale, je ne saurai jamais la véritable distance me séparant d'Axum. Il n'y a pas de notion de distance dans ce pays, ni nulle part en Afrique en général. Alors, je fais ce qu'il y a de plus utile et je la parcours. Axum, supposée ville touristique, l'est toutefois beaucoup moins que Louxor ou Assouan. Toutefois, comme il y a eu des Blancs qui ont « donné » avant mon passage, je suis de nouveau la cible de demandes diverses et variées :

— *Give me birr, money, dollar !*

Je ne réponds même plus. En conséquence de mon manque d'intérêt, je vois une pierre voler près de moi. Je me retourne et vois quatre téméraires s'enfuir en courant.

Plus tard, à Mekele, ma santé se dégrade. Voulant me détacher temporairement de ce pays difficile à voyager, j'ai la mauvaise idée d'ingérer de la nourriture occidentale. Conséquence immédiate de la consommation de produits lactés non réfrigérés, mon estomac se rebelle, et la diarrhée s'installe.

Plus les jours passent, plus j'ai l'impression de subir l'Éthiopie au lieu de la découvrir. Je ne me sens pas le bienvenu dans ces terres, qui ont pourtant beaucoup à offrir culturellement. Pourtant, je continue de parcourir le pays en stop. Je veux me convaincre qu'il existe des bonnes âmes partout, y compris ici. Je continue de sourire, je persévère. Les véhicules s'arrêtent, je leur tends la traduction de mon projet en amharique. Certains refusent de me prendre gratuitement et repartent, d'autres adhèrent et me font monter.

Mon corps s'adapte à ce nouvel environnement, et je commence à aller mieux. Le Kenya se rapproche, et une dernière voiture me dépose à Moyale, la ville frontière. Je change mes birrs contre des shillings kenyans en me faisant escroquer une dernière fois, passe la frontière et marche pendant une heure. Ça y est, l'Éthiopie est loin derrière moi.

L'Éthiopie m'a fatigué, éreinté, balayé. Physiquement et moralement. Je suis content d'en sortir tout en gardant en tête que moi, je le peux.

Une voiture s'arrête. D'entrée, je sens que le niveau d'anglais de mon interlocuteur est bien plus élevé. Le Kenya est anglophone, héritage colonial ajouté au swahili local. Mon conducteur me dépose au prochain village, où j'ai l'impression de passer inaperçu. Après l'Éthiopie, même un bazar stambouliote me paraîtrait apaisé. Je ne suis plus le centre d'attention constant d'une cinquantaine de gamins et j'apprécie le silence qui en découle.

Le calme, j'espère le garder, car j'entre dans une région supposément peuplée de bandits. La route que j'emprunte à pied est pour le moins célèbre pour son insécurité.

Comme si mes inquiétudes avaient été entendues, une voiture gouvernementale s'arrête. Elle est occupée par quatre militaires qui vont jusqu'à Marsabit. Je m'assois dans la remorque sur un pneu qui amortit les chocs de cette route particulièrement défoncée.

Comme chaque fois que je monte dans un pick-up, je peux apprécier la faune et la flore de plus près. L'arrivée au Kenya, terre de safaris, m'offre une pléiade d'animaux sur pattes : gazelles, antilopes, lapins, singes, autruches...

Toutefois, nos roues n'ont pas la consistance des coussinets mammaliens, et nous crevons. La route rocailleuse de ce paysage devenu désert ne nous a pas épargnés. Prions pour que ces fameux bandits n'apparaissent pas maintenant. Nous réparons et repartons. À vingt kilomètres de Marsabit, nous crevons encore. Il n'y a plus de roue de secours ; alors, mon chauffeur arrête un camion qui passait par là. Nous repartons.

À cinq kilomètres du but, encore à plat ! J'arrive à Marsabit au milieu de la nuit, moi aussi complètement crevé !

Je passe la nuit dans un hôtel qui me paraît luxueux. Après le Soudan et l'Éthiopie, j'ai l'impression que les infrastructures se sont nettement développées. Je fête l'arrivée dans ce nouveau pays par un bon plat de viande en sauce, interrompant du coup mon régime d'*injeras* éthiopiennes.

A priori, le caractère du Kenyan est beaucoup plus dur que celui de son voisin éthiopien tout en ayant gardé cette réserve typiquement anglo-saxonne. Mes conducteurs militaires continuent finalement jusqu'à Isiolo. Sur la route, j'ai cru voir un mirage. Sortant de la brousse, des habitants sont apparus vêtus de larges parures exposées sur leur torse nu, et avec une plume sur la tête. Qui sont-ils ? Y a-t-il encore des groupes ethniques qui s'habillent de manière traditionnelle ?

Nous crevons encore une fois alors que j'ai repris ma place dans la remorque. Je suis assis sur un pneu mou désormais, qui amortit à peine mieux les chocs de ce tronçon de route caillouteux. Plus nous nous rapprochons de la civilisation, plus la vie sauvage est remplacée par des engins mécaniques. L'asphalte fait même son apparition lorsque, quelques jours plus tard, j'arrive à Nairobi.

Je profite de mon passage dans la capitale kenyane pour visiter l'ambassade française. On m'organise une rencontre avec la presse locale pour parler de mon arrivée en stop à Nairobi. Le lendemain, un journaliste du *Kenya Times* annoncera en gros titre : *Frenchman arrives in Kenya after hitchhiking through 206 nations*[1], s'emmêlant complètement entre le nombre de pays visités et de véhicules empruntés. Sans oublier de confondre couchsurfing et *windows shopping* (?!) ou de mentionner que je voyageais avec un ordinateur, ce qui n'était pas le cas.

Un pur délire qui doit certainement être la conséquence de mon fort accent français, qui d'ailleurs fut lui aussi mentionné dans l'article.

1. Un Français arrive au Kenya après avoir fait du stop dans 206 pays.

Après avoir vu des girafes sauvages et le Kilimandjaro, j'arrive à Mombasa, où Simon, un expatrié polonais, m'héberge. Après plusieurs mois d'une vie mouvementée sur la route, je me retrouve dans une résidence luxueuse avec piscine. Ouf, un peu de repos, mais surtout un lit pour dormir confortablement avant de mettre le cap sur l'Ouganda.

Je reprends la route de Nairobi et passe cette fois devant des zèbres. À l'ouest de la capitale, la faune kenyane est toujours aussi impressionnante, car j'ai la surprise de voir un hippopotame venir se traîner sur la rive du lac Naivasha au crépuscule. J'arrive enfin à la frontière ougandaise après avoir fait un détour pour tremper mes pieds dans les eaux d'un autre lac, celui de Victoria.

Gambader en stop au Kenya est un plaisir. Le concept est connu et l'on appelle cela « voyager en lift ». La colonisation anglaise, abrogée en 1963, occidentalisa fortement les mœurs kenyanes, ce qui me facilite aujourd'hui la compréhension du pays. Cependant, comme le fossé culturel est bien moins grand pour un Français comme moi, l'intérêt d'y voyager y est donc moindre.

La beauté du Kenya réside pour moi dans ce qui me semble d'origine kenyane. Même cet infâme plat national qu'est l'*ugali* (purée de maïs ferme et sèche) est pour moi exotique et digne de dégustation. Il m'est tout de même arrivé de faire entorse à ce régime pâteux pour déguster des mets plus élaborés comme, disons, de l'antilope. Rien de très *british* non plus dans les *matatus*. Loin des distingués bus rouges du royaume, ces vans urbains rythment souvent les rues des villes kenyanes grâce aux enceintes géantes de leurs systèmes stéréo. Y voir les cheveux crépus de la génération senior se dresser sur un son de rap gangsta de Nairobi est assez divertissant.

Mais je pense que l'intérêt culturel du Kenya se trouve majoritairement dans ses tribus reculées. Les Masais ou encore les Turkanas, difficiles d'accès pour un auto-stoppeur, offrent certainement plus de satisfaction dans la recherche de modes de vie différents. Loin de la folie des grandes villes, dans un écosystème varié, avec une faune unique au monde et 42 tribus différentes à découvrir, le Kenya devient tout de suite plus atypique. Voir les effets de la colonisation dans ce premier pays d'Afrique noire que je traverse est tout de même intéressant. Les Anglais, mais aussi les Portugais, les Arabes ou les Indiens ont façonné la culture kenyane. Comprendre le monde passe aussi par la compréhension des interactions interethniques passées.

Je clos ce premier volet du triptyque d'Afrique de l'Est pour entrer en Ouganda. Le Kenya, l'Ouganda et la Tanzanie sont en effet très similaires. Kampala, la capitale, est à l'image de Nairobi et des autres grandes villes africaines de la région. Un centre financier avec ses grandes tours au milieu, entouré d'une banlieue constituée de bidonvilles.

Cette partie de l'Afrique est plutôt avare de saveurs culinaires. L'*ugali* existe toujours, bien qu'ici renommé *pocho*, mais mon alimentation se constitue désormais de *matoke*. Servi avec des haricots, le *matoke* est un terme swahili qui signifie « banane plantain ». Sans épice et peu goûteuse, cette bouillie de banane salée constitue l'essentiel de mes repas de rue en Ouganda. En effet, pour moins d'un dollar, il me permet de rester près des gens du pays et de me remplir l'estomac.

Je fête mon 20 000e kilomètre dans une chambre glauque à Gulu, dans le nord du pays. Cette ville fut pendant de nombreuses années le lieu d'attaques et de kidnappings d'enfants par le LRA (Lord Resistance Army). Ce mouvement de rébellion mené par Joseph Kony était malheureusement célèbre pour ses armées d'enfants-soldats.

De 1988 à 2006, le nord de l'Ouganda vécut dans la guerre et la terreur. Aujourd'hui, le conflit est terminé, mais je découvre les « restes ». Des camps de réfugiés presque abandonnés, des tentes de démineurs de l'ONU et une économie d'après-guerre qui voit tous les prix doubler.

Trouver cette chambre spartiate fut même un défi. Je ne suis même pas certain d'être dans un hôtel, mais plutôt chez des gens qui me sous-louent une pièce. L'endroit est on ne peut plus délabré : peinture décollée, porte sans verrou, ampoule inexistante.

Crunncchhhhhh !

Au milieu de la nuit, j'entends un bruit étrange. Comme si quelqu'un croquait dans un fruit. Je braque ma lampe. Un rat énorme est affairé sur ma mangue. Il me regarde l'espace d'une seconde et s'enfuit. Mieux vaut ne pas savoir ce que l'obscurité abrite parfois. Je reprends ma nuit là où je l'avais laissée, et tant pis pour la mangue.

Encore fatigué de la veille, je suis de nouveau sur la route. Comme le trafic est faible, j'en profite pour faire du stop passif. Je m'assois, sors un livre et ne tends le pouce que quand quelqu'un passe.

Plus tard, une vieille Toyota me ramasse, et son conducteur me parle du bon vieux temps d'Amin Dada. Ce dictateur, responsable de la mort d'environ 300 000 personnes entre 1971 et 1979, a fait beaucoup de bien pour l'Ouganda, me dit-il. Occultant totalement les méfaits de ce mégalomane, j'acquiesce sur les dires de cet homme qui frisent le nationalisme aveugle.

L'auto-stop continue de m'apporter des surprises et des paradoxes. Après ce féru d'Amin Dada, voici un révérend qui s'arrête près de Hoima. L'homme m'invite chez lui pendant deux jours, me fait visiter les alentours, me trouve même des singes calabash. Ces curieux petits êtres noirs et blancs sont très difficiles à apercevoir, car ils sont rares et sautent très rapidement d'arbre en arbre. Il me montre aussi tous les fruits et les plantations de la région. Jacquier, passion, patate douce, café, tabac, cacao. Le soir, il m'invite à déguster du porc au feu de bois, puis du lait de vache, puis de l'ananas frais.

Cet homme est à l'image de la majorité des gens que je rencontre tous les jours : généreux, heureux d'aider et de montrer son pays. Sans eux, je ne pourrais pas accéder au dixième de ce que j'ai vu jusqu'à présent. Ce révérend me réconforte aussi avec la religion, trop souvent source de divisions. Il me prouve qu'elle peut parfois aussi rassembler. Cela ne dépend pas de la religion, mais de qui la pratique.

Un dieu. J'ai l'impression d'en être un lorsque les femmes me disent bonjour. Dans la campagne ougandaise, elles s'agenouillent systématiquement pour saluer les hommes tout en émettant un long et appuyé « hmmmm ». S'ensuit un interrogatoire sur les amis, la famille, les amis de la famille. Suis-je pris moi aussi pour un révérend ?

Avant de quitter l'Ouganda, je m'arrête chez le coiffeur à Masaka. Je crois un instant qu'il sort du fournil, car il est vêtu d'un tablier et de gants de cuisine. Mais non, ils lui servent à se débarrasser de mes cheveux fraîchement coupés. J'aime aller chez le coiffeur : c'est une nouvelle expérience culturelle chaque fois ! Je quitte doucement la « Perle de l'Afrique », comme Winston Churchill aimait à surnommer l'Ouganda, car, disait-il : « Ce pays est un condensé de tout ce que l'on peut trouver en Afrique. » Le stop vers la zone frontalière tanzanienne est assez difficile. Le trafic est très faible. Cependant, à force de temps et de persévérance, je l'atteins.

Après Bukoba, un camion s'arrête. Michaël, le conducteur tanzanien, m'amène jusqu'à Mwanza, situé sur les rives du lac Victoria. Une fois là-bas, il me trouve une chambre d'hôtel et, le lendemain, il me fait visiter la ville.

Orné de rochers énormes éparpillés un peu partout, Mwanza a un peu plus de charme que les autres grosses villes d'Afrique. Michaël me guide dans le centre de la seconde ville tanzanienne, des beaux quartiers jusqu'aux marchés populaires, en passant par la bibliothèque et l'hôpital.

C'est dans le quartier populaire de Buswelu que je choisis de m'installer. J'ai trouvé un hôte qui m'invite à venir visiter son orphelinat dans la périphérie. Je découvre un centre ouvert pour 80 enfants et je décide d'y rester quelques jours.

Voyager en Afrique, c'est être au contact continuel d'enfants. Il y en a partout, tout le temps. J'en ai croisé des milliers, mais je n'ai jamais eu l'occasion de partager leur quotidien sur une durée plus longue. L'opportunité est belle ; alors, je la saisis. Cela me permettra de me reposer un peu tout en donnant un coup de main si nécessaire.

Rapidement, je me trouve une vocation. Je deviens professeur d'anglais et de mathématiques. Les enfants ont des difficultés à assimiler les cours qui leur sont donnés à l'école. À 140 élèves par classe, j'imagine que garder l'attention en permanence doit être un véritable défi. Quand la fin de semaine arrive, j'aide à organiser des activités sportives. Football, balle au prisonnier, mini-olympiques, les enfants adorent. Plus que les mathématiques, curieusement.

J'en profite aussi pour leur parler du monde, leur faire une petite conférence sur mon voyage en leur montrant des photos du Colisée ou des pyramides d'Égypte. La cadence est toutefois très calme.

Le rythme de vie africain porte parfois à s'endormir. Personne ne m'encadre et j'ai l'impression que les organisateurs se désintéressent totalement de mon bénévolat. Au bout de deux semaines, je décide de prendre un jour de repos sans prévenir. Personne ne s'inquiète de mon absence. Cette expérience est intéressante dans le fait que l'envie gouverne un peu, ici. Si je veux, je viens, sinon, je fais comme il me plaît. En l'occurrence, j'aime donner des cours, alors, j'y retourne.

Quelques jours après, je me rends à Lukabe, où la deuxième partie de l'orphelinat se trouve. On y organise une journée de prévention contre la malaria et le VIH. Les mères de famille accompagnées de leurs bébés se regroupent dans les classes. Elles assistent à un cours sur les dangers de ces maladies et les moyens de les éloigner. Mais rapidement la leçon tourne à la cacophonie. Des sodas et des moustiquaires doivent être donnés aux familles à la fin du cours préventif, et l'attention s'est inévitablement portée sur le véritable objet de leur venue. Les intervenants gèrent comme ils le peuvent ce capharnaüm, mais le désordre l'emporte, et certaines femmes embarquent deux, voire trois moustiquaires alors que d'autres ne peuvent en récupérer aucune.

Suite à cela, une séance de test VIH est organisée. Je passe dans les premiers pour montrer l'exemple. L'attente est toujours stressante lorsque cela concerne un diagnostic vital. Inconsciemment, j'élabore les scénarios les plus farfelus qui auraient pu mettre ma vie en danger. L'infirmière me rend le verdict. Ouf, négatif.

Sur environ 300 personnes testées, vingt sont séropositives, soit 6,5 % du total. Preuve de l'incompréhension absolue de cette maladie, les enfants qui sont malheureusement déclarés infectés se réjouissent, car ils reçoivent tout de même leur bouteille de soda. Évidemment, ces boissons sucrées les changent de leur quotidien. À l'orphelinat, j'observe le régime alimentaire des enfants et je dois avouer que l'ensemble n'a pas l'air très appétissant. Porridge le matin, poisson séché accompagné d'*ugali* pour le midi et le soir. C'est la même chose tous les jours, sauf le dimanche midi, où un peu de riz est gracieusement servi.

Pourtant, ces gamins ne se focalisent pas sur ce qu'ils n'ont pas. Au contraire, ils remercient chaleureusement lorsqu'un petit plus vient égayer leur quotidien. Quelle leçon ce serait pour les enfants d'Occident, qui refusent leurs cadeaux de Noël lorsqu'ils ne sont pas à leur goût !

Il y a peut-être une chose dont ces petits Tanzaniens sont jaloux. Ce sont mes poils. Sur les bras, sur les jambes. Quand j'ai le dos tourné, ils viennent me les tirer. Effectivement, les Africains n'en ont pas, et c'est pour eux une curiosité. Inutile de dire que, me voyant sursauter à ce jeu de tire-poils, ils s'enfuient en riant à gorge déployée.

Septembre 2008. Après un mois à l'orphelinat, je décide de reprendre la route. Ce séjour fut très instructif, mais aussi un bon moment de vie simple et familiale. Travailler dans cet environnement n'est certes pas facile, mais les enfants étaient vivants, attachants. Ils réclament simplement du temps et de l'amour que personne ne peut leur offrir ; alors, tout est bon à prendre pour eux. Voilà un domaine où je pourrais faire ma vie, car je m'y sentirais utile. À méditer pour le futur.

Pour l'instant, je fais une dernière photo de groupe avec les enfants. Beaucoup me demandent où je vais et pourquoi je pars. Je leur rappelle notre petite conférence et, même s'ils ne comprennent pas tous, ils me souhaitent bonne chance.

D'autres me remercient d'être resté avec eux. J'en prends quelques-uns dans mes bras, puis je pars, le cœur serré.

Plus je reste longtemps, plus je crée des liens, moins il est facile de reprendre la route. Mais il le faut, car il y a encore beaucoup à voir et à comprendre. Pour m'encourager, je me fixe comme objectif d'aller voir le Kilimandjaro, à Moshi. Cela me fait faire un détour de mille kilomètres et, quand j'arrive à destination, la fameuse montagne est cachée derrière les nuages. Je ne pourrai que mieux l'imaginer !

Les Tanzaniens m'accueillent cordialement dans leur pays. L'auto-stop fonctionne et j'avance rapidement. Dar es Salam, la plus grande ville tanzanienne, est à l'image de ses consœurs africaines. Plus la ville est grande, plus la criminalité est importante et moins je me sens en sécurité. Une vision que j'ai à bord d'un *dala-dala* (minibus tanzanien) ne m'aide pas à améliorer ce sentiment. Au bord de la route, mon regard est attiré par un attroupement. Une centaine de curieux positionnés en demi-cercle font face à ce qui ressemble à un corps étendu par terre. Comme le *dala-dala* s'en approche, je vois distinctement ce qu'il reste d'un jeune Tanzanien. Couvert de sang des pieds à la tête, il n'y a plus aucun doute, il est mort.

Cette vue choquante me procure subitement des frissons. Au même moment dans le minibus, un jeune Tanzanien m'explique succinctement :

— Ce doit être un voleur. S'il se fait attraper par la population, c'est le sort qui lui est réservé.

J'avais déjà entendu de tels récits, mais en avoir la preuve devant soi est différent. Je peux maintenant imaginer la violence qui a précédé ce décès. Voilà encore un fait venant étayer la loi de la jungle qui règne sur le continent africain.

5

Justice à l'africaine (ou « Les principes ôtés de Monapo »)

Je quitte Dar es Salam pour filer vers le Malawi – en passant devant des éléphants sauvages cette fois-ci. Sans avoir participé à un seul safari, j'aurai vu presque tous les animaux d'Afrique en liberté. Quelle faune extraordinaire et surtout quel bonheur de les voir évoluer dans leur environnement naturel !

Quelques jours plus tard, j'arrive dans ce nouveau pays sous une grosse chaleur. Le stop fonctionne toujours bien, même si un camionneur me fait douter quand il se transforme en cours de route en taxi et ramasse une trentaine de personnes. J'ai pris le réflexe de présenter mon projet à chaque conducteur et je m'assure qu'ils le comprennent avant de monter. Je sais que certains véhicules sont des taxis non officiels et je les évite. Je ne veux ni faire perdre de l'argent au conducteur ni être un manque à gagner. J'apprécie simplement le fait qu'ils acceptent de m'emmener dans la direction où ils vont déjà. Il m'arrive parfois d'offrir un repas ou une boisson à mon conducteur, mais en aucun cas de créer une transaction financière avec lui. Mon chauffeur de camion malawien a finalement très bien compris cela, car il me dépose plus loin, un sourire illuminant son visage.

Je longe le lac Malawi pour arriver au Mozambique. Le Malawi est très similaire aux trois pays que je viens de visiter, et je voudrais fêter la fin de ma première année de voyage au Mozambique. À la frontière, je prépare les 25 dollars spécifiés par le site Internet de diplomatie française pour entrer au Mozambique. Le douanier qui m'accueille est une caricature de l'officier corrompu et grotesque. Il a les yeux qui mentent lorsqu'il refuse de me procurer le droit de passage :

— Vous devez retourner à Blantyre pour faire la demande de visa.

M'étant renseigné au préalable, je me permets d'insister en citant mes sources. Cela influe sur le comportement de cet agent du gouvernement :

— Si vous voulez, je peux vous le faire ici, mais c'est un service spécial que je vous propose. Ce sera soixante dollars.

— Non, c'est vingt-cinq, fais-je du tac au tac en déposant mes billets bien préparés sur son bureau.

— OK, OK.

À la vue de l'argent, il se ravise, l'air blasé. Puis, il apporte mon passeport dans une petite pièce pour y apposer le droit de séjour mozambicain.

Seulement, ce clown malhonnête en uniforme oublie de collecter mon argent. Puisqu'il a voulu m'en faire débourser plus du double, voilà l'occasion de lui rendre la monnaie de sa pièce. Je reprends donc ces billets qui sont toujours devant moi. Quelques instants plus tard, le douanier me redonne mon passeport, désormais tamponné au sigle de ce pays lusophone. Comme l'esprit ne lui est pas revenu, je quitte le poste d'immigration, libre de droit et pas plus pauvre qu'avant d'y être entré.

L'Afrique m'a changé. Je n'aurais certainement jamais fait une chose pareille auparavant, mais je n'ai plus de scrupules à entuber les entubeurs. C'est la seule règle qui existe ici. À qui me plaindre de toute façon ? À la police ? Ce sont eux en personne qui essayent de m'alléger illégalement de mon butin.

J'ai appris à me défendre et c'est même avec le sourire que je passe le panneau *Bem-vindo a Mozambique*.

Rapidement, j'intercepte un Anglais qui voyage à bord de son propre véhicule. Il accepte de me conduire jusqu'à Ilha de Moçambique, plus au nord. Je redescendrai tout le pays par la suite. Mais, avant cela, je fête avec lui la fin de ma première année sur la route. Nous célébrons cela avec un bon poulet et quelques *cervejas*.

Pour le début de cette seconde année, je décide d'aller rendre visite aux habitants des bidonvilles. À Monapo, je marche près de ces quartiers populaires quand un jeune s'approche de moi. La nuit tombe et il m'offre de m'héberger chez lui pour ce soir. J'accepte, enthousiaste, et je m'enfonce en sa compagnie dans cet amoncellement de huttes en terre et de toits en métal rouillé.

Sa famille m'accueille gentiment en m'offrant un dîner composé d'une bouillie de haricots et de riz. Un verre d'eau m'aide à faire passer l'ensemble avant que ses parents ne m'offrent la plus grande chambre de leur case. Ne parlant pas un mot de portugais, je n'arrive pas à beaucoup communiquer avec eux, mais je sens leur désir de bien m'accueillir. Je passe une bonne nuit dans la moiteur de cette chaleur tropicale.

Au matin, accompagné de mon hôte de la veille, je repars en direction d'Angoche. Il souhaite me montrer la route. Après une bonne dizaine de kilomètres, je réalise qu'il marche toujours à mes côtés. Il brise le silence en me demandant de l'argent. Comme il m'a tout de même dépanné, j'ouvre mon sac et je lui tends des vêtements.

Je n'ai que peu de choses avec moi, mais je pourrai en racheter plus tard. Il décline mon offre et me demande plutôt si je peux lui offrir mon appareil photo. Là, je refuse.

Je parviens à arrêter une voiture qui passe. À ce moment, ce jeune Mozambicain jaillit et convainc le conducteur de ne pas me prendre. Agacé par cette situation, je le remercie et l'invite à retourner chez lui. Il se détourne de moi, mais seulement pour un instant, car il part uriner. Excédé et au milieu de nulle part, je m'assois sur mon gros sac et laisse le petit à mes pieds. À ce moment, je suis surpris par ce jeune qui s'élance en courant derrière moi. Il me dépasse en dérobant au passage mon petit sac avant de disparaître dans la brousse devant moi. Il y a dans ce sac tout le matériel qui m'est important : téléphone, appareil photo, clé USB.

Je me lève brusquement et commence à lui courir après, le rattrape presque, mais il reprend de la vitesse quand il laisse tomber son propre sac à dos.

Gardant en tête que mon gros sac est toujours au bord de la route, j'abandonne la course-poursuite. De toute façon, il allait bien trop vite pour moi. Impossible ! Je me suis fait voler ! Quelle frustration !

La colère monte en moi. Je tombe à genoux et commence à matraquer le sol. Rapidement, cette scène d'expulsion de rage attire une centaine de curieux. Tout le monde veut savoir ce qui se passe. Je me retrouve même avec un enregistreur sous le nez. Qui est-ce ? La police ?

Ne comprenant trop ce qui m'arrive, je suis escorté par la foule jusqu'au commissariat. Un des curieux traduit ma déposition dans un anglais laborieux. Quelques dizaines de minutes plus tard, je suis de retour au bidonville, avec la police cette fois-ci. Quel idiot ! J'ai dormi chez lui : je sais où il habite !

La police s'arrête devant le bidonville et s'adresse à moi :

— Nous continuons à pied maintenant : c'est trop dangereux d'amener la voiture là-dedans.

Quelle idée d'y être retourné ! Suis-je prêt à risquer ma vie pour de malheureux objets électroniques ? Il est trop tard pour faire demi-tour. Nous entrons. Je retrouve sans mal la hutte de mon voleur. Nous tombons sur sa sœur qui nous indique directement où son frère s'est caché.

La police me dépose au commissariat. Trois heures plus tard, ils reviennent en compagnie du jeune Mozambicain. Il a l'air pathétique, les menottes aux poignets et ayant encore dans ses poches mon téléphone et mon appareil photo.

Le jugement est rapide. Il a déjà tout avoué. La police l'emmène dans la cour du commissariat où il se fait tabasser et matraquer les pieds. Les officiers, peu scrupuleux, m'invitent même à les rejoindre dans leur moment de détente. Je n'en crois pas mes yeux. Mais la mascarade n'est pas terminée. Je suis conduit avec le voleur à la station de radio locale, où nous sommes tous deux amenés à relater les faits.

Au retour à la station de police, le verdict : pour avoir volé un petit sac, mon voleur prend deux ans de prison ferme. Il est amené dans sa cellule par un garde armé. Cette vision me porte à interpeller ce garde :

— Qu'allez-vous faire avec cette arme ?

— L'arme ? réagit ce policier avec surprise.

Puis, il éclate de rire :

— Tu crois qu'on va le fusiller ?

Oui, toutes ces émotions m'ont fait perdre le sens de la réalité. Mais qu'est la réalité ici ? J'ai vu un homme tabassé à mort pour moins que ça en Tanzanie. L'espace d'un instant, je me suis vu responsable de la mort de ce jeune. Et deux ans de prison, est-ce vraiment le tarif pour un acte aussi stupide et naïf ? Il va falloir que j'arrête d'être naïf.

Pourtant, cette croyance aveugle en la bonté des gens me fait avancer. Je suis totalement dépendant de la bonne volonté de personnes qui me sont à la base inconnues. Si je commence à douter, où cela me mènera-t-il ?

Mes pensées sont interrompues par le traducteur :

— La police demande à ce que vous payiez pour l'essence de leur véhicule. Ils ont dû l'utiliser pour aller chercher le voleur.

Ah ! ça suffit pour aujourd'hui avec ces âneries. Je refuse net et quitte sur-le-champ Monapo, qui n'a de principauté que ses principes ôtés.

Il fait peut-être nuit, mais je veux vraiment m'éloigner de ce cauchemar. J'achète une miche de pain et je me mets à gesticuler au bord de la route de Nampula. Un camion me voit grâce à ses pleins phares et s'arrête pour me prendre. Je me tasse sur la banquette avant, car nous sommes six dans la cabine et au moins autant derrière dans la remorque. J'explique mon histoire aux conducteurs, qui s'avèrent être frères. Ils m'offrent un de leurs hamburgers. Nous arrivons très tard à Nampula et ils me laissent dormir dans leur cabine.

Il paraît qu'après un accident d'avion, il faut voler de nouveau tout de suite après, sous peine de développer une phobie. Dans mon cas, c'est un peu pareil. Si je veux faire de nouveau confiance aux hommes et ne plus les craindre, je ne dois pas hésiter un moment avant de me remettre en situation. En l'occurrence, ces frères m'ont prouvé que je ne peux pas juger tout un peuple sur les actions d'un seul individu.

Bercé par la mélodie de la stéréo, je passe une bonne nuit dans la cabine du camion. Au réveil, je pars vers Quelimane, où je suis attendu par Jorge. À mon arrivée, je peux prendre une bonne douche et filer directement sous la couette, dans une chambre à air conditionné. Cette petite dose de confort arrive à point nommé.

Comme un avant-goût du Brésil, Quelimane dégage un petit parfum latin. La colonisation portugaise de naguère y est sans aucun doute pour quelque chose. Marié et père d'un petit garçon de deux mois, cela n'empêche pas Jorge d'avoir gardé son désir de séduire.

Pendant les deux jours que j'observe mon hôte, je dois dire que son attirance pour le sexe féminin ressemble plus à une préoccupation permanente qu'à une simple pensée. Il a plusieurs petites amies, qu'il me présente une à une. Comme si cela n'était pas suffisant, il s'arrête et embarque chaque fille qu'il voit déambuler dans les rues de la ville. En deux jours, il fait monter de cette façon quatre ou cinq jeunes demoiselles. Pour célébrer ma présence, il m'emmène également à la plage. À bord de son 4 x 4 Toyota Rav 4, il survole une petite route à 140 km/h, écrasant au passage deux canards tout en balançant par la fenêtre ses canettes de bière vide.

C'est à bord d'une voiture conduite par quatre femmes, pas meilleures conductrices, que je continue ma route vers Chimoio. En effet, cette fois, c'est une pintade qui sera victime de notre passage.

Quel ne fut d'ailleurs pas mon étonnement quand elles se sont arrêtées pour me prendre ! Je ne me rappelle pas avoir vu de femme au volant pendant toute la traversée du continent. Les racines lusitaniennes des Mozambicains contrastent beaucoup avec l'influence anglo-saxonne des pays que je viens de traverser. Un autre aspect, beaucoup plus visuel, attise ma curiosité : la peau de ces lusophones est beaucoup plus claire que celle de leurs voisins kenyans ou ougandais. Il est évident que les colons portugais se sont intégrés à la population locale en mélangeant leurs races jusqu'au mariage.

La musique, également, est plus festive qu'en Afrique de l'Est. Beaucoup de rythmes mozambicains sont empruntés aux cousins brésiliens. Parmi les autres concepts et modes de vie qui attestent de la différence entre la colonisation portugaise et britannique, citons l'urbanisme. Là où les Anglo-Saxons privilégient un centre financier inhabité entouré d'une périphérie pavillonnaire, les lusophones résident dans le cœur même de leurs villes.

Ce ne fut peut-être pas le cas dans le passé récent du pays, qui fut plus que mouvementé. Le Mozambique a été ravagé par deux guerres successives. La vague d'indépendance des pays africains dans les années 1960 n'arrive que très tardivement dans ce pays du sud-est du continent. Il faudra onze ans de combats internes pour que la sujétion du Mozambique envers le Portugal soit finalement abolie en 1975.

Suite à cela, les deux partis politiques dominants (FRELIMO et RENAMO) s'affronteront dans un combat sanglant pour savoir qui allait régner sur le pays.

Après quinze nouvelles années de guerre, 900 000 morts et cinq millions de civils déplacés, c'est en 1992 que le FRELIMO sortira vainqueur de ce chaos et dirigera un pays en ruine. En 2008, je suis encore témoin de cette période obscure de l'histoire du pays. À Chimoio, je découvre par exemple une usine et un supermarché abandonnés lors de la fuite de l'élite portugaise en 1975. Ils ne furent jamais réutilisés et stagnent encore aujourd'hui comme de vieilles reliques inutiles.

Après avoir passé plus d'un an sur la route et déjà côtoyé les êtres humains dans toutes leurs largeurs, cette usine et ce supermarché me parlent. Ils me montrent jusqu'à quel point peut mener la stupidité des hommes. Je comprends comment désormais : la jalousie, la recherche du pouvoir, la violence qui entraîne plus de violence. Partout, les hommes sont pareils et l'ont toujours été. En Yougoslavie comme au Mozambique, au Soudan comme en Ouganda, il y a des hommes qui nourrissent le mal. Heureusement qu'aux mêmes endroits, d'autres rétablissent la balance en débordant de bonté.

Ainsi, à Chimoio, je peux faire ce parallèle. Alors qu'en plein centre-ville, le gouverneur de province fait littéralement fermer sa rue le soir pour pouvoir dormir tranquille, d'autres s'activent dans des ONG en banlieue pour améliorer le sort de la population locale. Il faut dire que la situation est toujours tragique dans cette partie du pays.

Selon Michael, un employé autrichien chargé du développement dans une de ces ONG, approximativement 50 % de la population de Chimoio est séropositive. Il m'amène d'ailleurs dans un des bidonvilles de la ville. La simplicité et la pauvreté n'y sont pas les mêmes que celles aperçues dans le village nubien au Soudan. Ici s'ajoutent le sida, une faible espérance de vie, le chômage et un manque total d'éducation. Ici, tout est misère, l'insalubrité règne et j'ai le sentiment que ce n'est pas près de s'arranger avec le temps.

Du temps, j'en ai manqué pour voir les baleines à Vilankulo. Je sais qu'elles sont au large en ce moment, alors, je continue jusqu'à Inhambane. J'en profite pour visiter cette jolie ville coloniale portugaise. Les cocotiers plantés dans les rues enjolivent encore plus les maisons peintes de couleurs criardes. Blanc, jaune, rose vif, il y a de la vie ici, mais toujours pas de baleines. Ce coup-ci, on me dit que je les ai ratées de seulement deux heures. Quelle poisse ! La côte de l'océan Indien, qui va du Mozambique jusqu'au Cap, en Afrique du Sud, est peuplée de ces fabuleux mammifères marins. J'espère les voir bientôt, comme la pluie, qui daigne enfin tomber après trois mois de sécheresse !

Elle aurait tout de même pu attendre quelques instants de plus, car j'étais sur la route entre deux véhicules à ce moment. Certes, cela réveille la terre qui relâche son odeur végétale au contact de l'eau, mais elle se retrouve rapidement envahie par le déluge. Le chemin en terre devient boueux, et je commence à patauger dedans avec mes claquettes trop grandes. Moi, pauvre Normand, habitué à un crachin de 150 jours par an, je me retrouve à me lamenter à cause d'une simple averse. Par bonheur, ce n'est pas l'Italie et, même pour cette courte pluie, une voiture sud-africaine compatit. La frontière se rapproche.

Le 29 octobre 2008, j'entre dans le pays le plus développé d'Afrique et, dès les premiers kilomètres, un conducteur blanc me livre ses pensées sur la situation actuelle :

— J'aime l'Afrique du Sud, mais ce serait encore un plus beau pays s'il n'y avait pas tous ces c... de Noirs.

Un peu plus loin, c'est étrangement un de ces fameux Noirs qui me prend en stop. Sur le même thème, il s'exclame :

— Pour toi, il n'y a aucun problème, les Blancs s'arrêteront de toute façon !

Ces problèmes de racisme, de violence et d'insécurité, j'ai le temps d'en entendre parler pendant toute cette descente de l'Afrique. Le tableau que l'on me dresse sur les grandes villes sud-africaines ne me donne pas paticulièrement envie d'y mettre les pieds. Mais, encore une fois, si je n'y vais pas, je ne saurai jamais à quel point le mythe rejoint la réalité. Malheureusement, à peine trois heures après mon arrivée à Pretoria, mon sentiment se vérifie déjà. Assis à une terrasse de restaurant avec mon hôte du jour et quelques-unes de ses amies, je vois un jeune adolescent noir surgir à notre table. Il arrache le sac de l'une d'entre elles et disparaît 20 mètres plus loin dans une voiture qui l'attendait.

Il est dit que l'occasion crée le larron, mais cela semblait tellement préparé que les ravisseurs de ce sac devaient avoir repéré leur cible depuis longtemps. Ils n'ont pas tremblé un seul instant et ont agi presque naturellement. Soit ils étaient entraînés, soit ce type de vol doit être commun pour eux. Sans être mauvaise langue, il est clair que la seconde option paraît plus plausible. Cette première introduction à l'insécurité sud-africaine me poussera à redoubler de vigilance par la suite.

De Pretoria à Johannesburg, il m'est difficile de voir la transition tant j'ai l'impression de me mouvoir d'un côté à l'autre d'une unique mégapole. Les deux principales villes de la province du Gauteng se sont étendues jusqu'au point de se toucher aujourd'hui. Pourtant, ce détail d'expansion urbaine ne suffit pas à occulter ce que j'ai dans la tête à ce moment. Je vais à Johannesburg, réputée la ville la plus dangereuse de tout le continent africain. J'ai bâti sans le vouloir une peur paranoïaque avant d'y arriver. Évitant généralement de porter trop d'attention aux histoires morbides, j'en ai entendu peut-être plus que d'habitude sur cette ville et elles ont fini par atteindre mon cerveau.

Central Joburg a des airs de ville fantôme. Par souci de sécurité, les Blancs ont déménagé leurs commerces dans les banlieues riches du nord comme Sandton ou Melville. Il n'y a quasiment personne dans le centre financier, et marcher au milieu de ces tours presque vides vous donne une sensation très étrange. Ma paranoïa me reprend. J'ai peur d'être suivi ou observé. Seul dans ces rues abandonnées, je me considère comme une cible facile. J'utilise des techniques pour diminuer les risques d'être vu en tant que touriste. Je marche vite pour ne pas avoir l'air perdu. Si je m'égare, je demande mon chemin dans les magasins. Là, quelques commerçants irréductibles ne me rassurent guère en me conseillant de décamper de Central Joburg au plus vite : « Vous devriez partir d'ici », « Ce n'est pas un endroit pour les touristes », « C'est dangereux ».

Alors, comme les commerces de Blancs, je migre vers Melville, où mon prochain hôte m'attend. Seulement, il n'y a presque pas de bus qui effectuent le trajet. Je réalise que la majorité des Blancs n'en ont pas besoin, car ils possèdent leur propre véhicule.

Je demande à un policier noir s'il peut me renseigner sur la manière d'atteindre ce quartier. Cet homme, censé maintenir l'ordre public et la sécurité pour les citoyens, me répond qu'il aimerait bien baiser ma sœur ! Je reste de marbre et m'éloigne de lui. Cette ville est dingue. Je retourne vers le centre-ville et me dirige vers le terminal de *black taxis*. Moi qui croyais que l'apartheid était terminé, ces minibus sont empruntés uniquement par les personnes noires, d'où leur nom. Sur le chemin, un grand Noir me qualifie brutalement d'un mot lorsque je passe près de lui :

— *Mulungu !*

La façon dont il m'apostrophe ne requiert aucune réponse. Il m'annonce simplement sa vision de moi, laquelle me laisse penser que, pour lui, je suis un Blanc à haïr.

Je trouve le bon *black taxi* et j'arrive à Melville. Je rencontre mon hôte Martinus, un caricaturiste blanc sud-africain. Comme je lui explique mon périple en ville, il m'avoue avoir lui-même été agressé et menacé six ou sept fois au revolver. Il s'en est plutôt bien sorti, car je rencontre un de ses amis qui, lui, s'est littéralement fait tirer dessus. Je me demande comment tous ces gens peuvent subsister dans un tel climat de violence.

Je retourne rapidement à Pretoria, d'où je reprends l'autostop pour aller vers Durban. Sortir de la capitale ne se révèle pas aussi difficile que je le pensais. Le stop me fait toutefois remarquer que la société sud-africaine est vraiment fractionnée par couleur de peau. Les Blancs s'arrêtent pour aider les Blancs, et les Noirs, pour les Noirs.

Plus personne ne fait naturellement d'effort interethnique, car tout le monde a peur. Les Blancs qui me prennent me font comprendre qu'ils me sauvent d'une éventuelle agression. Les messages de fraternité de Nelson Mandela me semblent bien loin quand je me remémore le regard des gens lorsque je suis monté dans ce fameux *black taxi*. Comment un Blanc ose-t-il monter dans un minibus réservé aux Noirs ?

Pourtant, certains ont souri. Oui, il y en avait quelques-uns. Cette pensée doit éclairer mon visage, car à ce moment, Wilson, un Noir, s'arrête pour me prendre en stop :

— Vous officiez en tant que taxi ?

Je lui pose cette question, car d'autres personnes noires m'ont proposé avant un lift moyennant finances. Comme dans les autres pays d'Afrique, cette pratique est commune ici.

— Non, pas du tout. Je te vois tout seul au bord de la route.

Comme je vais dans la même direction, je peux te faire avancer. Allez, monte !

Je serai toujours étonné par cette confiance aveugle, surtout dans des pays où l'insécurité occupe autant les pensées et où la fracture blanc/noir est aussi franchement délimitée.

Mes premières vues de l'Afrique du Sud me permettent également de constater que la différence n'est pas seulement dans la couleur de peau, mais aussi dans le statut social. Il y a un fossé absolument énorme entre les plus riches et les plus pauvres dans ce pays. Sans faire de généralité trop poussée, je peux dire que les riches sont majoritairement issus de la population blanche, tandis que les pauvres sont essentiellement représentés par les Sud-Africains noirs.

À Johannesburg, il n'y a qu'à voir le contraste entre les immenses villas des quartiers aisés et les fameux townships des zones populaires. Ces bidonvilles, contrairement à ceux des autres pays d'Afrique, n'utilisent pas de terre séchée pour édifier leurs murs. Au contraire, ils privilégient des matériaux de récupération comme la tôle ondulée, qui transforment leurs baraques en frigidaires durant l'hiver, puis en véritables fours pendant l'été.

En Afrique du Sud, au premier abord, tout sépare le Blanc riche et le Noir pauvre. Le système de bus, les habitations, le sport, mais aussi les quartiers pour faire ses courses, pour sortir boire un verre, pour vivre et se divertir en général.

Ce n'est pas que la couleur qui est différente, c'est aussi et surtout la culture. L'une hérite d'un mode de pensée européen, tandis que l'autre célèbre son style de vie à l'africaine. Les deux n'ont jamais trouvé de solution pour cohabiter ; alors, ils vivent chacun de leur côté.

Puis, la stupidité et la brutalité font le reste. Sur ce point-là, les hommes savent comment faire. Après l'abolition de cette loi qui sépare les habitants par couleur de peau, une courte période d'euphorie placée sous le signe de la diversité sous une bannière arc-en-ciel laisse la place à une rancœur, qui exige moins d'efforts. Aujourd'hui, la violence qui sévit dans les zones urbaines prend surtout la forme d'expéditions punitives au souvenir de ce traumatisme que fut l'apartheid. Comme une miniguérilla urbaine, les riches blancs d'aujourd'hui subissent parfois les attaques de gangs de Noirs armés. Il n'y a qu'à voir les clôtures électrifiées surplombant les murs de trois mètres de haut qui entourent leurs maisons pour comprendre la peur qui y règne.

Gareth me donne un lift jusqu'à Durban, où il va passer le week-end. Les attentes en stop se sont un peu allongées ces derniers jours. Entre deux véhicules, cela me donne le temps d'admirer le paysage vert et vallonné du KwaZulu-Natal. Le temps est agité. L'été arrive avec sa saison des pluies, tandis que l'hiver qui se termine était froid et sec.

Je suis accueilli dans la sympathique maison de Sarah à Durban. Dans les quatre millions d'habitants que compte la troisième ville d'Afrique du Sud, une grosse partie est d'origine indienne. Sarah me montre le quartier d'où des effluves du sous-continent émanent.

Entre senteurs de currys, goûts de *chapatis* et visions de saris, j'ai l'impression d'avoir traversé l'océan qui nous sépare. Mon rêve vole toutefois en éclats lorsqu'à un coin de rue, je vois un jeune en guenilles sniffer de la colle dans un sac en plastique. Sarah en profite pour me dire qu'il y a beaucoup de drogue qui circule à Durban. Notamment, le fameux « sucre », qui est un mélange d'héroïne, de cocaïne et de mort-aux-rats. Instantanément, les samossas qui brillent devant moi ne me paraissent plus aussi appétissants.

Durban est à l'image de Pretoria et de Johannesburg : une ville développée par endroits, largement délaissée dans d'autres. J'éprouve le besoin de quitter cette agitation des grosses agglomérations, car je suis fatigué de devoir regarder incessamment par-dessus mon épaule. Même l'agréable plage de la ville n'arrive pas à me détendre ; alors, je file à Mtunzini, un village côtier à 150 kilomètres au nord-est de la ville.

Quel bonheur de retrouver une vie meilleure, loin du stress des zones urbaines ! J'ai l'impression de pouvoir respirer après avoir été en apnée pendant trop longtemps. La jungle n'est plus de béton, mais bien d'arbres. L'écosystème de cette région est riche. Je visite une réserve où je me ressource en admirant singes, crabes et mangroves. Plus loin, j'accède à des collines qui me rappellent le pays de Galles.

Je suis dans une région habitée par le peuple zoulou et je peux voir leurs jolies huttes roses ou vertes. Les habitants sont bien plus souriants et bienveillants qu'en ville. L'environnement doit y être pour quelque chose. La campagne paisible semble avoir gardé leurs cœurs attendris.

C'est toujours auprès de vertes collines, mais cette fois celles du Transvaal, que je dépasse les 30 000 kilomètres. Arrivé dans la province de l'Eastern Cape, un conducteur m'a montré une des maisons appartenant à Nelson Mandela. Pour fêter cet anniversaire kilométrique, ma journée de stop fut une vraie preuve d'entraide interethnique. Sur les six conducteurs qui m'ont fait monter, cinq étaient noirs et un était *colored*[1] .

Côtoyer ces personnes m'a permis de me familiariser avec des curiosités de leurs langages. Le zoulou et le xhosa introduisent des claquements de langue dans leurs phrases, qui sonnent un peu comme si on débouchait une bouteille. La première fois que j'ai entendu ces « consonnes à clic », ce fut devant un journal télévisé à Durban. J'avais appelé mon hôte, croyant que la transmission était responsable de cette étonnante sensation auditive !

Je rencontre beaucoup d'auto-stoppeurs noirs en Afrique du Sud. Ils utilisent un bout de papier où ils indiquent leur destination. Les lettres qu'ils y apposent sont identiques aux sigles des anciennes plaques d'immatriculation, qui ont été changées il y a deux ans.

Les nouvelles sont d'ailleurs très réussies et colorées, avec des dessins représentant les spécialités de chaque province. L'auto-stop que les gens d'ici pratiquent est différent du mien, car généralement payant. Cela ressemble à un covoiturage spontané, où leurs conducteurs se substituent à un réseau de transport interurbain défaillant.

---

1. Regroupement entre les immigrés malais et les enfants des couples entre personnes issues de la « communauté blanche » et de la « communauté noire ».

J'enchaîne les rencontres jusqu'à Knysna, où un conducteur stationné sur le bas-côté m'interpelle :

— *Hi, are you French ?*

Je sais qu'il est très facile de reconnaître ma nationalité par mon accent, mais là, je n'ai même pas eu le temps d'articuler quelque chose ! Je m'approche de la fenêtre et je découvre un métis (*colored*) très bien habillé avec sa cravate noire et sa chemise bleue rayée. Derrière sa moustache, ses paroles débitent les anecdotes principales d'un article qui est paru sur moi quelques jours plus tôt dans le journal *Herald* de Port Elizabeth :

— Alors, tu voyages parce que tu cherches l'amour ?

Oui, les lignes éditoriales des journaux sont souvent différentes selon les pays. Une blague que j'ai faite à la journaliste a littéralement terminé en sous-titre de l'article. C'est plus vendeur, paraît-il. Toutefois, notre discussion devient plus profonde quand ce conducteur me raconte son destin personnel, autour d'un petit-déjeuner bien british qu'il m'a offert :

— J'ai aimé ton histoire parce que tu es parti de rien et tu y as cru. Regarde : avant d'être banquier et d'avoir une vie confortable, je n'étais qu'un petit vendeur de *dagga* (cannabis) dans les townships. À force de travail, j'ai réussi à m'élever dans la société.

Depuis Durban, je longe la côte et je trouve que le stop y est plus aisé. Cette fois, je tombe sur un marin allemand qui a navigué pendant sept ans autour du monde. Il habite sur son bateau, actuellement en mouillage au Cap.

L'océan, il m'emmène le voir puisqu'il fait un détour jusqu'au cap des Aiguilles, qui est le point le plus au sud du continent. L'Afrique tropicale est déjà loin derrière moi.

Ici, le paysage a complètement changé. L'écosystème est plus proche des côtes bretonnes que de la jungle ougandaise. Il y a des rochers, des plantes pastel, des herbes couchées par le vent marin, puis, oui, l'océan, qui indique en soi une fin de quelque chose : ici, du continent africain.

Avec un tel décor, ce n'est pas étonnant qu'une partie de la colonie hollandaise employée par la Dutch India Company décide d'y demeurer dès le XVIIe siècle. Les constructions des maisons sont similaires à celles que l'on peut trouver sur leur continent d'origine. Il y a même une petite touche batave dans le choix des peintures avec ces couleurs claires et délavées.

Je rate de nouveau les baleines à Hermanus, cette fois-ci de quelques dizaines de minutes. Il est clair que ces cétacés sont en ce moment fâchés avec moi ; alors, j'abandonne ma poursuite acharnée pour les apercevoir. Je continue. La route du Cap, via Stellenbosh, m'offre des paysages de vignobles. L'Afrique du Sud est mondialement connue pour ses vins.

Ils proviennent essentiellement de cette région, car le climat est propice à la croissance du raisin sacré. Stellenbosh est la deuxième plus vieille ville du pays après Le Cap. Je suis toujours sur le même continent, mais je ne vois plus rien d'africain.

Le centre, avec ses bâtiments blancs, ses petites rues piétonnes et ses terrasses de cafés entourés de pinèdes me rappelle plus l'Europe. La délicatesse de l'architecture et le paysage de vignes avec ses montagnes en arrière-plan forment un ensemble très agréable.

6

A travers le Mur de l'Atlantique

Le 6 décembre 2008, j'arrive au bout de mon périple africain, car j'atteins Le Cap.

Mes derniers conducteurs du continent, un couple d'Anglais, m'ont offert un cadeau en faisant un détour pour aller voir le cap de Bonne-Espérance. La vue est sensationnelle. D'ici, je peux voir toute la zone montagneuse entourant la baie de False, qui fut naturellement creusée en forme de fer à cheval. Le panorama propose mer et montagnes sur une vue à seulement 180 degrés. Je me retourne.

Devant moi, c'est l'infini bleu jusqu'à l'Antarctique, où il deviendra blanc. Surtout, c'est pour moi la symbolique d'avoir accompli quelque chose de grand. J'ai réussi à traverser toute l'Afrique en stop. Grâce à la générosité de centaines de personnes que je ne connaissais pas, mais aussi en faisant l'effort d'être toujours là, présent, au bord de la route.

Une fois arrivé au Cap, je suis hébergé en couchsurfing chez Peete, puis chez Babett. Cette dernière a réceptionné un paquet qui m'a été envoyé par mes parents. Je le contemple. Dire que ce paquet a fait en quelques semaines un chemin qui m'a pris 14 mois à réaliser. Je l'ouvre. Des livres, puis un petit mot qui se conclut par : *« J'espère qu'elles te seront plus confortables. »*

Je dépose le mot et j'extirpe du paquet une paire de chaussures toutes neuves. Voilà un cadeau qui est le bienvenu ! Depuis le Mozambique, je vivais un échange très intime avec le sol, car mes tennis chinoises s'étaient aérées au niveau du talon d'un trou grand comme une pièce de deux euros.

Quelle jouissance d'enchaîner les foulées avec deux nouvelles semelles bien étanches. Comme installé sur ressorts, je visite Le Cap, autoproclamé plus belle ville d'Afrique du Sud ! Je ne peux que confirmer, tant elle jouit d'un environnement naturel incroyable. La montagne de la Table, reconnaissable par son large sommet plat, laisse tomber ce jour un tapis de nuages sur la ville, comme si elle déroulait une moquette sur un escalier.

Cette montagne fait partie d'un relief d'amoncellements rocheux qui sépare les différents quartiers de la ville, offrant la possibilité de se sentir plus dans un grand village que dans la seconde ville du pays.

Cependant, ma principale préoccupation n'est pas cette fois de visiter la ville de fond en comble, mais de trouver une embarcation qui me permettra de continuer le périple et de changer de continent. Je vais donc au Royal Yacht Club.

Sur place, je dresse un plan de la marina avec les 270 bateaux qui s'y trouvent. Je fais de même pour les 70 autres bateaux d'Elliot bassin. Sur une nouvelle feuille, je reporte les noms de toutes les embarcations et la réponse des capitaines à ma requête :

— Allez-vous en direction de l'Amérique du Sud et avez-vous besoin d'un équipier ?

Pendant les premiers jours, je collectionne les refus, ajoutés aux messages d'encouragement, mais aussi aux conseils d'abandon. Je n'ai en effet jamais mis les pieds sur un voilier, et cela rebute certains marins.

D'un côté, je les comprends, je ne sais même pas si j'ai le mal de mer ! Je tente tout ! Je parle à tout le monde et je passe mon temps à essayer de trouver un nouvel angle pour mes investigations. Comment vais-je bien pouvoir traverser l'océan Atlantique en stop ?

Une aubaine semble se profiler. Dans quelques jours va s'élancer la course transatlantique reliant Le Cap à Salvador de Bahia, au Brésil. Exactement ce qu'il me faut ! Si j'arrive à me faire embaucher sur un de ces bateaux, je pourrai traverser l'océan, et ce, à la vitesse de l'éclair ! Mais mes espoirs sur cette nouvelle piste sont rapidement réduits à néant. Les skippers possèdent tous un équipage professionnel et n'ont que faire de mes bras qui leur paraissent déjà inutiles. Même les bateaux suiveurs ne veulent pas de moi !

Après deux semaines de recherches, j'ai l'impression d'avoir déjà demandé à tout le monde. Je reviens tous les jours à la marina par acquit de conscience, mais, malgré ma bonne volonté, je commence à me sentir totalement dépendant d'un éventuel coup du sort. Fêter le Nouvel An à Rio de Janeiro sera difficile.

Pourtant, deux jours avant Noël, je reçois un appel :

— Bonjour, je m'appelle Valentin Kitanoski. Je suis skipper. Pouvez-vous passer à Eliott Bassin ? Si cela vous intéresse, je passe par Panama.

Si cela m'intéresse ? Quelle question ! Cet homme d'origine macédonienne me donne l'opportunité de traverser l'océan en catamaran et me donne rendez-vous deux jours plus tard, de fait, le 25 décembre, pour en discuter.

Valentin a entendu parler de moi par Steward Marine, l'agence de convoyage qui loue les services de skippers pour livrer des bateaux aux quatre coins du monde. Après une demande quotidienne à l'agence pendant une semaine, j'avais récupéré la liste de tous les capitaines convoyeurs et je leur avais offert mes services. Enfin, toucher à quelque chose de concret me procure une grande bouffée d'espoir. Je n'ai eu aucune vraie piste depuis le début et je ne peux m'empêcher de tirer des plans sur la comète : si j'arrive à Panama dans un mois, je pourrais descendre ensuite vers la Colombie, ou bien monter vers les États-Unis.

J'arrive au port et je trouve Valentin. Propre sur lui, chauve, mais avec une barbe naissante, il ressemble plus à la nouvelle génération de marins organisés qu'aux vieux loups de mer qui se complaisent dans leur apparence pouilleuse. D'emblée, je branche Valentin sur son origine. Je suis passé en Macédoine et j'essaie de le prendre par les sentiments :

— Tu viens d'où, en Macédoine ? Skopje ? Orid ? Prilep ? Struga ?

— Ah ! tu connais ! Tu es passé par là ?

Après trois semaines de recherches intensives, il est hors de question que je ne mette pas toutes les chances de mon côté. Mon entrain, ma bonne humeur (et peut-être ma connaissance de cette portion des Balkans) ont finalement pesé du bon côté de la balance. Mon cadeau de Noël, c'est Valentin qui me l'offre en me demandant de m'installer à bord. En échange de mon travail d'équipier, je pourrai, tous frais payés, aller avec lui jusqu'à Panama !

Le départ est prévu pour le mardi 30 ou le mercredi 31 décembre. Cela me donne une semaine pour aider à préparer la traversée. Pour cela, je m'installe sur le bateau et découvre un catamaran de quarante pieds tout neuf que nous allons convoyer. J'ai une cabine pour moi tout seul et je m'y installe comme dans un appartement en appréciant le petit sentiment d'indépendance qui en découle.

Me voilà transformé en matelot. Je fais l'inventaire du matériel, scotche, enroule les sièges de sacs-poubelle pour les garder à l'état neuf, j'enduis les jonctions de vaseline, je range et j'achète à manger. Un troisième nous a rejoints : Jonathan, un jeune Sud-Africain qui assistera Valentin en tant que second. Cela nous permettra aussi de raccourcir les temps de garde et d'alléger la masse de travail à bord. Valentin le skipper, Jonathan le second et moi-même. L'équipe est déjà au grand complet !

Jonathan m'apprend quelques notions de navigation, me montre comment faire des nœuds marins, et nous sympathisons rapidement. C'est l'heure des derniers achats. Lunettes de soleil, crème solaire, chaussures de bateau et un bon paquet de livres trouvés chez un bouquiniste du Cap. Nous sommes prêts, mais pas la météo. Le départ est reporté à début janvier.

J'en profite pour passer le Nouvel An avec les amis couchsurfers qui m'ont hébergé durant mes recherches de bateau. J'admire le feu d'artifice depuis une colline surplombant la ville. Faisant maintenant face au Lion's Head, j'adresse un dernier salut au continent africain, alors que le son des tambours percutés par un groupe de métisses s'abandonne dans la nuit.

Avant de finalement embarquer pour cette longue traversée, je profite de mon passage à *Allô la planète*, une émission de radio sur France Inter qui me suit désormais, pour souhaiter la bonne année à mes parents.

Le vendredi 2 janvier 2009, c'est le jour du départ. Dans mon dos disparaît progressivement la montagne de la Table, tandis que devant moi s'étalent 12 650 kilomètres de bleu jusqu'à ma destination finale : Panama.

Première bonne nouvelle, je n'ai pas le mal de mer. Mon ventre se tient bien pendant ma garde de nuit, entre 3 heures et 6 heures. Pendant ces heures très matinales, le froid s'empare de ce désert aquatique, et j'accumule plusieurs couches de vêtement pour la première fois depuis la Bosnie. Quelle étrange sensation de voguer au milieu de ce néant d'eau, où mes seuls points de repère sont de rares lumières jaunes, rouges et vertes de quelques navires croisés au loin !

Malgré la fatigue, j'assiste à un merveilleux lever de soleil en compagnie d'un phoque jouant près du bateau. Valentin me rejoint et me dit avoir vu une baleine cette nuit. Pas vraiment étonné de l'avoir manquée !

Ces quarts de trois heures sont assez monotones et répétitifs. Je passe le temps à surveiller l'horizon, vérifier le bateau, faire à manger, laver mes affaires, lire ou m'occuper de diverses manières. Toutefois, j'apprécie ce moment de vie paisible, car cela me donne le temps de méditer sur ces derniers mois mouvementés, où chaque jour il se passait quelque chose.

Voilà quatre jours que le bateau avance. Nous sortons la grand-voile, et notre vitesse double pour atteindre 7 nœuds

(13-14 km/h). Cette vitesse est peut-être d'un ennui mortel sur route asphaltée, mais la sensation est tout autre sur l'océan. J'ai l'impression de voler au-dessus des vagues.

Mon rapide passage chez le bouquiniste du Cap est aujourd'hui vécu comme une bénédiction. J'ai le temps et je lis beaucoup. Là, je termine déjà *Au bonheur des dames* d'Émile Zola.

Les journées s'écoulent en toute quiétude sur notre catamaran. Le vent vient, puis tombe. Nous mettons, puis enlevons la grand-voile. Parfois, nous allumons le moteur, ce qui nous permet de recharger les batteries et donc d'écouter de la musique.

Nous avons parcouru mille kilomètres depuis notre départ. Partis un jour après nous, les voiliers participant à la course Le Cap-Bahia nous dépassent déjà. Avec le même vent, j'ai l'impression de voir des Formules 1 passer à côté d'un tracteur. Comment font-ils pour avancer si vite ?

Pendant ma garde, c'est sans doute l'un d'eux qui s'approche de nous dangereusement. Le temps de réaliser ce qui se passe, j'appelle Valentin, qui sort en furie. Le voilier nous rase de près, et Valentin me passe un savon. Oui, j'étais de garde et, non, je n'ai pas réagi assez vite.

Mon ego, fortifié par quinze mois de liberté totale, a du mal à encaisser de se faire engueuler soudainement comme du poisson pourri. Mais Valentin a totalement raison : la conséquence de ce bateau nous fonçant droit dessus aurait pu être dramatique. Je découvre au passage que, même sur la mer, il y a des cons. Le capitaine du voilier qui vient de nous passer devant la poupe n'a, à aucun moment, répondu à nos appels radio, préférant s'imposer au rapport de forces.

Je continue à lire et referme *Les Lettres de mon moulin* d'Alphonse Daudet.

Le huitième jour, notre cheminement entre les vagues se poursuit tranquillement, très tranquillement. Sur le trampoline du catamaran, je scrute l'horizon et le vide de l'océan. Du bleu à l'ouest, du bleu à l'est, du bleu au nord, du bleu au sud et quand je lève la tête vers le ciel, je vois du bleu, toujours du bleu !

En tant que Français, j'ai été désigné « cuisinier officiel du bateau ». Cela m'apporte un petit moment de créativité s'additionnant parfaitement à la routine qui s'est installée. Bien sûr, le régime à bord est conditionné par notre isolement, et nous avons privilégié les aliments non périssables lors des achats.

Toutefois, il arrive que Jonathan tire un thon ou une dorade de l'eau, ce qui égaye les repas en apportant un peu de fraîcheur. Après le déjeuner et si je ne suis pas de garde, j'apprends l'espagnol, puis je vais me reposer en faisant ma sieste quotidienne. La taille réduite du catamaran n'invite pas à la promenade. En conséquence, cette vie rythmée par l'alternance de repas et d'heures de sommeil me fait prendre du poids. Cela n'était pas arrivé depuis bien longtemps !

C'est donc sur ce rythme de croisière que je termine *Le Journal* d'Anne Frank, puis *La Machine infernale* de Jean Cocteau, et que je commence un thriller, *Odd Thomas* de Dean Koontz, que j'avais découvert en lisant *Velocity*, trouvé en Ouganda. Puis, j'apprends des fiches de vocabulaire en espagnol. Je ne connais pas un mot de cette langue et j'aurai certainement besoin d'en savoir un minimum lorsque j'arriverai en Amérique latine.

Ce matin, c'est décidé, je me rase. Pour économiser notre eau potable, je ne le fais qu'une fois tous les quatre jours. Pour la douche, il est même interdit de toucher à cette si précieuse substance liquide.

Par crainte d'être en pénurie, nous utilisons l'eau de mer pour nous savonner le corps. Rafraîchissant au premier abord, cela me rappelle ensuite la désagréable expérience de la mer Morte lorsque le sel se met à sécher.

Quinzième jour de mer. La journée est identique au programme fixé. L'espagnol progresse et je lis toujours autant. Hier, je me suis fait toutefois une frayeur. Pendant ma garde de nuit, j'observais un nuage quand tout à coup il se dissipa et dévoila une énorme lumière orange. Cet éclairage soudain s'élargit à une vitesse effrayante, ce qui, je le savais, était synonyme de rapprochement. J'en étais sûr, un bateau arrivait droit sur nous, il nous heurterait de plein fouet et personne ne nous retrouverait ! Mais, en scrutant un peu plus, je découvris à la place un astre. J'avais confondu la lune avec un bateau...

Vingt jours. C'est le vide total. Après un voilier au large de Sainte-Hélène, j'aperçois maintenant un immense bateau. C'est un pétrolier. Avec sa taille gargantuesque d'une centaine de mètres de long, il vaut mieux qu'il ne nous arrive pas dessus, car lui n'est pas qu'un corps céleste lointain.

Jonathan m'apprend un peu les bases de la navigation. En effet, Valentin parle peu et il ne m'accorde pas beaucoup de confiance. Comme il ne me confie que des tâches simples et ne répond guère à toutes mes interrogations, je lis *Unnatural Exposure* de Patricia Cornwell, le huitième livre à bord déjà.

Le 26 janvier 2009, nous approchons des côtes brésiliennes. Valentin nous indique que nous ferons escale à Fortaleza dans cinq ou six jours. Cette annonce est reçue très positivement. Cela nous fera du bien de poser nos pieds sur terre, même pour seulement une journée.

La vie à bord est toujours la même : calme et simple. L'important est qu'elle ne nous apporte pas de mauvaise surprise et que nous continuons à voguer sereinement vers notre destination. Il y a toujours autant de poissons volants qui concluent leurs moments de planement sur le bateau. À deux reprises, je reçois un de ces imprudents en pleine figure. C'est incroyable comme l'odeur de ces vertébrés aquatiques peut être tenace !

Ce matin, j'ai l'impression que nous nous rapprochons des côtes. Je commence à voir la pollution des hommes qui nous atteint, car à tribord du catamaran flotte un sac plastique. Jonathan, observant également cette scène, intervient :

— Tu vois cette matière étrange, là ?

— Oui.

— Ça s'appelle une « galère portugaise ». Cet animal translucide est, comme la méduse, très venimeux au toucher.

Décidément, j'ai encore tout faux ! Heureusement que je ne suis pas un activiste de Greenpeace, sinon j'aurais sans doute ramassé ce prétendu plastique à la main et récolté une belle brûlure ! Par bonheur, j'ai encore tous mes doigts, ce qui me permet de tourner la dernière page de *L'Assommoir* d'Émile Zola.

Nous entrons dans le « pot au noir », une zone située entre 10° de latitude nord et 10° de latitude sud. Cette région de navigation est connue des marins pour être très imprévisible. Il est dit que mon tour du monde sera plein de surprises ; alors, dès notre arrivée dans ce couloir océanique, nous essuyons une belle tempête.

C'est ma première en pleine mer et je découvre la vraie signification de « perturbation atmosphérique ». Quand on est habitué à voir le vent et la pluie gicler sur les fenêtres depuis l'intérieur des maisons, la conception de la chose n'est pas du tout comme quand on est sur une petite bicoque qui surfe sur des vagues de cinq à six mètres.

De nuit, assurer la sécurité du bateau devient encore plus une mission de survie, car nous ne voyons même pas notre poupe tant l'averse drue fouette intensément l'air. Un porte-conteneurs ne nous apercevrait pas à dix mètres...

Après 29 jours de mer et une ultime nuit de tempête, notre catamaran reçoit un oiseau qui s'y écrase de plein fouet. Lui-même impuissant face au vent, il ne peut plus repartir. Ses amis viennent lui tenir compagnie, et je me retrouve au milieu d'une conversation de ces petites boules couvertes de plumes.

J'ai l'impression qu'ils débattent sur la conduite à tenir. L'assemblée se lève finalement, et il est décidé que notre petit oiseau devra se rétablir avant de repartir.

Nous allons l'aider dans cette tâche et l'installons dans un carton. Je remarque que la marque de l'emballage que nous lui donnons est « Concorde ».

Avec un destin aussi similaire, nous donnons logiquement à notre nouveau locataire le nom de cet avion qui s'est écrasé à Gonesse, il y a quelques années.

Pendant quelques jours, nous lui apportons de l'eau, du muesli et du maïs. Puis, un matin, plus personne. Concorde est reparti. Le même jour, les dauphins viennent nous tenir compagnie. Il est difficile d'expliquer pourquoi ces cétacés grégaires ont l'air si amicaux, mais les voir nager devant le bateau me donne envie de sauter dans l'eau et d'aller jouer avec eux. Pour renouer avec l'esprit de voyage et d'aventures, je parcours un nouveau livre : *Les Itinéraires d'Alexandra David Néel* de Joëlle Désiré-Marchand.

Le matin du 2 février 2009, je touche terre pour la première fois de ma vie en Amérique du Sud, car nous arrivons à Fortaleza.

Sous une pluie torrentielle, nous passons la matinée à laver le bateau, à remplir le réservoir d'essence et à tout ranger. Retrouver la civilisation me démange, surtout quand je suis occupé à des tâches ménagères après 32 jours de navigation. L'après-midi, je prends le temps de visiter la ville.

J'éprouve un certain bonheur à côtoyer de nouveau la culture latine, que j'avais commencé à entrevoir au Mozambique. Je comprends les petits détails de la vie locale, comme les mélodies jouées par les musiciens de rue, ou les dégustations de café en terrasse. C'est vivant, c'est chantant, les femmes sont belles, mais nous devons déjà repartir. Je suis heureux d'avoir eu ce petit aperçu. Il me laisse penser que je vais aimer l'Amérique du Sud.

Cap sur Trinidad-et-Tobago. Le train-train recommence. L'uniformité des journées rend le voyage monotone. Après cinq semaines en mer, l'ennui me gagne, même si j'arrive parfois à le combler par quelques beaux moments de lecture. J'ai hâte d'arriver au Panama. Parfois, je me dis que la mer est une fuite des responsabilités, de la civilisation et une recherche de l'isolement. Ce paysage désert où rien ne change pendant trente jours, entrecoupé par une escale de un ou deux jours, puis encore trente jours de « rien » me fatigue un peu. Je me rends compte que j'aime les gens, discuter, échanger, apprécier leurs qualités et tolérer leurs faiblesses. Mais je ne suis pas gâté, car désormais le skipper yougoslave ne parle plus. Il reste dans sa cabine, en sort pour les gardes, les repas et ses réussites aux cartes. Heureusement que Jonathan est là, sinon je serais moi-même condamné à ce mutisme.

Je continue à faire travailler mon imagination. *Screw It, Let's Do It Again* de Richard Branson, puis *Jean de Florette* de Marcel Pagnol occupent mes heures.

L'arrivée à Trinidad est différente de celle du Brésil. Cette fois, nous découvrons un paysage insulaire, vert, tropical et montagneux. Nous faisons escale à Chagaramas dans cette première île des Caraïbes pour tenter de trouver du pétrole moins cher, avant d'entamer le sprint final vers le Panama. Après un détour par Saint-Vincent-et-les-Grenadines pour récupérer du matériel appartenant au catamaran, nous filons vers notre destination finale.

Pendant ces ultimes jours de navigation, j'ajoute à mes lectures *Le Partage de midi* de Paul Claudel, puis *Is Death the End* des époux Phillips et enfin *La Terre* d'Émile Zola, qui sera sans doute le dernier sur le bateau. De tous les livres achetés chez le bouquiniste, seuls deux demeureront fermés : *Britannicus* de Racine, et *It* de Stephen King. En termes d'ouvrages à parcourir, j'avais plutôt visé juste.

Deux mois en mer est une assez longue période, mais j'en sors enrichi d'une expérience nouvelle, unique et originale. C'est ainsi que, le 28 février 2009, j'arrive au Panama après 57 jours de traversée, soit huit semaines et trois jours.

Pour atteindre la ville de Colón, nous zigzaguons entre une trentaine de cargos qui attendent patiemment l'autorisation de traverser le canal de Panama. Nous aussi devrons naviguer à travers ce formidable ouvrage d'ingénierie mécanique. Ce sera la cerise sur le gâteau pour conclure bien joliment ce passage d'un continent à un autre.

Je pose pied à terre. J'ai l'impression que le sol est mouvant sous mes pas, qui s'attendent à ce que la terre ferme reproduise la fluctuation des vagues. Cette étrange sensation dure quelques heures, pendant lesquelles je médite sur le chemin accompli. J'ai réussi à traverser l'océan Atlantique en bateau-stop. Incroyable ! Cette masse liquide est encore plus immense que je ne le pensais. Je n'ose même pas imaginer ce qu'impliquera de traverser le Pacifique ! Les recherches furent difficiles et l'itinérance maritime fut longue, mais, à force de calme et de persévérance, j'y suis parvenu. En récompense, je me vois attribuer deux continents à visiter pour le prix d'un : l'Amérique du Nord et l'Amérique du Sud !

Nous passons trois jours à terre pour attendre l'autorisation de passer le canal. Nous en profitons pour légaliser notre arrivée en obtenant nos visas.

Je m'occupe également de répondre à la centaine d'e-mails que j'ai reçus pendant ces deux mois déconnectés du monde. Je rassure mes proches : la traversée s'est bien passée. Lors de la mise à jour de mon site Internet, je me rends compte que mon style d'écriture est plus posé sur la mer que sur la terre. Comme si j'étais un moine bouddhiste qui sortait d'un séminaire de méditation pour se retrouver directement au milieu de l'agitation du centre-ville du Caire.

Retrouver la civilisation, c'est aussi casser le calme du vide océanique. D'autant plus que la ville de Colón n'est pas réputée pour être paisible. Les mots qui sont lancés autour de moi agissent comme des agressions verbales qui me sont destinées. Je me prends un instant à vouloir quitter tout cela et retourner m'isoler sur l'océan.

Non, après tout ce chemin, ce serait trop bête. Je retourne tout de même sur le catamaran pour la dernière étape, le canal de Panama. Cette prouesse technique relie l'Atlantique au Pacifique par un système d'écluses qui ajuste le niveau de l'eau à la hauteur du lac de Gatún, pour ensuite retourner au niveau de la mer.

Il permet aux embarcations navales de ne plus avoir à contourner le double continent américain en passant par les eaux troubles du cap Horn, situé entre le sud de l'Argentine et l'Antarctique. Cet immense détour ajouterait plusieurs semaines au passage d'un océan à un autre.

Je participe activement à la traversée du canal en tenant les lignes qui attachent notre catamaran pendant le nivellement de l'eau dans les écluses. Quelques heures après, nous atteignons l'océan Pacifique, alors que s'élèvent devant moi les premières tours de la ville de Panama. Me voilà arrivé à destination.

Je descends du bateau avec mes deux sacs. Après deux mois en mer, je retrouve mon indépendance et ma liberté. Il va falloir désormais m'organiser pour savoir quoi en faire. Trouver un endroit où dormir, où manger, où me laver.

De retour sur la route, la réalité de cette vie me revient dessus comme un boomerang. Je porte un court regard à la carte. La Colombie ou le Costa Rica ? L'Amérique du Nord ou du Sud ? Le choix est vaste, mais mes idées ne sont pas encore claires.

7

Coulée de lave guatémaltèque

Après quelques investigations, je découvre que la route panaméricaine, qui traverse toutes les Amériques, de l'Alaska jusqu'en Argentine, s'interrompt juste entre le Panama et la Colombie. À l'intersection des deux continents américains se trouve la jungle du Darien. Aucun chemin ne permet de passer outre ces 150 kilomètres d'« enfer vert ». Sortant de deux mois en mer, il me faut de nouveau trouver un bateau si je veux me rendre en Amérique du Sud. Moi qui commençais à peine à m'habituer d'avoir les pieds sur terre, je dois déjà élaborer un contournement maritime. Peu motivé par cette idée, je vais tout de même jeter un œil dans le village de Carti, où des bateaux seraient susceptibles de transiter jusqu'à la frontière colombienne.

La route qui y conduit est tellement mauvaise que je n'arrive pas le jour même à destination. Pas de voitures ni de camions pour me prendre, alors, entre Llano et Carti, je me retrouve tout seul sur un chemin désert. Et quand je dis tout seul, c'est vraiment tout seul ! Dommage, ce soir, je fête mon anniversaire, j'aurais bien invité des potes !

Eh oui, j'ai 25 ans ! Un quart de siècle au compteur de ma vie, et me voilà tout seul, dehors, fatigué, allongé sur des rondins de bois, car il n'y a aucune habitation, rien, même pas un banc. J'ai, dans ma grande solitude, quand même trouvé de la hauteur, et ça, c'est déjà un luxe, car j'ai vu une petite mygale traîner dans le coin.

La nuit que je passe sur cette pile de bois n'est pas trop mauvaise sauf que, pour éteindre mes bougies, le ciel m'envoie une averse tropicale au milieu de la nuit.

Sans toit ni tente, je termine ma mémorable nuit d'anniversaire comme cette fameuse nuit en Italie : trempé. Et comme, de l'eau, j'en ai trop vu et je n'en veux plus, je remets mes recherches de bateau à plus tard. C'est décidé : je vais visiter l'Amérique du Nord en premier.

De longues marches en courts lifts, je boucle 45 000 kilomètres de stop et j'arrive donc au Costa Rica. J'ai quitté Panama sur un avis mitigé. Bien que le dépaysement et le retour à la civilisation aient été largement les bienvenus, je n'ai pas pris beaucoup de plaisir à rencontrer les Panaméens. Si je passe outre leur apparente inaccessibilité, j'ai découvert généralement des personnes individualistes, qui ont calqué leur culture sur le modèle américain.

Il n'y a qu'à voir sur quoi s'inspire le mode de développement de la capitale. Panama est fièrement surnommé par ses habitants le « Miami du Sud ».

Effectivement, des tours fleurissent comme des champignons un peu partout dans le centre ; j'ai vu sur le *causeway* (chaussée entourée d'eau) des joggeurs courir avec le lecteur mp3 accroché au bras, et puis, il y avait la monnaie nationale qui n'est autre que le dollar américain.

A priori, les premiers pas au Costa Rica ne semblent pas m'apporter beaucoup de changement. Les paysages verdoyants défilent, je suis toujours dans un climat tropical et il pleut beaucoup, ce qui explique cette nature vivifiante. Entre villages et champs d'ananas, je découvre un joli pays. Le calme règne dans les campagnes de cette partie de l'isthme central américain. Mais, encore une fois, la proximité de l'Oncle Sam mène à l'américanisation de pans entiers de la culture locale. Combien de SUV (*sport utility vehicle*) m'ont dépassé depuis ce matin ? Quelle utilité de conduire ces tanks dans un pays où les routes sont majoritairement bien asphaltées ? Je ne sais pas si les nombreux investissements étrangers accentuent le processus d'acculturation, mais il est vrai qu'ils aident à ce que le Costa Rica me paraisse aujourd'hui développé.

À la nuit tombante, sale et fatigué par deux journées d'auto-stop difficiles, je décide de demander l'hospitalité. Je tape à la porte de quelques maisons. Derrière un grillage qui les protège du monde extérieur, je découvre des habitants effrayés par ma présence. Ils ne veulent pas regarder mon livre de voyage et font semblant de ne pas comprendre mes mots d'espagnol. Pourtant, moi, je les comprends quand ils me disent d'aller voir le voisin, de demander à l'hôpital ou d'aller travailler pour me payer l'hôtel et d'arrêter de mendier aux portes. Dans ma démarche de rencontre des peuples, c'est ce soir un coup dur. Accueilli comme un malpropre et un mécréant, je passe la nuit sur un banc en fer. Hier, il était en béton.

Sur le chemin qui me conduit tout doucement vers le Nicaragua, je vois défiler aussi une belle brochette de conducteurs désintéressés par mon cas.

Seul individu à polo bleu vif au milieu d'un décor luxuriant de végétation, je semble être confondu par les conducteurs avec la merveilleuse faune locale, car ils ne portent aucun regard sur mes gesticulations. Moi, c'est plutôt un papillon bleu battant des ailes qui m'interpelle et me pousse à aller visiter la « jungle » avec Juan Carlos, un Costaricien que j'ai rencontré la veille à Cartago.

Je le suis donc au milieu de plantes énormes, dont les feuilles sont grandes comme des parapluies. Parfois, je prends la machette pour le suivre.

Derrière un fouillis d'arbres, je découvre cascades, rochers et chutes d'eau et, virevoltant au milieu de tout ça, un kaléidoscope d'oiseaux de toutes les couleurs, dont un minuscule colibri qui vient voler au-dessus de moi. Grâce à Juan Carlos, je peux avoir un aperçu de quoi regorgent les 25 % du territoire costaricien protégé par le gouvernement sous l'appellation contrôlée de « parc national ».

Pura vida (« vie pure », ou « plein de vie »), expression préférée des *Ticos* (terme désignant les Costariciens) délivre tout son sens dans cet environnement naturel exceptionnel et unique au monde.

Régénéré par cette abondance de nature, je reprends la route de meilleure humeur.

Les conducteurs doivent le sentir, car l'auto-stop fonctionne un peu mieux. Un chauffeur m'offre le *gallo pinto*, l'immanquable plat national du pays. Ce mélange de riz et de haricots est tellement consommé par la classe populaire qu'il est le fruit d'un proverbe : « À midi, c'est riz et haricots, le soir, c'est haricots et riz, et le matin, c'est *gallo pinto*. »

À peine le temps de déguster le tout qu'un nouveau conducteur s'arrête. Lui participe à cette rafraîchissante journée en partageant avec moi une bière et des chips. Plus tard, un autre me donne une bouteille d'eau. Puntarenas, Liberia, La Cruz, le paysage défile et devient aride. J'arrive au Nicaragua.

La frontière entre les deux pays m'apporte un sacré contraste. Dès l'arrivée dans ce troisième État du centre de l'Amérique, j'ai l'impression de replonger dans le tiers-monde. Prostitution, mendicité infantile, alcoolisme, je retrouve toutes les caractéristiques de la misère humaine.

Mais, parallèlement, l'auto-stop recommence à fonctionner, comme si la pauvreté apportait instantanément une dose de sympathie. Quelques heures plus tard, un camion me dépose à Managua, la capitale du pays.

À l'arrière des pick-up, je parcours une partie du Nicaragua. Je traverse Leon, dont le centre est hérité de la colonisation espagnole. Dans les petites rues de la ville, je découvre des vieux bâtiments et des maisons colorées devant lesquelles de vieux Nicaraguayens se balancent lentement à l'aide de hamacs ou de chaises à bascule en osier. L'auto-stop est très facile dans ce pays. Le concept est connu et pratiqué aussi par les gens d'ici que je peux voir chaque jour tendre le pouce au bord des routes, comme je le fais si souvent.

Un instant, je troque l'auto-stop pour le moto-stop. Je voyage quelques kilomètres à l'arrière d'un deux-roues. Zigzaguant entre les nids-de-poule, j'apprécie le paysage de campagnes et de volcans qui défile sous mes yeux, cette fois sans teinte de la visière du casque, car ici personne n'en porte.

Il me faut tout de même une dizaine de véhicules pour atteindre Rio Blanco, situé sur la route menant au Honduras. Je m'y arrête quelques jours. Le fameux *rio*, qui signifie « rivière » en espagnol, est réquisitionné pour la *Semana Santa* (Semaine sainte précédant le dimanche de Pâques). Cette période de fête catholique amène toute la population à se jeter à l'eau. Rivière, mer, piscine, toutes les zones aquatiques s'emplissent de familles nicaraguayennes qui y pataugent pendant sept jours.

Bien que ce peuple soit religieux, il est aussi très festif. Pour certains, la *Semana santa* devient un prétexte pour consommer de l'alcool à outrance. Si bien qu'à plusieurs reprises au Nicaragua, j'ai la surprise de découvrir des corps inanimés, affalés au bord des routes. Augusto, un de mes conducteurs, me les désigne et m'explique :

— Ce sont des ivrognes. Ils passent la nuit à boire et ils sont tellement saouls qu'ils ne peuvent plus rentrer chez eux. Alors, ils s'écroulent et dorment ainsi jusqu'au lendemain matin.

Ils achètent cette liqueur immonde vendue pour 12 cordobas (50 centimes) dans des petites bouteilles en plastique. Le degré d'alcool est tellement élevé qu'à terme, il en ravage le cerveau. Voir l'état de légume de ces hommes qui dorment au bord de la route ne me donne pas envie de m'enivrer avec ce tord-boyaux. Près de Matagalpa, Augusto me montre autre chose du doigt :

— Regarde, le phénomène est tellement problématique que le gouvernement a installé des panneaux à leur intention.

Oui, en effet. Nous passons à côté d'une plaque métallique sur laquelle un homme, manifestement ivre, rampe sur le bitume. Étonnant !

Enfin, j'arrive au Honduras. La frontière, un peu confuse, ne voit aucun agent d'immigration tamponner mon passeport. Un accord entre quelques pays d'Amérique centrale facilite les besoins administratifs pendant le passage de certaines frontières. La transition entre les deux pays n'amenuise pas du tout l'aisance avec laquelle je procède en auto-stop. La chaleur, qui augmente de jour en jour, semble être la seule difficulté qui s'est ajoutée.

Malgré tout, je dépasse Tegucigalpa dans la remorque d'un camion qui ressemble à une vraie poubelle. Au milieu d'un tas de cartons, de paquets de chips et de morceaux de verre, j'observe un baril d'essence perdre quelques gouttes à chaque dos d'âne que nous franchissons. Au Honduras, il y en a beaucoup ! Après trois heures de tressautements dans cette carriole, une immense flaque de carburant termine de se former sous mes pieds. Voilà enfin une solution efficace pour les fumeurs qui souhaitent arrêter !

Court arrêt à Santa Barbara. Je m'y fais voler mon téléphone pour la seconde fois du voyage. C'est assez, terminé les cellulaires ! Du petit vol opportuniste, je passe au racket de gang. À La Ceiba, sur la côte caribéenne du pays, se terminent les célébrations de la *Semana santa*. Un gros concert est organisé. Avec un Américain et un Canadien que j'ai rencontrés, nous nous éloignons de la *zona viva*, où des immenses enceintes crachent vulgairement du reggaeton, et nous rendons sur la plage. Là, au milieu d'une centaine d'habitants du pays s'étant également écartés du concert, un homme s'approche de nous. Il est petit, mais ses yeux trahissent une certaine violence contenue. Il lance platement :

— Je suis de la *Mara 18*. J'ai besoin de cent quatre-vingts lempiras.

Puis, il ajoute en nous invitant à nous retourner :

— Sinon, mon ami possède un revolver.

L'ami en question est bien plus grand. Il a des tatouages un peu partout sur le corps et lui non plus n'a pas l'air très amical. Ne comprenant rien à ce que cet homme raconte, je m'adresse au Canadien :

— Qu'est-ce qu'il dit ? Qu'est-ce qu'il dit ?

Ma curiosité paraît plutôt mal placée à ce moment puisqu'il me répond sur le ton du conseil :

— Ferme-la.

Je les vois ensuite, lui et son ami américain, sortir une petite liasse de billets et la donner à ces malfrats. J'apprends plus tard que ce sont des *mareros*, des membres de gang. J'avais entendu parler de la *MS-13* (*Mara Salvatrucha*, la *mara* la plus connue) à Tegucigalpa, quand la première page d'un journal exhibait un corps calciné et un autre troué de balles. J'avais d'ailleurs été choqué par la violence des images diffusées au public. Rien n'était caché et la vue du sang semblait être l'argument de vente numéro un.

Les *mareros* prospèrent principalement du trafic de drogue et du trafic d'immigrants illégaux vers les États-Unis. Les violences infligées ne le sont principalement qu'entre membres de différents gangs. De toute façon, qui voudrait s'attaquer à ces bandits, dont le corps, et plus particulièrement le visage, sont couverts de tatouages morbides ?

Normalement, ils ne s'en prennent pas aux touristes, et j'ai l'impression que nous étions simplement là au mauvais moment. La somme qu'ils demandaient était ridiculement basse en comparaison des menaces proférées. J'imagine qu'ils en avaient besoin sur-le-champ et qu'ils avaient utilisé la seule façon qu'ils connaissent pour l'acquérir.

Sur ce, je décide de quitter le Honduras pour aller au Salvador. Pour la première fois, je fais de la charrette à vache-stop, mais l'expérience est plus amusante que productive. Je change donc pour un véhicule plus rapide, plus confortable, car ce prochain pays est encore situé à 250 kilomètres et ce n'est qu'après seulement deux simples contrôles de passeport que, le lendemain, je passe la frontière.

Voilà un mois et demi que je suis en Amérique latine et j'ai le sentiment de ne pas progresser assez vite en espagnol. Ce n'est pas que je veuille à tout prix comprendre ce que les membres de gang honduriens me disent, mais j'ai le désir de me fondre dans la population au plus vite et par moi-même. Il y a tant d'informations que j'ai l'impression de laisser s'échapper que cela devient frustrant. Pourtant, en ayant comme professeurs mes hôtes et mes conducteurs d'un jour, il est certain que j'apprends plus vite ici que je ne l'aurais fait à l'école. Parti de rien à Panama, maîtriserai-je l'espagnol couramment à l'issue de mon périple en Amérique latine ?

Pour accentuer encore mes connaissances, je décide donc de visiter le musée de la révolution du FMLN (Front Farabundo Marti de libération nationale) situé à Perquin. Encore une fois, je découvre une page macabre de l'histoire du monde. Je n'avais jamais entendu parler de la guerre civile salvadorienne qui dura de 1980 à 1992, ni de ses 75 000 morts, ni des 6 milliards de dollars donnés par le gouvernement américain au gouvernement salvadorien pour continuer l'effort de guerre. Où, dans ce monde, n'y a-t-il pas eu de massacre ?

Après deux jours passés dans la capitale San Salvador, mes toujours généreux conducteurs me permettent de suivre la Panaméricaine jusqu'à Guatemala City.

Je passe la frontière. L'immigration salvadorienne ne me tamponne pas à la sortie. Celle du Guatemala, elle, m'offre la gratuité du séjour. Qu'il est bon, en effet, d'avoir un passeport français !

Je prends la température de la police guatémaltèque en demandant si on peut m'arrêter un véhicule. Aucun problème. Après une brève attente, on me trouve un conducteur. Seulement, après quelques kilomètres, l'homme s'arrête. Il descend du véhicule et part prendre son bain dans une rivière. Enfin propre, il reprend la route et j'arrive en fin de journée à la capitale Guatemala City.

Comme dans les zones urbaines africaines, cette ville semble offrir une sacrée inégalité dans le partage des ressources. Pendant que les plus riches vivent barricadés dans leurs grandes villas sécurisées, les plus pauvres s'entassent dans des favelas accrochées aux collines de cette capitale de sept millions d'habitants.

Cette fois, j'explore le côté doré de la face du monde. Ariana m'accueille dans son bel appartement. Le soir, nous sortons à bord d'une BMW dernier modèle pour aller voir un concert dans un hôtel cinq étoiles. Le lendemain, nous visitons sa tante, qui vit dans une grosse maison avec piscine sur la côte pacifique, à Puerto Quetzal. Immanquablement, reproduire le schéma de l'aisance financière, lorsque je me trouve à portée de vue des plus pauvres, ne me procure aucun plaisir. Cela en devient même un peu gênant, comme si leurs regards me rappelaient toute la futilité de ce mode de vie.

Cette riche famille n'a pas non plus l'air heureuse en alignant les clichés de la « réussite ». Plus préoccupés par leur apparence et leurs contacts avec les « bonnes » personnes, ces gens en oublient de profiter de l'instant présent. Ce « bonheur matériel » que les experts en marketing savent très bien nous vendre ne me touche plus. Au jour de mon retour en France, je serai certainement irrécupérable par le système !

Avant de continuer au Mexique et d'atteindre *Gringolandia* (« pays des Blancs », c'est-à-dire les États-Unis), je fais escale à Antigua. Sur la route, je pose le regard sur une fille, qui me le rend. Depuis mon arrivée à Panama, je trouve que les yeux des *Latinas* sont très accueillants et j'aime me reposer un instant dans leur chaleur. Ces courts instants de séduction me mettent du baume au cœur pour continuer. Mais, au même moment, horreur, son petit ami arrive. Nous sommes aussi au pays du machisme latin, où la jalousie est un concept à lui tout seul. Pour un seul regard, c'est déjà la scène. Le petit ami m'envoie des éclairs avec ses yeux noirs comme l'orage. Ils m'invitent au « duel ». N'ayant pas spécialement de désir homicide à ce moment, je reprends ma marche vers Antigua.

A jalon (terme signifiant « faire de l'auto-stop » au Guatemala), j'atteins rapidement cette ville issue de la colonisation espagnole. J'aime beaucoup les rues pavées, les églises baroques, la tour de l'horloge, les maisons basses jaunes, rouges ou orange d'Antigua. Adaptée pour les nombreux touristes, cette ville ne ressemble à aucune autre zone citadine guatémaltèque, mais l'atmosphère de ce lieu propre et organisé y est agréable. Et que dire de son environnement naturel ? Antigua est littéralement situé au milieu de trois volcans : Agua, Fuego et Acatenango !

Le lendemain, c'est pourtant le volcan Pacaya que je choisis de visiter. Parmi la trentaine que compte le Guatemala, c'est supposément le meilleur endroit pour voir couler de la lave.

Je me poste en bas du volcan. Le spectacle est époustouflant, avec un mélange de désolation et de grandiose. L'immense traînée noire de lave séchée ne me facilite pas l'escalade. J'ai l'impression de m'écorcher les pieds sur de la pierre ponce taillée en rasoir. Malheureusement, chaque pas m'apporte aussi la vision de nouveaux déchets que je découvre un peu partout. Pour certains, même le spectacle de la nature est une poubelle potentielle. Pathétique. La piste allant vers le sommet est difficile, des morceaux de pierre volcanique rompent sous mes pas. Je commence à me demander si je vais dans la bonne direction pour aller voir la lave, car l'escalade est un peu sauvage. Qui m'a d'ailleurs dit que la lave se trouvait là-haut ? Personne. J'ai juste présumé que, si elle coule, elle doit venir du point le plus élevé. Ce jugement, sans aucune réflexion préalable, commence à m'inquiéter. Depuis quelques minutes, je vois de la fumée sortir du sol, certainement une conséquence de l'activité volcanique. Puis, de brusques détonations ponctuent chacun de mes pas : POUM SHHHHH SHHHHH !

Plus je m'approche du sommet, plus je les entends et plus elles me font peur. Qu'est-ce que je croyais ? Que ma seule personne était plus forte qu'un volcan entier ? Quel imbécile d'être venu jusque-là ! En plus, il n'y a aucun touriste ; je me suis forcément trompé !

Au sommet, les bruits sont de plus en plus atroces, je vois des trous grands comme des marmites sans fond exhaler une dense fumée blanche[1]. Autour de ces cheminées naturelles, il y a du soufre, reconnaissable par sa couleur jaune. Mais pas de lave.

Presque en état de panique, je redescends aussi vite que je peux. Je tombe sur une autre piste que je décide de suivre. Cela doit être la bonne puisque je rencontre finalement quelqu'un : c'est un employé du parc et je lui demande :

— Je cherche la lave. Sauriez-vous où je peux la trouver ?

— Oui, bien sûr. Il faut continuer tout droit, vous allez tomber dessus. Elle se trouve presque à la base du volcan.

1. Le 27 mai 2010, soit un an plus tard, le volcan Pacaya explosera, et une énorme éruption aura lieu. La ville de Guatemala City sera recouverte de cendres.

Ah ça alors ! Quelle utilité d'avoir grimpé là-haut ! Et qu'étaient ces détonations ? Je décide de le questionner un peu plus, sans trop éveiller ses soupçons sur l'éventuelle illégalité de ma petite grimpette :

— Je pensais que la lave se trouvait au sommet. Qu'y a-t-il à voir là-haut ?

— Oh non ! Au sommet, c'est trop dangereux. Le volcan est en pleine activité en ce moment. Il ne faut pas y aller !

Effectivement, après une dizaine de minutes à suivre la piste, je rencontre la lave pour la première fois de ma vie. C'est incroyable. Elle semble sortir du ventre du volcan par un trou qu'elle a formé, comme si un pipeline cassé déversait du feu à l'état visqueux. Mille cent degrés de lave dévalent la pente du volcan et disparaissent derrière un écran de fumée, créé au contact d'éléments du paysage encore vivant avant son passage. Cette roche en fusion sème la mort partout où elle passe, et c'est impressionnant. Voir le spectacle de la lave, voilà encore un autre rêve d'enfant qui se réalise.

Après une nuit passée, par souci de sécurité, dans les toilettes publiques du parc volcanique, je reprends la route en direction du lac Atitlan. Quelques voyageurs rencontrés me l'ont défini comme étant l'un des plus beaux endroits au monde. Mon impatience de découvrir ce lieu augmente et je l'atteins en début d'après-midi.

Incroyable ! De nombreux volcans semblent avoir élu résidence autour du lac. Aussi linéaire qu'un électrocardiogramme d'une personne en bonne santé, le relief du paysage propose des diagonales dans tous les sens.

Ce pays est décidément spectaculaire. Je m'arrête une journée à Panajachel, mais ce charmant village au bord du lac Atitlan est bien trop touristique à mon goût. Je n'aurai ici aucun contact intéressant avec la population locale.

Visiter tous ces pays, me fondre avec les habitants et partager leurs repas, cela comporte des risques qui se terminent parfois en sérieux maux de ventre. Au bord de la route, vers San Cristobal, je n'en peux plus. Je suis au milieu de nulle part, j'attends un véhicule, et mon estomac va m'abandonner si je continue à le faire patienter. Ah ! tant pis ! Je balance mes sacs dans un fourré, au cas où un opportuniste profiterait de la situation, et je plonge derrière un buisson. Un bananier poussera peut-être ici, tant je me soulage de mon engrais naturel. Heureusement, j'ai toujours du papier avec moi et lui aussi est biodégradable.

Le 12 mai 2009, je quitte le Guatemala et l'Amérique centrale hispanophone pour faire un crochet par le Belize, où l'anglais est la langue parlée.

Dès la frontière permettant d'accéder à cette enclave située au bord de la côte caribéenne, j'assiste à une scène tout droit sortie d'un film de science-fiction. Tous les employés du bureau de douane portent des masques chirurgicaux.

En effet, depuis que les informations diffusent largement sur les risques d'épidémie du virus H1N1 (grippe porcine) qui sévit déjà chez le voisin mexicain, c'est la panique. Un officier me donne un questionnaire à remplir, où s'étend indéfiniment une liste de tous les symptômes possibles et imaginables. J'arrive enfin devant le dernier officier du bureau d'immigration. Calé dans sa chaise, il s'affiche comme si la chaleur l'empêchait d'entreprendre toute activité. Flemmard, arrogant, raciste, il exprime tout à la perfection :

— Ouais, ouais, qu'est-ce tu veux, Français ?

Le Belize est beaucoup plus proche des îles caribéennes que de ses voisins d'Amérique centrale. Issus de la traite des esclaves durant le commerce triangulaire entre l'Europe, l'Afrique et l'Amérique, les habitants sont principalement noirs. Comme nous sommes dans une ancienne colonie britannique, la langue parlée ici est un créole d'anglais, qui me fait beaucoup penser à celui que j'ai entendu lors de mon passage à Trinidad et à Saint-Vincent dans les Caraïbes.

L'auto-stop fonctionne toujours très bien. Comme au Guatemala, il suffit que je me mette devant les ralentisseurs pour que les véhicules me voient facilement. On trouve ces dos d'âne partout dans cette région. Je me souviens d'ailleurs de les avoir comptés avec un conducteur sur une route guatémaltèque. Au bout de 150 kilomètres, nous avions recensé 98 *tumulos* (nom donné aux dos d'âne au Guatemala). Un vrai paradis pour auto-stoppeurs !

Comme le Belize est anglophone, cela attire beaucoup d'Américains et de Canadiens. Mon anglais étant meilleur que mon espagnol, je peux suivre plus facilement les conversations. À la vue d'un homme blanc installé sur une charrette tirée par des chevaux, un conducteur canadien m'explique :

— Vois-tu cet homme avec la grosse barbe, là ? C'est un mennonite. Un peu comme la communauté amish, les mennonites refusent tout accès au progrès. Voilà pourquoi ils préfèrent la traction animale à l'ingénierie mécanique. Ils sont aussi de gros travailleurs fermiers qui refusent d'être soumis aux lois gouvernementales du pays où ils sont. Avec le temps, cela les a forcés à migrer de la Hollande vers le Canada, puis le Mexique et maintenant le Belize.

Nous doublons l'homme à barbe, et je me demande intérieurement s'il aurait accepté de me prendre en stop sur sa charrette. Peut-être en aurais-je appris plus ?

8

Le tour des extrêmes

— Mexicoooo, Mexiiiiiicooooooooo !

Sur le pont délimitant la frontière bélizienne et mexicaine, je fredonne cet air de Luis Mariano pour célébrer mon entrée dans ce nouveau pays à découvrir. Un panneau indiquant NORTH AMERICA (Amérique du Nord) m'apprend aussi que, pour la première fois, je pénètre officiellement sur ce continent.

Après 49 450 kilomètres et 19 mois sur la route, je suis donc au Mexique, un pays qui me fait rêver pour sa culture maya, aztèque, ses mariachis, ses sombreros, ses coccinelles et, bien sûr, sa cuisine.

Le premier lift m'est donné par le directeur de l'Université de Chetumal. Il contacte Erick, mon nouvel hôte, qui me fait visiter le front de mer de la ville. Bien plus développé que toutes les villes d'Amérique centrale que je viens de traverser, Chetumal me permet déjà de sentir l'influence du géant voisin américain. L'État du Quintana Roo est situé dans la péninsule très touristique du Yucatan. La région est mondialement connue pour ses eaux turquoise, mais aussi pour ses temples mayas, dont le plus connu est Chichen Itza, une autre des sept merveilles du monde.

Le tourisme a entraîné un développement intense de cette région. Toujours fourré derrière les ralentisseurs, appelés *tope* dans ce pays, je progresse facilement en *aventon* (terme désignant l'auto-stop au Mexique) sur les excellentes routes de cet État. La route devient littéralement autoroute lorsque j'arrive à Cancun.

Ce haut lieu du tourisme mexicain a troqué les haciendas pour d'immenses barres d'hôtels dénuées de tout charme. La voilà, la capitale du vice pour les jeunes *springbreakers* américains qui viennent chaque printemps faire honte à leur pays en s'y souillant sans aucune décence.

Pas cette année toutefois. Tétanisée par la grippe porcine, qui est sans doute déjà annoncée aux États-Unis comme le nouvel Ébola, l'éhontée jeunesse américaine a délaissé la zone hôtelière de Cancun, qui a désormais l'air aussi vide que le centre de Johannesburg.

Les Mexicains semblent vivre beaucoup plus sereinement cette propagande de pandémie. Ils le savent bien, la fin du monde n'est pas pour maintenant, les Mayas ne l'ayant annoncée que fin 2012, soit dans plus de trois ans. À part ceux qui souffrent des retombées économiques désastreuses de cette saison touristique, j'en rencontre beaucoup qui se divertissent de ce vacarme médiatique. À Chetumal, j'ai même vu une statue vêtue de ce fameux masque chirurgical.

Campeche, Merida, Ciudad del Carmen. Je traîne mes guêtres, suant à grosses gouttes sous cette chaleur humide, moite et insupportable. Ma tête devient aussi rouge qu'un piment mexicain. J'ai connu meilleur climat pour faire du stop. À Villahermosa, aussi *hermosa* (« jolie ») que Belgrade est blanche, mon conducteur heurte à deux reprises des chiens errants.

C'est incroyable le nombre de ces animaux de compagnie qui se retrouvent abandonnés dans ce pays. Encore heureux qu'ils ne terminent pas cuisinés. Dans cette même ville, capitale de l'État du Tabasco, mon hôte me pousse une assiette sous le nez :

— C'est pour toi !

Je regarde le contenu. Deux petites pattes vertes flottent encore dans une sauce orangée. Je crois que j'aperçois les ongles. Je me renseigne :

— Qu'est-ce que c'est ?

— Une soupe de tortue. C'est la spécialité locale, au même titre que l'iguane et l'*armadillo* (tatou). Mais ne répète pas que tu en as mangé ici, car en réalité c'est illégal.

De toute façon, c'est déjà cuit et préparé, autant le manger. Puis, je voyage pour apprendre et vivre de nouvelles expériences ; en voilà une à ne pas rater. Je goûte. La peau verte est un peu difficile à croquer, comme une protection cuirassée qui me prierait de ne pas insister.

Dessous se cache une saveur similaire à celle du poulet. Pas mauvais, mais pas aussi bon que cette nourriture de rue, dont je me régale chaque jour. Quesadillas, enchiladas, tamales, cochonitas, guacamole... Là se trouve le vrai festin !

J'aime beaucoup le Mexique et les Mexicains. Combien de boissons, repas ou gestes attentionnés ai-je reçus de la part de mes conducteurs depuis mon entrée au pays ? Et mes hôtes, qui tiennent absolument à me montrer chaque détail de la culture du pays. Gentils, disponibles, serviables, ils étendent leur hospitalité en me faisant découvrir le monde de la nuit mexicaine. Si ça continue, je crois que je vais faire une indigestion de tequila !

Même à Mexico, mis à part peut-être les automobilistes, je me surprends à penser que les habitants de cette ville sont sympathiques. Pour une mégapole monstrueuse de plus de vingt millions d'âmes, c'est surprenant. Pareil à Guadalajara, où le stress de cette ville de sept millions de Mexicains ne semble pas beaucoup entraver leur bonne humeur.

Il n'en faudrait pas plus pour que mes pieds s'enracinent dans ce pays. Comme tous les soirs au Mexique, je ne vais pas me coucher. Cette fois, je me retrouve dans un club de salsa où, à côté de moi, un jeune de mon âge fait virevolter sa compagne, enchaînant des figures acrobatiques.

Je continue vers le nord. Le paysage change radicalement. Les cactus remplacent progressivement les arbres tropicaux et un désert semi-aride m'ouvre ses portes. Zacatecas, Conception del Oro, Saltillo. Je me rapproche sérieusement des États-Unis maintenant. À Saltillo, un panneau me rappelle que l'on s'intéresse de plus en plus à ce qu'il y a de l'autre côté de la frontière : NEW YORK EST UN PEU PLUS GRAND, MAIS... SALTILLO, C'EST AUTRE CHOSE ! Toujours dans cette ville, je cherche un véhicule dans une station-service. Comme les conducteurs sont arrêtés, il est plus facile de discuter avec eux. J'approche l'un d'eux :

— Bonjour, je suis français. Je fais le tour du monde en stop et je cherche une voiture pour avancer un peu plus.

— Oui, oui, je sais, je t'ai vu à la télévision.

En effet, quelques jours plus tôt à Mexico, la chaîne nationale TV Azteca a fait un reportage sur mon aventure. Certes, cela me facilite l'auto-stop dans ce pays, mais la médiatisation de mon voyage me permet surtout de prouver que ce genre de périple est possible, que l'auto-stop n'est pas si dangereux, que les populations m'accueillent bien et que la sympathie des peuples ne s'arrête pas à une barrière de races et de cultures.

Puis, une sympathique histoire de voyage change un peu de l'actualité violente et morose qui est traditionnellement servie. Ce matin encore, je voyais dans le journal une photo d'un accident de voiture, avec le bras du défunt qui pendait encore sur la portière ensanglantée.

Alors, si je peux offrir quelques bonnes nouvelles aux gens qui se lèvent, je le fais avec plaisir ! Pourtant, près de Monterrey, un conducteur est certainement plus influencé par ces informations sensationnelles puisque, avant que je mette un pied dans la voiture, il me demande :

— Êtes-vous armé ?

— Euh, non.

Cette question me fait quand même sourire, car, si mon intention était vraiment de le braquer, je ne pense pas que je l'annoncerais au préalable. Alors que je médite sur sa peur mêlée à un désir d'entraide, la radio diffuse justement une nouvelle très sensationnelle : le décès de Michael Jackson.

C'est sur la mort de l'icône incontestée de la musique pop américaine que je fais mon entrée aux États-Unis. Après trois jours et 17 véhicules, je rallie Monterrey à San Antonio. Pour ma première étape aux USA, il me faut en effet 72 heures pour parcourir 450 kilomètres de routes parfaitement asphaltées.

Ce n'est étrangement pas à la frontière que j'éprouve le plus de difficulté. Après deux heures de queue, les gouttes de sueur dégoulinent fortement sur mon front quand j'arrive devant un agent d'immigration vêtu d'un uniforme personnalisé par la broderie de son nom. Je reconnais l'arrivée dans les pays « développés » aux petits détails. Mon appréhension augmente quand je lui tends mon passeport, à la limite de la moisissure avec ma photo qui se décolle, mais qui surtout possède deux effroyables visas des « Républiques islamiques terroristes » syrienne et soudanaise.

Connaissant des histoires de voyageurs à la frontière américaine, je ne doute pas que je vais terminer cette journée assis sur une chaise à répondre à l'interrogatoire d'un molosse en lunettes noires. Pourtant, à ma grande surprise, je passe sans aucun problème.

Officiellement entré aux États-Unis d'Amérique, je vois les difficultés apparaître quand je décide de sortir mon pouce de l'autre côté de la frontière. L'auto-stop est ici différent. Le concept et le geste sont les mêmes qu'en France, mais les réactions des conducteurs me paraissent beaucoup plus disproportionnées. Je suis à la ville frontière de Laredo, au Texas. En quelques dizaines de minutes, deux personnes me font des doigts d'honneur, un homme me demande si je suis gay ou hétéro, un officier de police m'ordonne de dégager, une conductrice m'offre quelques dollars, mais refuse de me prendre, un homme s'arrête et repart à toute vitesse quand j'arrive à son niveau, un autre fait semblant de me flinguer avec ses doigts, puis un autre policier s'arrête pour m'indiquer que ce que je fais est illégal.

D'ores et déjà, je réalise qu'il me faudra développer de la patience et du self-control. De telles expressions de haine ne peuvent être menées que par la peur. Il me faudra y faire face, si je veux trouver les perles rares qui m'accepteront à bord.

Jusqu'à la nuit tombée, je tente par tous les moyens d'arrêter quelqu'un, mais sans y parvenir. La conséquence ne se fait pas attendre. La première nuit aux États-Unis, je la passe dehors, au pied d'un poteau électrique près d'une entrée d'autoroute.

Le lendemain, après une longue attente de sept heures, un énorme pick-up s'arrête finalement. Dans la remorque, une moto. Au volant, le biker, pour une fois passé sur quatre roues. Comme les conducteurs qui vont suivre, il me demande :

— Es-tu entré légalement?

— Oui, bien sûr. Je suis entré par le Mexique, fais-je en lui exposant le tampon américain sur mon passeport.

Enthousiasmé par mon récent séjour dans ce pays, je l'interroge à ce sujet :

— Y a-t-il beaucoup de Mexicains ici, aux États-Unis ?

— Oui. Et leur nombre augmente comme un cancer...

Avec de tels cow-boys, je m'estime chanceux de ne pas être mexicain dans ce pays. Même blanc, j'avance extrêmement lentement. Les Américains craignent les auto-stoppeurs, ils me le disent. Au bord de la route, il me faut toujours plusieurs heures avant de trouver un lift. Parfois, ils préfèrent même braver la loi, en me faisant monter à l'arrière du pick-up, que de partager l'habitacle avec moi.

Géographiquement, non, mais culturellement, si, le Mexique est déjà loin. À Austin, je vais chez le médecin. Pour une simple verrue, une consultation me coûte 96 dollars américains. Je suis ensuite dirigé vers la pharmacie, où on me vend un tube de gel grand comme mon petit doigt pour 244 dollars.

C'est marche ou crève ici. D'autant plus que mon assurance voyage, que je paie tout de même 690 euros par an, refuse de me rembourser. Les verrues ne sont pas comprises dans le contrat. Très bien, à l'abandon du téléphone portable, j'ajoute la compagnie d'assurances. Je délaisse peu à peu les liens qui m'attachent à la société, que paradoxalement je m'efforce d'étudier. Peut-être tirerai-je une meilleure objectivité à observer la masse lorsque je cesserai totalement d'y appartenir ?

Toutefois, ma vision extérieure n'entrave pas ma curiosité. J'ai très envie de comprendre ce patriotisme américain, cette consommation à outrance, cette immensité de tout et de découvrir tout ce qui compose la culture américaine.

Mais, pour l'instant, je ne peux pas encore goûter au hamburger. Mon passage chez le médecin a explosé mon ratio budgétaire et, pour le rééquilibrer, je suis condamné au régime pâtes-œufs.

Austin, petite ville américaine, est tout de même gigantesque. Depuis mon entrée aux États-Unis, j'ai remarqué que « tout » était plus grand. Les routes, les véhicules, les maisons, les centres commerciaux, les produits consommés, mais aussi les consommateurs eux-mêmes. L'obésité est un problème dans ce pays. Beaucoup d'Américains sont énormes, et tout est adapté à leur taille. En conséquence, la banlieue d'Austin est aussi démesurée, et je me demande comment je vais m'extirper de cette ville en stop.

Sur la route de Dallas, une voiture de police s'arrête devant moi. L'officier descend et m'interpelle :

— Savez-vous que c'est illégal de faire de l'auto-stop ici ?

Connaissant mes droits, car c'est déjà la troisième fois que je me fais contrôler pour cette raison dans cet État, je lui réponds :

— Non, j'ai vérifié la loi. Je sais que c'est interdit sur l'autoroute, mais c'est légal au Texas de le faire sur les entrées.

— Bon, d'accord. Mais allez plus loin alors. Vous aurez plus de chances.

Quelques heures plus tard, la *skyline* (ligne de gratte-ciel) de Dallas apparaît déjà. Assis cette fois à l'intérieur d'un pick-up, géant lui aussi, je réalise que ces gratte-ciel ne sont encore qu'à 40 kilomètres.

Austin n'était rien en comparaison de l'immensité de Dallas. Fidèle à la fameuse devise texane *The biggest, the greatest* (« le plus grand, le meilleur »), la ville de George W Bush en est son plus bel ambassadeur.

Très étrangement, dans une aussi grande ville, je ne vois pas les habitants. Où sont-ils ? Aucun piéton, personne dans les rues. Quelques-uns font bien leur jogging le matin, d'ailleurs souvent entrecoupé d'une pause pizza-coca, mais le reste du temps, je suis le seul à parcourir les rues à pied. Il arrive que je perçoive le regard volontairement méchant et ténébreux des conducteurs, tous barricadés dans leurs voitures, derrière leurs vitres teintées. La peur, toujours la peur. Croient-ils vraiment que je vais arracher leurs portières et leur sauter dessus ?

C'est la même réaction quand je demande mon chemin aux très rares badauds que je croise. Comme si j'étais la personne qui allait leur retirer la vie, ils me regardent m'approcher d'eux, redoutant l'instant fatal. Quelle tristesse de vivre ainsi, constamment la peur au ventre ! Comment en sont-ils arrivés là, ces Américains ? Cette peur et cette haine créent parfois des situations étonnantes.

Posté sur une entrée de l'Interstate (autoroute américaine) à la sortie de Dallas, je tente d'arrêter un véhicule avec mon panneau World Tour. Soudainement, derrière moi, j'entends un gros boum. Je me retourne et vois une voiture qui a télescopé celle de devant. Je cours et j'arrive au niveau du conducteur, qui s'avère être un jeune étudiant. Je lui demande :

— Ça va ? Que s'est-il passé ? Me regardais-tu ? Est-ce ma faute ?

Encore en état de choc, il me regarde et m'avoue :

— Ben, en fait, je voulais t'insulter pour m'amuser en sortant ma tête de la fenêtre et je n'ai pas vu la voiture en face de moi.

Incroyable. Il m'avoue sa stupidité comme s'il s'attendait à ce que je répare sa voiture. Il voulait m'insulter ? Il est temps d'assumer maintenant. Qu'il se débrouille !

Un camion me conduit vers l'Oklahoma. Pour me tester ou me faire peur, le chauffeur pose son revolver à côté de moi sur la banquette. Il n'y touchera pas. Dans ce pays, je commence à comprendre que ce genre de comportement n'est rien d'autre qu'une mise en garde. Juste pour m'impressionner, au cas où j'aurais élaboré un plan machiavélique. Le conducteur était sympathique, mais conditionné à la violence, comme beaucoup de ses semblables.

Oklahoma City. Capitale des *rednecks* (expression pour désigner les fermiers américains) située au milieu de rien, cette ville attira toutefois l'attention des médias en 1995 lorsqu'un vétéran de l'armée américaine bien blanc de souche fit exploser dans un fracas inhumain les bureaux gouvernementaux de la capitale de l'État. Je visite le mémorial et contemple l'étendue du carnage. La bêtise humaine n'a décidément pas de frontières.

J'enchaîne les véhicules sur des petites distances depuis quelques jours. Oklahoma, Kansas. Le paysage est toujours plat et ennuyant. Le seul changement réside dans le choix des céréales cultivées dans les champs, qui passent du blé au maïs, puis du maïs au blé. Il me faut attendre Denver et l'apparition de la chaîne montagneuse des Rocheuses pour voir un peu de relief. Je m'arrête à Vail, l'une des stations de ski les plus onéreuses des États-Unis, pour profiter d'un paysage de lacs et de forêts, près desquelles de petites marmottes s'extraient de leurs terriers. Au passage, l'altitude me fait perdre 40 °C depuis le Texas.

J'arrive de l'autre côté des Rocheuses. Ville des mormons, Salt Lake City est quadrillée comme toutes les villes américaines. J'erre dans les rues, numérotées dans le but d'indiquer la distance par rapport à Temple Square, et j'échoue au point zéro, donc central de la capitale de l'Utah.

Je décide de faire un tour dans ce centre de pèlerinage mormon pour en apprendre un peu plus sur eux. Rapidement, je me retrouve invité à visiter l'intérieur de l'église principale. Des sœurs mormones provenant de nombreux pays sont là pour répondre aux questions des curieux. Je casse au passage un préjugé : moi qui croyais que tous les mormons étaient blonds aux yeux bleus, je vois même une Pakistanaise. Cependant, je décide de questionner une petite Argentine.

Je dois dire que les mormons possèdent un don en communication. Cela me rappelle les officières du poste d'immigration israélien. Placer de jeunes filles mignonnes dans une structure d'accueil allégera toujours plus les esprits qu'une rudesse de mâle. Et un esprit allégé est plus facile à convaincre, c'est bien connu. Sachant cela, j'accepte la visite gratuite qui m'est proposée par une sœur supérieure. Je me retrouve avec une Américaine et une Colombienne, toutes deux très mignonnes. Le tour est intéressant. Je découvre la création et les principes de l'Église mormone, dont je ne connaissais rien avant.

Puis, je porte mon attention sur une projection cinématique de la vie du prophète Joseph Smith, montée façon show à l'américaine. Un peu naïf, certes, mais, comme dans la plupart des religions, l'idée recherchée est de diffuser un message positif, de paix, d'amour et d'entraide. Voilà en tout cas la version officielle.

Je retourne sur la route. Je me dirige vers le sud et l'Arizona. Plus j'avance, plus j'entre dans les terres occupées par les fameux Indiens d'Amérique. L'un d'eux s'arrête pour me prendre en stop. Loin de l'image caricaturale de l'indigène avec des plumes sur la tête, l'apparence de l'Amérindien d'aujourd'hui est paradoxalement beaucoup plus proche de celle du cow-boy : pantalon en jean et chemise. Il me dépose au milieu du désert, devant une réserve indienne. Ces *native Americans* vivent sur des terres inhospitalières gracieusement offertes par le gouvernement. Ils n'y bâtissent presque rien, préférant utiliser des camping-cars ou des maisons préfabriquées qui font figure d'ovnis dans ce paysage vide.

Dans ce désert, le prochain lift ne peut provenir que d'un autre résident de ces réserves. Il l'est. Je prends place dans un pick-up où un Indien m'explique qu'il vient de passer 50 jours en prison pour conduite en état d'ivresse. Il me dépose une nouvelle fois au milieu de nulle part, en plein désert. Il habite ici. J'aimerais voir la vie dans ces réserves, mais malheureusement je ne m'y sens ni invité ni particulièrement le bienvenu pour le moment. De loin, leur situation m'épouvante déjà.

Attristé par cet aperçu des conditions de vie indiennes, je poursuis ma route. Près de Flagstaff, je découvre un endroit qui me fait rêver. Un spectacle incroyable de la nature. J'ai vu tellement d'images, de films, mais une fois en face du lieu en question, je réalise qu'au-delà de l'inutilité des explications, les photos ne parleront même pas d'elles-mêmes. Le seul vrai show à l'américaine qui se doit d'exister est un panorama naturel sublime : le Grand Canyon.

La vue est tellement impressionnante que même une paire d'yeux n'est pas suffisante pour considérer l'ensemble. J'admire et je balaie l'horizon de droite à gauche, de gauche à droite. Comme une immense fracture qui aurait ouvert une montagne en deux et l'aurait écartée graduellement avec le temps, le canyon est tellement grand qu'une description divine lui ferait à peine justice.

C'est maintenant vers le dieu de l'argent que je me dirige : Las Vegas.

Dans le désert d'Arizona, je longe la mythique route 66. Après un conducteur revenant d'Indianapolis qui me fait écouter la bande audio de la course du Mans 1999, ce sont deux Canadiens qui s'arrêtent. Ils viennent de terminer un séminaire psychique en Arizona et ils ont vu que j'affichais LAS VEGAS.

Nous progressons sur le barrage de Hoover, passons le panneau indiquant notre entrée au Nevada et nous arrivons de nuit devant un océan de lumière dans le désert. Voilà Las Vegas. Nous roulons au milieu du Strip et de ses casinos, de ses lumières, de ses spectacles. Ils me déposent en face du Caesars Palace. J'y retrouve mon hôte, qui m'amène dans un piano-bar, où nous retrouvons sa petite amie.

Las Vegas est certainement la seule ville au monde que je visiterai de nuit. Mais pour l'instant, je tombe de sommeil et, avec les lumières qu'il y a, ce ne sera pas facile de m'endormir !

Vegas, ville qui fait l'apologie du péché, existe pour mieux assouvir le culte du dieu Dollar. Après Salt Lake City, c'est un sacré contraste. De l'extrême mesure à la démesure la plus complète, il n'y a que quelques kilomètres qui séparent deux mondes différents pourtant situés dans le même pays.

Là où l'Église mormone exige l'abstention de toute relation sexuelle avant le mariage, puis la fidélité absolue une fois l'union consacrée, Vegas propose une autre vision des relations hommes-femmes. Ainsi, parcourant comme prévu le Strip à la tombée de la nuit, me voilà croulant sous les flyers les plus colorés, les plus explicites, me vantant la qualité du service des prostituées que l'on peut obtenir sur un simple coup de téléphone.

Bellagio, Paris, Louxor, Excalibur. Aussitôt sorti d'un casino, j'entre dans un autre. Comme des musées, je visite ces temples qui recueillent, par le biais des machines à sous ou des tables de poker, les généreux dons de ses pieux pèlerins adressant leurs prières pour tenter d'accéder au bonheur suprême : l'argent à l'infini.

Les casinos de Las Vegas, avec des noms aussi clinquants, sont des reproductions en carton-pâte des thèmes qui font rêver les Américains. Là, je vois une pyramide, de l'autre côté, la tour Eiffel, ici, une statue de la Liberté.

Toute la débauche américaine se traîne dans les rues de Vegas. Parfois vêtus comme sur une plage hawaïenne, les rois d'un soir boivent de l'alcool sur le trottoir, fument des cigares à l'intérieur. Les comportements les plus impensables dans le reste du pays sont acceptés ici. Il faut bien amadouer la masse pour qu'avant de repartir, elle délaisse la totalité de son butin. Si on est en quête de sens et de compréhension des États-Unis, visiter Las Vegas est une expérience importante. Je réalise ici toute l'ampleur du paradoxe et de l'hypocrisie américaine. Prônant le puritanisme d'un côté, elle se soulage de ses vices de l'autre. Las Vegas est un peu la poubelle sur laquelle la population déverse son trop-plein de pression.

La société américaine exige un comportement parfait, en soustrayant les désirs et les imperfections des hommes. Au bureau, une main sur une épaule peut être considérée comme du harcèlement sexuel, la vision d'un sein de Janet Jackson, comme un comportement absolument odieux, un verre d'alcool avant 21 ans, comme un acte illégal. À trop exiger des hommes, la société américaine a poussé à ouvrir la soupape de sécurité. Las Vegas existe, car ce lieu permet de se décharger de ses frustrations sexuelles, d'assouvir ses besoins de soûlerie, mais aussi de toucher un peu au rêve américain en tentant de décrocher le jackpot. Et puis, cette ville permet aussi au voyageur que je suis de poursuivre cette quête d'apprentissage du monde et de ses habitants.

Je quitte Vegas comme si j'étais sorti d'une boîte de nuit en étant encore sobre. Groggy par tout ce vice, par toute cette débauche, cette superficialité, j'ai encore mal aux oreilles. Car, ivres, l'Américain et surtout l'Américaine crient sans raison :

— YOUHOUUUU, YEAHHHHH !

Ne voyant donc aucun motif supplémentaire de rester dans cette ville, je reprends la route. Quelques kilomètres et un nouveau contrôle policier (boire dehors, fumer dedans sont tolérés, mais toujours pas l'auto-stop) plus tard, je suis dans le désert à tendre le pouce sous une chaleur torride et sèche.

Peter, un conducteur de camion d'origine hongroise, s'arrête. Il me conduit à Los Angeles en faisant le détour par San Diego. Nous concluons la traversée du désert alors que la lune fait son apparition. Nous roulons toute la nuit. Peter enchaîne les cigares lorsque les premières lumières de la tentaculaire banlieue de Los Angeles apparaissent. Jusqu'à San Diego, j'ai l'impression que nous évoluons dans une seule et unique périphérie urbaine. Nous déchargeons et reprenons l'Interstate jusqu'à la « Cité des anges », qui, encore une fois, paraît avoir usurpé son nom tant le trafic est monstrueux.

À 7 heures du matin, nous arrivons chez Peter qui m'invite chez lui pour une dégustation de cigares. D'entrée, mon interlocuteur me rappelle que je suis dans la capitale mondiale du cinéma. La colline d'Hollywood n'est pas loin, avec tous les *wannabe* (qui veulent être, qui veulent paraître) gravitant autour :

— Tu connais Louis de Funès ?

— Oui, bien sûr.

— C'est mon ami. Nous sommes allés plein de fois au restaurant ensemble.

Pendant cette discussion, Peter ouvre une boîte de cigares, se débarrasse d'une extrémité avec un coupe-cigare, puis l'allume avec un Zippo :

— Tu vois ce coupe-cigare ? Il m'a coûté deux mille dollars. C'est la meilleure marque du monde. Et ce Zippo vaut cinq mille dollars. Tu peux pas trouver mieux.

À peine arrivé à Los Angeles, Peter me met dans le bain de cette vie d'apparat et de paillettes en m'affirmant que même les conducteurs de camion côtoient les stars et s'octroient un luxe de dictateur africain. Je lui fais observer la futilité de sa démonstration en lui rappelant ma condition d'auto-stoppeur :

— Tu vois ce briquet ? Je l'ai acheté au Mexique. Il m'a coûté deux pesos. Il fait du feu !

Certainement un peu mythomane, mais bienveillant, Peter m'apprend à fumer le cigare. En cette heure très matinale et sans repos depuis deux jours, j'ai du mal à apprécier le goût parfumé de ces rouleaux de tabac :

— OK, aspire, gentiment. N'avale pas, garde-le dans ta bouche. Tu perçois le goût maintenant ?

Honnêtement, j'aurais préféré un bol de corn flakes à cet instant. Cette fumée ample et bleue me donne plutôt l'impression d'aspirer les vapeurs d'un rat mort. Je crains déjà la réaction de mon futur hôte quand il va sentir mon haleine !

Cosmopolite, déconcertante, Los Angeles est une ville pour le moins ouverte à n'importe qui et n'importe quoi. Du plus talentueux au plus ridicule, je découvre ce qui compose LA les yeux grands ouverts. Interdit d'en rater une miette ! Sur Hollywood Boulevard, je mange un burger chez Johnny Rockets. À la sortie, je prends une photo avec les sosies de stars, puis je pars cette fois en quête des vrais en cherchant parmi les maisons valant plusieurs millions de dollars à Beverly Hills. Je continue. Bel Air, Rodeo Drive, je passe aussi par l'immanquable colline d'Hollywood, les studios d'Universal, Venice Beach et je termine la balade à Santa Monica.

— T'as de la monnaie ?

Au milieu d'une débauche de richesses exposées, de villas énormes, de voitures de luxe et de poupées Barbie siliconées en roller-skates, un vieil homme décrépit me demande l'aumône. Je suis impressionné par le nombre de sans-abri que je trouve, notamment sur les plages de Venice Beach et de Santa

Monica, où ils jouent les Tom Hanks dans *Seul au monde.* Los Angeles, très haut lieu de l'individualisme et de la réussite professionnelle, en a laissé quelques-uns sur le carreau. Il ne fait pas bon d'y rater une marche dans son ascension vers la gloire éphémère. Chaque soir à Third Street Promenade, la rue piétonne la plus connue de Santa Monica, j'assiste à la soupe populaire. Tous les sans-abri de la ville viennent recevoir leur dîner, qui est distribué entre deux joailleries et un magasin de mode. Quelle vision !

Pour ceux qui réussissent, la vie devient tout de suite un peu plus glamour. À Malibu, je suis hébergé par un nouvel hôte couchsurfing. Jon Klane, producteur de films à Hollywood, est en quête d'authenticité en hébergeant des voyageurs de passage.

Croyant tout d'abord à une blague, j'effectue une recherche sur le personnage. Son nom apparaît en tête de grosses productions où des stars du box-office comme Matthew McConaughey ou Donald Sutherland ont tourné.

Entre deux collines, je trouve un ranch. Certes spacieux, il est encore loin des palaces de Beverly Hills. Jon Klane et sa famille ont choisi de vivre loin de l'agitation citadine tout en restant à proximité de l'industrie du divertissement cinématographique. Petra, sa femme allemande, me prépare ma chambre. Bien que baignant dans un milieu très illusoire, elle est simple et garde la tête sur les épaules. Son mari et son fils également. Amusant de voir que ceux qui ne sont pas encore arrivés se comportent parfois de façon bien plus superficielle que ceux qui y sont déjà.

Je dors dans le ranch, tandis qu'une caravane dans le jardin héberge un autre voyageur, un Américain qui a traversé à cheval les États-Unis pendant deux ans de la côte est à la côte ouest. Dans une autre chambre vit aussi un jeune talent qui est affairé à l'écriture d'un script pour un des futurs films de mon hôte. Quand il en sort, c'est généralement pour exprimer son désaccord ou sa frustration. Il veut que ses propos soient « parfaitement » retranscrits ! Alors, Jon Klane lui rappelle la différence entre le cinéma d'auteur et Hollywood. Impossible d'intellectualiser à outrance. Cette reconnaissance objective me fait sourire.

Deux jours plus tard, Petra m'emmène avec son fils à une plage privée de la ville. J'en profite pour consulter le catalogue immobilier de Malibu. Certaines villas se vendent à partir de vingt millions de dollars. J'imagine que les impositions locales seules doivent être équivalentes à un bon salaire en France.

Quelques kilomètres plus loin, je découvre un autre monde. À Santa Barbara, je passe un peu de temps avec les résidents de la coopérative BIKO. Idéalistes mi-hippies, les 22 étudiants de cette communauté prônent le partage et la vie de groupe. Une rotation existe pour que chacun contribue aux tâches quotidiennes, ce qui leur permet d'assurer une quasi-autonomie de vie. Ménage, jardinage, cuisine, chacun sait ce qu'il a à faire. C'est d'ailleurs dans la cuisine que m'attend une surprise. Une jolie Asiatique est aux casseroles, tournant la soupe avec une cuillère en bois. Comme elle est nue sous son tablier, je la découvre par son derrière. Elle se retourne et je la salue, tentant de garder mon regard bien agrippé au sien, car sa poitrine ferme et généreuse me fait désormais face :

— Alors, tu vis tout le temps nue dans cet endroit ?

— Oh oui ! j'aime beaucoup. Personne ne m'ennuie ici.

Des images de Syrie me reviennent, quand les femmes voilées de noir se cachaient à mon approche. À ce moment, j'ai l'impression d'avoir déjà fait le tour des extrêmes.

9

Étoiles d'Alaska

Je reprends la route en direction de San Francisco. Le paysage de montagnes se jetant dans la mer me rappelle le spectacle de Cape Point, en Afrique du Sud. Mon conducteur m'apprend que cette portion de la Pacific Coast Highway s'appelle Big Sur. Ce cheminement côtier dépourvu de ligne droite est magnifique. Je longe ainsi l'océan Pacifique pendant plusieurs heures et, dans un dernier virage, j'aperçois les premières vues de la baie de San Francisco.

Bien qu'également doté de ces banlieues étendues anonymes, avec ses identiques chaînes de magasins et de restauration rapide qui se succèdent, San Francisco a quand même un charme fou. À des années-lumière des zones urbaines plates des États du centre du pays, *Fog City*[1] s'est développée au milieu d'une géolocalisation naturelle exceptionnelle. Les nombreuses maisons victoriennes ne bouchent pas un horizon fait du bleu de l'océan, du vert des nombreux parcs et du rouge du Golden Gate Bridge.

Je profite de ma première journée pour parcourir la ville à vélo. Rapidement, je déchante. San Francisco est célèbre

1. Surnom de San Francisco : Ville de brouillard.

pour ses rues penchées, qui montent et qui descendent comme des montagnes russes. Accroché fermement au pédalier, je commence ma visite sur deux roues à l'Université de San Francisco, puis trouve l'air marin de la côte devant le Golden Gate que je ne voulais pas manquer. De là, j'admire aussi l'ancienne île-prison d'Alcatraz, entourée de ses requins qui ne facilitaient pas les tentatives de fuite à la nage. Je remonte vers Chinatown, Market Street, puis je passe par le quartier gay de Castro, où les drapeaux des États-Unis sont remplacés par les nombreux drapeaux arc-en-ciel.

Après deux jours à San Francisco, mon quotidien américain se poursuit. Je reprends l'auto-stop et je me fais donc contrôler par la police. J'attends deux heures sur le parking situé derrière le Golden Gate, puis un conducteur me fait avancer de deux sorties. Ensuite, une fille qui a le bras dans le plâtre me prend, puis une Italo-Américaine qui a recommencé ses études à cinquante ans, suivie par un type du Mississippi qui, avec son joyeux drille éthiopien, allume une succession de pétards enfumant l'habitacle. La tête désormais dans un aquarium de fumée, j'apprends qu'il y a beaucoup de marijuana qui pousse dans la région.

J'arrive dans l'Oregon, qui est certainement l'un des États les plus libéraux du pays. Mon duo de conducteurs me dépose dans un petit village. La nuit tombe et je décide de m'extraire discrètement de cette zone civilisée pour m'endormir dans la forêt environnante. Sur un tapis de feuilles, je pose mon sac de couchage et je m'allonge en essayant de ne pas trop penser aux histoires d'élans, de cerfs, mais surtout d'ours noirs que j'ai entendues dans cette région.

Pour une fois, dans cet État, l'auto-stop est légal. Je suis même autorisé à marcher le long de l'autoroute. En conséquence, mon moyen de locomotion favori s'en trouve grandement facilité. Une dame s'arrête, puis une autre. Un peu de douceur féminine dans ce monde de conducteurs bien trop souvent masculin ne fait pas de mal. L'auto-stop m'offre un éventail de rencontres pour le moins diversifié. En effet, après cet instant sucré vient le salé. Un homme ivre, torse nu sur sa mobylette jaune, me fait avancer de six kilomètres. Il rote, il meugle, il zigzague et il tombe en panne.

Cela me mène à accepter le prochain véhicule, dont le passager m'invite de cette façon :

— Allez, vin là. T'as rin de bzar sur toi, hin, fiput ?

N'ayant absolument rien compris, je remercie et je monte.

Une fois à bord, je réalise l'étendue de la situation, peu visible d'un coup d'œil depuis l'extérieur. Ce sont des Amérindiens. Le fils, gros comme un bœuf et tatoué sur tout le corps, est manifestement chargé au cristal (méthamphétamine), sa mère est défoncée aux médicaments et ils fument joint sur joint. La mère commence la discussion ainsi :

— Tu connais la prophétie du buffle blanc ?...

À ce moment, le fils intervient, serrant encore plus les dents, ce qui est un effet secondaire de la drogue dure qu'il a consommée :

— TA GUEULE CONASSE, FERME TA GUEULE, J'TE DIS !

Enfoncé dans le siège arrière, je comprends soudainement ce que le fils m'a lancé avant que je monte :

— Allez, viens là. T'as rien de bizarre sur toi, fils de pute ?

Dans cette atmosphère délétère, ils m'emmènent dans la forêt pour vendre leurs saumons à un hippie. Là-bas, le fils fume l'herbe de l'acheteur de poisson et soudainement se tourne vers moi :

— T'es une tapette, t'es une putain de tapette !

Il a perdu tout sens de la réalité. Comme un taureau devant un foulard rouge, il ne voit plus que destruction. Il est prêt à me foncer dessus et, s'il le fait, je risque de ne pas me relever. Il faut que je réagisse.

Alors, d'un trait, je lui profère à pleins poumons toutes les insultes que je connais en français, ce qui lui fait perdre contenance un instant. Je sais par expérience que l'homme est souvent effrayé par ce qu'il ne connaît pas. En l'occurrence, la sonorité de la langue française l'a surpris. J'en profite pour ouvrir la portière, prendre mon sac et me diriger le plus rapidement possible sur la route. Au même moment, un vieux pick-up passe et s'arrête. Je suis sorti de l'arène et je l'ai échappé belle.

Avant d'arriver à Eugene, seconde ville la plus peuplée d'Oregon, je me fais la promesse de ne plus jamais monter dans un véhicule lorsque les premiers mots de mon conducteur seront des insultes. Je visite la ville étudiante d'Eugene.

Dans un des magasins de l'Armée du salut, je trouve des chaussures de randonnée presque neuves et un petit sac à dos, le tout pour moins de dix dollars.

Discussions, visionnage de films, café dans le centre, pique-nique sur la côte, tartes de myrtilles faites maison, je passe quatre jours en bonne compagnie dans cette ville.

Eugene, Portland, Astoria, me voilà maintenant dans l'État de Washington. Entre caravanes et voitures de collection, je vois les gyrophares de Mme la shérif arriver en face de moi. Pour la vingtième fois déjà dans ce pays, je me fais contrôler par la police. En Oregon, l'auto-stop était légal, mais pas dans l'État de Washington. Seulement trente minutes après mon entrée, la sentence tombe. Dans un accent incompréhensible, que la mastication d'un chewing-gum n'améliore pas, Mme la shérif me le confirme :

— C'est interdit !

Je me demande comment la police arrive toujours aussi vite sur les lieux où je sors mon pouce. Elle me donne la confirmation des doutes que j'avais à ce sujet :

— Un conducteur nous a appelés pour nous dire que vous dérangiez la circulation.

Intérieurement, je bous. Il ne ferait pas bon d'avoir de tels voisins en temps de guerre... Néanmoins, Mme la shérif est compréhensive. Elle me laisse faire du stop un peu plus loin. Mais ici, même les entrées d'autoroute sont interdites. Tant pis, je me lance. Au pied d'un panneau signalant mon illégalité, je tente d'arrêter les véhicules. Cette fois, je suis plus rapide que la police et j'atteins Seattle en fin de journée. Là, j'erre dans les alentours du Safeco Field, le stade de base-ball de la ville. Tout d'un coup, une stadière me demande d'approcher :

— Tiens, c'est inutilisé.

Dans ma main, un ticket pour le match de première ligue de base-ball qui va commencer dans quelques instants. Seattle Mariners vs Chicago White Sox. Quel cadeau !

J'entre. Le stade est à moitié plein, mais je le trouve énorme. Un écran diffuse les noms et les photos des joueurs pendant qu'un speaker les annonce.

Autour de moi, il y a quelques jeunes qui doivent certainement sortir du lycée. Ils posent sur leurs genoux un immense paquet de frites, et les porte-gobelets incrustés dans leurs sièges reçoivent chacun un litre de coca.

L'ambiance est inexistante. Quelques « oh ! » ou « ah ! » quand un joueur batte la balle, mais le reste du temps, les spectateurs se taisent et observent comme au cinéma. Le match dure quatre heures. Il est tellement long qu'arrivé l'après-midi, je repartirai la nuit tombée. Cela me permet d'apprendre un peu les règles de ce sport. Apparemment, Seattle est malmené. Chicago a trois points d'avance, mais le héros de la ville fait son apparition :

— Ichiro ! Ichiro !

Un Japonais entre en jeu. En quelques coups de batte et deux ou trois courses, il renverse totalement le cours du jeu, et Seattle s'impose finalement 4-3 devant une foule qui s'est finalement réveillée. Quelle soirée !

Pour sortir de Seattle en stop, j'utilise pour la première fois le site Internet Hitchwiki. Créé par et pour les auto-stoppeurs, ce site répertorie toutes les techniques, les astuces et les bons spots pour se déplacer de cette manière sur les routes de toute la planète. Aux États-Unis, où un minimum de stratégie est nécessaire, je le trouve très utile.

Avec ce site et mon nouveau panneau World Tour tout brillant que j'ai plastifié pour l'hiver, je n'ai aucun mal à m'extirper de la ville.

De lift en lift, je me rapproche du Canada. C'est finalement en décapotable, sortie spécialement pour ce jour ensoleillé, qu'un conducteur originaire de Los Angeles me dépose à cette nouvelle frontière.

Je vis ma sortie des États-Unis comme un soulagement. Ce statut d'indésirable, de mécréant, d'immigré illégal, de voleur, de violeur, d'assassin, que les habitants de ce pays me donnaient à tour de rôle, commençait à me peser. Marre de jouer à cache-cache avec la police, comme si j'étais en cavale. La pilule est encore plus difficile à passer quand je sais que, depuis le Moyen-Orient, j'étais plutôt vu comme une attraction de la route. Les gens s'arrêtaient par curiosité, jamais à court de petits mots d'encouragement.

Voilà pourquoi les douaniers canadiens s'interrogent sur la petite lueur de joie que je dois avoir dans les yeux à l'idée d'entrer dans leur pays. Ils s'en inquiètent tout d'abord. Pour eux, il n'y a rien au Canada qui peut provoquer ce début d'euphorie ; alors, ils me fouillent, me demandent ce que je fais là, veulent savoir où est mon véhicule.

Pour combler leurs interrogations, je leur sors mon livre de voyage, que j'agrémente au fur et à mesure de photos et d'articles de presse des pays visités. Contrairement aux douaniers américains, leur curiosité traverse leur propre frontière, et ils s'intéressent à l'étendue du parcours.

J'entre au Canada, pour cette fois vraiment souriant, car les douaniers m'ont offert un visa de six mois au lieu de trois aux Etats-Unis. Déjà, le sens de l'hospitalité me paraît vraiment meilleur ici que chez le voisin d'en dessous.

Vancouver est ce qu'il se fait de mieux en termes de ville nord-américaine. À l'image de San Francisco, cette ville est également proche de la nature. Bâtie en bordure de l'océan, elle possède beaucoup d'espaces verts, de pistes cyclables et de zones d'eau où flottent de nombreux voiliers en mouillage. Comme je l'ai fait à plusieurs reprises dans les zones urbaines de cette côte Pacifique, je pars explorer la ville à vélo en utilisant l'aménagement urbain créé pour la petite reine. Pendant la semaine que je visite Victoria, capitale de Colombie-Britannique, j'en apprécie l'atmosphère relativement calme. Toutefois, cette quiétude n'est pas encore la bienvenue, car j'ai déjà des fourmis dans les jambes. Ce n'est pas le moment de prendre goût à une vie de confort. Pour combler ce manque d'action, je prends la décision d'aller en Alaska malgré les fortes neiges qui sont prévues pour bientôt. C'est décidé, demain je pars là-haut.

Sans aucune organisation, je pars vêtu de ma seule liberté pour l'Alaska. Aujourd'hui, voilà deux ans que je suis sur la route. Pour célébrer, je m'offre un séminaire d'auto-stop vers un endroit qui me fait rêver.

J'ai changé, depuis ce jour d'octobre 2007 où un camion s'arrêta au péage de Dozulé. Dès le début de l'après-midi, je m'inquiétais déjà de savoir où j'allais dormir. Aujourd'hui, c'est différent. C'est la totale inconnue sur cet aller-retour de 7600 kilomètres, mais je sais que je trouverai des âmes charitables sur cette portion de route.

Comment le sais-je ?

Ces deux années sur la route n'ont pas été vaines d'apprentissage, loin de là. Depuis l'Europe, en passant par le Moyen-Orient, l'Afrique, l'Amérique latine, l'Amérique du Nord, je rencontre des hommes et des femmes. Il y en a des bien intentionnés, il y en a des malhonnêtes, des désintéressés, mais il y a aussi des saints et des bandits. Il y en a qui veulent être heureux, qui s'épanouissent en créant une famille. D'autres trouvent une raison de vivre dans leur travail. Partout, j'ai vu, j'ai compris, que, peu importe l'origine, la valeur d'un homme ne réside pas dans sa couleur de peau, mais dans la pureté de son âme. L'auto-stop est un bon baromètre pour constater ce fait. Comme je suis totalement dépendant du bon vouloir de personnes que je ne connais pas, ce moyen de locomotion m'amène à rencontrer des gens qui se soucient de mon bien-être. De la France jusqu'en Alaska, ils étaient dans tous les endroits que j'ai traversés. Ils existent partout.

Le fait d'être devenu « sans domicile fixe » depuis deux ans me procure assurément de la liberté, mais cela m'oblige à trouver un refuge tous les soirs. Spécialement quand la température descend en dessous de -10 °C comme ici. Avec le lit douillet, la douche chaude et la cuisine française, voilà tout ce qu'il me manque vraiment sur la route. Mais en échange d'être constamment en état de besoin, les simples choses que l'on m'offre revêtent un costume d'abondance. Un sandwich m'apparaît comme un festin, et un simple toit, comme un palace.

La route entre Vancouver et l'Alaska me permet encore une fois de tomber sur mes anges gardiens. Je trouve l'hospitalité dans une ferme d'élans à Palmer, en Alaska, dans une caravane à Quesnel, à l'Armée du salut à Whitehorse, dans une église à Dawson Creek.

Parfois, c'est plus difficile. Je bats mon record d'attente pour un véhicule à Fort Nelson. Pendant 10 heures, je patiente au bord de la route devant une salle de curling. La nuit tombe et le froid avec. Par -10 °C, je me réfugie sur le banc des remplaçants d'un terrain de base-ball.

Certainement la seule fois où je suis satisfait d'avoir trouvé le banc de touche. Dormir par terre m'aurait certainement permis de sentir le pergélisol local, mais ce n'est pas l'heure de vérifier mes leçons de géographie.

Plus je monte vers le nord, moins il y a d'habitants. Après dix heures d'attente, une voiture me fait finalement avancer jusqu'à la prochaine ville située à mille kilomètres. Whitehorse, capitale du Yukon. Vingt-quatre mille des 32 000 habitants que compte ce territoire grand comme la France habitent ici.

Je suis dans les terres de la ruée vers l'or. Au XIXe siècle, beaucoup de prospecteurs à la recherche de ces précieuses pépites débarquèrent dans la région. J'imagine que ce fut avant tout une activité saisonnière, tant la température chute rapidement. Je suis monté en Alaska avec un mercure à 10 °C, et il sera à -15 °C quand je redescendrai quelques jours plus tard. Un Indien en chemise ouverte que je rencontre m'apprend qu'il fait -40 °C à partir de janvier et que le thermomètre est même descendu à moins -75 °C une fois durant son enfance.

Ces terres sont peut-être rudes à vivre, mais elles sont splendides à parcourir. Montagnes, lacs, forêts. Les couleurs orangées des feuilles automnales contrastent avec l'éternel vert foncé des conifères. Caribou, coyote, chèvre de montagne, orignal, bison, ours noir. Ils filent tous devant moi à un moment ou à un autre. Une nuit, en Alaska, un conducteur s'arrête. Il sort son télescope et me fait voir Jupiter, les

Sept Sœurs, la galaxie d'Andromède. Plus tard, il s'arrête de nouveau. Une aurore boréale. C'est magique.

Anchorage, Fairbanks. L'Alaska. J'y suis. Tout au nord de la route panaméricaine, je profite un instant du moment. À Wazilla, Brandon me prend en stop dans son vieux van Volkswagen immatriculé au Nouveau-Mexique. Nous nous arrêtons au bord d'une rivière, devant d'immenses montagnes enneigées. Nous faisons un feu, cuisinons et terminons une soirée de discussions autour d'une bouteille de Johnnie Walker.

L'Alaska est sauvage et ses habitants me paraissent accueillants. Je me sens plus connecté avec la nature, car je suis maintenant loin de toute cette agitation urbaine que je viens de traverser. Mais l'hiver approche et je dois redescendre vers les *Lower 48*[1] avant que la neige ne bloque toutes les routes.

Whitehorse, Fort Nelson, Pouce Coupe, Vancouver. Je mets six jours depuis Fairbanks pour refaire le chemin en sens inverse. Heureusement que je n'ai pas attendu plus longtemps, car la neige tombe déjà et la température a perdu 25 °C en deux semaines. Une fois de retour à Vancouver, je trouve un lit et me laisse tomber dedans sans aucune autre forme de procès. Je peux maintenant substituer ces noms mythiques de la carte par des souvenirs personnels, car aujourd'hui j'ai réalisé un nouveau rêve : je suis allé en Alaska.

Après la Panaméricaine, j'emprunte une autre route mythique : la Transcanadienne ! Elle traverse tout le pays de Vancouver à Halifax. Pour l'instant, cap sur Calgary. Une charmante petite Canadienne d'origine hollandaise s'arrête. La nuit tombe et elle m'invite à dormir dans sa voiture. Elle, de son côté, choisit de planter la tente dehors. Au matin, elle me réveille et je découvre dix centimètres de neige toute fraîche. Cela la fait sourire. Brave Canadienne.

Je traverse une nouvelle fois la chaîne montagneuse des Rocheuses et j'arrive à Calgary. Cette nouvelle ville très étendue est essentiellement un centre de business commerçant une

1. Expression utilisée par les habitants de l'Alaska pour désigner les 48 États américains (plus le district de Columbia) situés entre la frontière avec le Canada et celle avec le Mexique.

partie de l'immense nappe souterraine de pétrole qui se trouve sous les prairies de la province d'Alberta. Il est estimé qu'avec deux trillions de barils de pétrole, cette nappe serait la seconde plus grande au monde après celle de la péninsule arabique. Pour un voyageur, la ville est clairement inintéressante. Je prends plaisir quelques instants à parcourir les passerelles qui relient les immeubles entre eux. Je peux comprendre que, lorsque les -40 °C de l'hiver arrivent, ces raccourcis soient fortement appréciés.

À Edmonton, les habitants utilisent aussi le *pedway*, un réseau de passages souterrains qui fut créé pour les mêmes raisons que les passerelles de Calgary.

Paisiblement, je traverse les champs plats de cette partie centrale du Canada. Saskatchewan, Manitoba, je choisis de quitter temporairement ce pays pour faire un petit détour par la région des lacs du côté américain.

Et le cirque recommence ! Dès la frontière, les zélés agents d'immigration américains m'accueillent comme un terroriste. Ils me fouillent, me vident entièrement mes sacs, m'emmènent dans un bureau et m'interrogent en déposant une paire de menottes bien en évidence devant moi.

Ils me font perdre deux heures alors que je suis l'unique transitaire de cette douane. Je sors à peine de cette maison de fous que trois voitures de police m'encerclent et me contrôlent. Ils concluent leur intervention en m'accordant le droit de faire de l'auto-stop derrière la barrière de la frontière.

Quelques minutes plus tard, deux nouveaux policiers m'interpellent et m'interdisent finalement de rester à cet endroit. Pourquoi donc ai-je quitté le Canada et ses sympathiques habitants ?

Me voilà à Fargo, à l'extrême est de l'État du Dakota du Nord. Il y a autant de *rednecks* au mètre carré qu'en Oklahoma ou au Kansas. Cette fois, ils ne vont pas me rater. Le temps d'une journée entière, je n'arrête qu'un véhicule qui m'avance de 500 mètres. Quatre personnes me font un doigt d'honneur, une autre ouvre sa fenêtre et articule sèchement :

— *Fuck you !*

Ces fermiers blancs racistes des États du centre, ces républicains impérialistes qui votent de bon cœur George Bush, ceux-là mêmes qui m'insultent aujourd'hui, je ne les comprends pas et ils m'exaspèrent fortement. La nuit tombée, je refuse de passer un instant de plus dans cette ville. Échauffé par toute cette bêtise humaine, j'envisage une solution exceptionnelle. Me remémorant quelques passages du fameux *Sur la route* de Jack Kerouac, je me rends à la gare de marchandises. Je me faufile entre les convois arrêtés, m'assurant que le *bull* (personne qui surveille les wagons) ne me voie pas. Je grimpe entre deux wagons et m'adosse sur la surface rouillée de l'un d'entre eux. J'attends.

Vers 2 h 15 du matin, un train de marchandises arrive en gare. Je commence à sortir de ma cachette pour sauter dessus. Il ne ralentit pas. Quelle rapidité, quelle force ! Ce serait vraiment trop périlleux de l'agripper au passage.

Je retourne me cacher. À 3 heures, un convoi qui est garé à côté de moi commence à partir. J'agrippe une de ses échelles et je me place de nouveau entre deux de ses wagons. C'est mon premier *train hopping.*

Sous mes pieds commence à défiler le chemin de fer. Doucement, puis rapidement. Si je tombais maintenant, je serais complètement broyé par les nombreux wagons accrochés derrière le mien. Certaines inquiétudes apparaissent. La première est de savoir où va ce train. Je n'en ai aucune idée. J'espère ne pas repartir vers la côte ouest ; ce serait un comble après tout ce chemin parcouru. La seconde est de ne pas me faire repérer. Ce que je fais est complètement interdit, et dans un pays où les règles se doivent d'être respectées à la lettre, je prends un sacré risque.

Je m'endors à moitié, noircissant mon pantalon sur la suie du convoi, alors que le bruit métallique du passage des wagons sur la voie ferrée rythme ma sortie officielle de Fargo. Au petit matin, le train s'arrête. La locomotive abandonne le cortège au milieu d'un champ de maïs et repart. J'attends une heure, m'assurant que personne ne me voie sortir d'entre les deux wagons. Je suis au milieu de nulle part. Au loin, j'aperçois une voiture. Je m'approche. Je n'en crois pas mes yeux. Le convoi m'a déposé juste au pied de l'autoroute qui va vers Minneapolis, ma destination du jour.

Après Minneapolis, je passe sur le Mississippi, longe le lac Supérieur, traverse de multiples forêts, retourne au Canada et continue ma route vers Montréal. Je fais une courte halte à Ottawa. J'en profite pour assister dans un pub irlandais à la qualification française pour la Coupe du monde de football. Les Irlandais qui remplissent le pub de leurs cris et de leurs bières ne sont pas contents. La main de Thierry Henry les a éliminés. Je quitte le pub discrètement tandis que le grondement d'un début d'émeute se fait entendre.

Montréal. Déjà plus de deux ans que je n'ai pas vu mes parents. Plus de 750 jours où nous ne communiquons que par téléphone ou Internet. Vingt-cinq mois où je n'ai eu aucune famille à mes côtés. Cette fois, je vais les voir pour de vrai. Ils viennent me rendre visite pendant une semaine. Ma sœur jumelle aussi sera là. Je les attends dans l'appartement qu'ils ont loué à Montréal. Après trois heures d'errance dans la ville, ils arrivent enfin. La sonnette s'active. J'ouvre la porte. Trois têtes connues me font face. Mon père, ma mère et ma sœur.

Les réactions de chacun ne tardent pas à venir. Ma mère, sur le ton un peu blagueur de la fausse surprise :

— Ah ! Il est là !

Mon père, manifestement content de revoir son gars :

— Ça va, mon bonhomme ?

Puis, ma sœur, exprimant la fin d'une inquiétude qu'elle avait sans doute bâtie inconsciemment au fond d'elle :

— Ah ! ça va, t'as pas trop changé !

Je les embrasse, deux bises. Voilà longtemps que je n'avais pas fait ça. Tout semble tellement simple et normal lorsque je suis avec ma famille. Un quotidien de vacances, qui me rappelle celles que nous passions chaque été à Collioure ou à Saint-Palais-sur-Mer, se recrée. Nous allons parfois au supermarché d'à côté, puis ma mère nous concocte des petits plats. Je papote aussi avec ma sœur et je discute avec mon père. Nous visitons le Vieux-Montréal, le stade Olympique, le parc Mont-

Royal. Nous conduisons aussi jusqu'à la ville de Québec. La semaine passe très vite et il est déjà temps de se quitter.

Ce départ est un nouveau déchirement. Pendant quelques jours, je ressens de nouveau l'amour de ma famille. Cet amour qui les pousse à faire cet effort herculéen de me laisser vivre mon rêve, loin d'eux. Les revoir me rappelle la difficulté morale de cette entreprise. Je me sens une nouvelle fois coupable de les laisser derrière moi ; alors, c'est avec la boule au ventre que je leur fais une nouvelle fois mes adieux.

— Tu nous tiens au courant, hein ? Et fais gaffe sur la route, me dit mon père.

— Ah oui. Enfin, ça ne sera pas pire que quand t'étais sur l'Atlantique. On ne pouvait rien savoir. Là, on s'inquiétait. Surtout, donne des nouvelles, ajoute ma mère.

Ma sœur, la plus émotive, me regarde d'un air étrange. Je sais qu'elle essaie de contenir ses émotions et, sur un ton assez maladroit, qu'elle essaye toutefois d'assurer :

— Bon, de toute façon, on se parle sur Internet...

Je les prends chacun dans mes bras et ils repartent vers l'aéroport d'où ils s'envolent pour la France.

Je suis de nouveau seul. Cette visite m'a fait énormément de bien, car elle me rappelle que, quelque part dans le monde, j'ai une famille qui pense à moi et qui me supporte. Mais, parallèlement, elle ravive aussi des sentiments déjà nostalgiques. Quand nous reverrons-nous ? Et même, tout simplement, nous reverrons-nous un jour ? La route est semée d'embûches, et il n'est pas impossible que j'y laisse ma peau quelque part. Et puis, qui sait ce qui peut arriver de leur côté également ? Ces tristes interrogations me plombent le moral. Qui sait si c'était la dernière fois que je les voyais de ma vie ?

Non, le fatalisme n'est pas un trait de caractère que je désire posséder. Prendre le côté positif de chaque situation est bien plus productif, mais ce soir, je l'avoue, c'est vraiment difficile.

10

Coup de sirène et gyrophares

Un nouveau jour se lève, et la nuit m'a porté conseil. Ma famille croit en moi ; il serait dommage de la décevoir en me lamentant. Je continue donc la visite de Montréal et, après une poutine (plat typique du Québec, consistant de frites, cheddar et sauce barbecue) suivie d'une queue de castor (pâtisserie de la forme de son nom, dont la saveur ressemble à la gaufre), je « fais du pouce » (comme disent les Québécois) en direction de la ville de Québec.

Grande comme une ville française de taille moyenne, Québec détonne quand on la compare à toutes ces zones urbaines quadrillées qu'on trouve sur ce continent. Petites églises, rues piétonnes, funiculaire, je me sens transporté de l'autre côté de l'Atlantique. Ici, le plan urbain ne se limite pas à des gratte-ciel dans le quartier d'affaires.

Ma situation de « pouceux » au Québec me satisfait énormément. La facilité avec laquelle j'arrête les véhicules me rappelle mes expériences précédentes au Nicaragua. Je profite de cette cordialité pour passer d'un lift à l'autre jusque dans les Maritimes, où je termine la Transcanadienne vers Halifax. Un Canadien m'avait affirmé que ses compatriotes du Nouveau-Brunswick et de la Nouvelle-Écosse étaient encore plus accueillants. Je crois bien que, plus je vais vers l'est, plus les sourires s'agrandissent. Aux lifts qui me sont offerts s'ajoute chaque soir une invitation des conducteurs pour dormir chez eux.

Pour la dernière fois, je repasse la frontière américaine. Après quarante minutes de fouille, l'immigration m'octroie trois nouveaux mois de légalité sur son territoire, ce qui, j'espère, sera suffisant pour atteindre la Floride et quitter le pays. Les bannières étoilées remplacent les feuilles d'érable. J'arrive à Houlton, qui est le premier village après la frontière. Je demande l'hospitalité dans une caserne de pompiers.

Coup de sirène et gyrophares, toujours la même scène, mais cette fois je suis du bon côté. Les pompiers me font l'honneur de me déposer avec leur camion rouge devant la chambre d'hôtel que la ville m'offre gracieusement pour cette nuit. Quelle entrée cette fois-ci ! Entre le Dakota du Nord et le Maine, j'ai l'impression de passer de la lapidation au tapis rouge ! Depuis mon retour aux États-Unis, je partage mon quotidien avec la neige. L'auto-stop fonctionne assez bien dans le Maine, où je progresse en sauts de puce, passant de voiture à pick-up et de pick-up à camion.

À Portland, j'assiste à un match de hockey entre deux équipes locales. Pour un dollar, je m'achète un bonnet rouge fluo au *dollar shop* (magasin où tout est à un dollar), car je ne sens plus mon crâne. Il est de plus en plus sensible à cette légère brise glacée qui sévit ici. Quelques jours avant Noël, je continue donc avec ma désormais tête d'ampoule jusque dans le Massachusetts.

Mon bonnet ferait une belle décoration dans le sapin que Christine a préparé. À Harvard, petit village d'une région boisée à cinquante kilomètres de Boston, je trouve de la famille que je ne connaissais pas jusqu'alors. Christine est la cousine de ma marraine Martine, et elle m'invite à passer Noël avec son mari américain et ses enfants.

Après un réveillon traditionnellement célébré à table, je me réveille le matin du 25 pour trouver sous le sapin un cadeau à mon nom. Christine m'offre un tee-shirt des Patriots, l'équipe de football américain de Boston. Voilà une attention qui me touche : mon premier cadeau de Noël depuis 2006. Avec ce tee-shirt adéquat, je peux continuer vers Boston. Cependant, il me faudra l'enlever temporairement si je veux atteindre New York, l'ennemi juré, pour le Nouvel An.

J'affiche désormais 76 000 kilomètres au compteur au moment où je traverse le Connecticut en direction de la banlieue new-yorkaise. Mon chauffeur m'invite à assister à un match de basket où son fils s'impose 77-76. Ce sport est sans conteste implanté jusqu'aux racines de la culture américaine, quand je vois la qualité du niveau de jeu affiché. À 18 ans, les joueurs font déjà tous une tête de plus que moi et alignent sans vergogne longues passes et paniers à trois points. Quelques dizaines de minutes plus tard, mon conducteur reprend la route pour me déposer à une station de métro.

Par esprit de commodité, et parce qu'il n'y a rien à prouver à sortir mon pouce dans un labyrinthe de rues, je ne fais pas d'auto-stop interurbain. Cela me permet d'emprunter ce transport en commun mythique qu'est le métro new-yorkais et de descendre en plein milieu de l'île de Manhattan.

À l'aide d'un des téléphones publics que je trouve dans Grand Central Station, j'appelle Ruth. Je l'ai rencontrée il y a plus d'un an déjà dans le village de Mbale, en Ouganda, où elle était volontaire dans une école primaire. Nous sommes restés en contact, et elle m'a invité à la rejoindre une fois que j'arriverais à New York.

Je sors de la gare centrale, fais trois pas et lève la tête vers le ciel. Diantre ! Ce génie de Louis-Ferdinand Céline avait bien raison lorsqu'il décrivait, dans *Voyage au bout de la nuit*, son arrivée dans la Grosse Pomme (*Big Apple*, surnom donné à New York) : *« Figurez-vous qu'elle était debout leur ville, absolument droite. New York c'est une ville debout. »*

C'était en 1932. Presque 80 ans plus tard, le constat est le même, avec certainement quelques mètres de plus grappillés vers le ciel. L'émotion me submerge. C'est la plénitude. New York ! Ces années de ma vie, bien que parfois physiquement difficiles, me permettent de vivre de nouveaux rêves chaque instant. Et puis, cette arrivée en stop me donne l'occasion de ressentir un certain mérite. La valeur donnée à la destination croît exponentiellement avec les difficultés que j'éprouve pour atteindre mon but. Cette fois, le lieu d'arrivée est grandiose. Pensez donc : plus de deux ans pour l'atteindre !

Je traverse une partie de cette fourmilière de gratte-ciel pour retrouver Ruth dans le sud de l'île. Une fois dans le bar, même de loin et de dos, je la reconnais :

— Ruth !

Elle se retourne. Avec un grand sourire, ses yeux s'éclairent. Je la rejoins et elle m'enlace longuement. Les retrouvailles sont simples, chaleureuses. Je lui raconte le chemin parcouru depuis Mbale, saupoudrant le tout de quelques anecdotes, tandis qu'elle m'explique s'occuper désormais d'une communauté de jeunes en difficulté à Harlem.

New York. Symbole du désir des hommes à toujours en faire plus, comme le furent Constantinople ou Rome en leur temps. Cette mégapole immense, ultra-imposante, est un véritable hymne à la grandeur et à la démesure. Je visite tout : Central Park, le Chrysler Building, les ruines du World Trade Center, la statue de la Liberté, Wall Street, le Brooklyn Bridge, Chinatown, Little Italy, le Flatiron, l'Empire State Building, Times Square... Et ce n'est pas une petite marche.

À la fin de cette randonnée urbaine, l'heure du repas n'est pas encore venue. Il est maintenant temps de donner un coup de main à Ruth pour la préparation de la petite fête qui aura lieu dans son appartement. Oui, ce soir, c'est le Nouvel An. Déjà 2010 qui arrive !

Après Istanbul et Le Cap, c'est la troisième fois que j'ai l'occasion de vivre un changement d'année sur la route. Avec le chemin qu'il me reste encore à parcourir, j'imagine que ce n'est pas le dernier !

New York, ville cosmopolite, jour de l'An à New York, jour de l'An cosmopolite. Français, Irlandais, Équatorien, Trinidadien, les amis de Ruth viennent de toute la planète.

Nous sommes à Harlem, le fameux quartier populaire de Manhattan. Dans une ambiance d'échanges interculturels, je parle avec tout le monde. Alors que Viviana, de Quito, me décrit son pays, minuit sonne. Nous allons tous sur le toit de l'immeuble. Là-haut, un vieux canapé crevé accueille les plus rapides d'entre nous.

La température est très froide, mais je l'oublie l'espace d'un instant, car, autour de moi, j'admire un spectacle qui restera à jamais gravé dans ma mémoire. En effet, de l'obscurité de la nuit se répand un océan de lumière. Je passe mes premières secondes de l'année 2010 à admirer les centaines de gratte-ciel illuminés par autant de foyers new-yorkais qui célèbrent avec moi ce passage d'une année à une autre.

Plusieurs heures plus tard, tandis que les lumières s'éteignent graduellement et que le soleil fait son apparition, les convives repartent et je m'endors sur un canapé, qui, lui, n'est pas crevé.

Avant de quitter New York, je communique mes vœux à mes parents par le désormais très utile visiophone de Skype :

— *Happy new year !*

— Oui, oui, api nou yir !

Je sais que mon accent français est catastrophique lorsque je parle en anglais, mais il m'est très difficile de me rendre compte de ma propre prononciation. Par contre, quand mes parents s'y mettent, je note tout de suite l'intonation bien franchouillarde.

— Alors, tu es allé à Times Square ? As-tu vu la grosse boule ?

— Non, il y avait beaucoup trop de monde. Tu te souviens de Ruth, l'amie que j'ai rencontrée en Ouganda ? Elle m'héberge à Harlem et elle a organisé une fête chez elle pour le Nouvel An. Cette fille a des amis de toute la planète !

— Très bien ! Et que vas-tu faire maintenant ?

— Je vais continuer d'explorer la côte est, puis aller vers Chicago et ensuite descendre vers la Floride. Là-bas, je chercherai un bateau pour quitter les États-Unis avant la fin de mon visa.

— D'accord ! Bonne chance et à bientôt !

— À bientôt !

Je sors de la ville, puis parcours l'État de New York. Je passe brièvement par Lake Placid, puis un couple de conducteurs me dépose sur la route 104, qui va vers Mexico. L'État de New York regorge de ces villages au nom de mégapoles mondiales. Canton, Geneva, Potsdam…

Cette fois-ci, j'ai la capitale mexicaine en ligne de mire. D'ailleurs, c'est M. Solano, un Mexicain d'origine, qui s'arrête. Militaire dans l'US Army, il est encore vêtu de son uniforme, ce qui me permet de lire son nom au niveau pectoral de sa veste. Vivace, mais marqué, réactif, mais fatigué, M. Solano revient de l'Afghanistan. Il va à son rendez-vous hebdomadaire dans un centre de remise en forme, car son épaule fut atteinte dans une embuscade au Moyen-Orient.

Ce n'est pas la première fois que j'ai l'occasion d'aborder le sujet de la guerre en Irak ou en Afghanistan avec des militaires qui en reviennent. Très avares de détails, ils admettent toutefois que l'image de ces guerres depuis les États-Unis est très loin de la réalité sur le terrain. Une fois sur place, beaucoup se demandent même pourquoi ils sont là. M. Solano me le confirme :

— Les Américains n'ont rien à faire là-bas.

Bien loin des discours va-t'en guerre de George Bush, cette courte phrase d'une personne qui en a fait l'expérience me donne l'envie d'en apprendre plus sur ces conflits. Comme lui, je sais que la vérité se cherche et ne se reçoit pas. Par définition, il n'est pas suffisant de simplement allumer sa télévision.

J'emprunte maintenant une petite route qui longe le lac Ontario. Au bout de celle-ci, j'accède à une ville qui porte le nom des chutes d'eau les plus connues au monde : Niagara Falls. Plus j'avance, plus le vacarme devient assourdissant. Pourtant, la rivière qui semble venir de cette immense cascade est complètement gelée.

La rivière devient gorge et j'aperçois de loin ces fameuses chutes en forme de fer à cheval. Sur la rive canadienne, là où la vue est la meilleure, la massive demande touristique a mené à la construction d'une grande roue, de maisons hantées, de bars, de restaurants, d'une tour panoramique, de magasins de souvenirs et d'immondes barres d'hôtels en tous genres. Je tourne le dos à tout cela et j'admire ce spectacle de la nature qui est l'unique raison de ma venue ici.

Un grondement énorme provient de ce gigantesque déversement liquide. Au loin, l'imposant lac semble paisible et peu concerné par la perte continuelle de cette monstrueuse quantité d'eau qui s'effondre littéralement sur une cinquantaine de mètres. Le choc fracassant de cette masse, une fois arrivée en bas, entraîne la formation d'un immense nuage de vapeur humide qui, formé devant les chutes, laisse à peine la possibilité de les entrevoir.

De retour sur la route, je troque mon signe *NYC* pour la fabrication d'un panneau *East.* L'indication de cette direction générale semble inspirer un peu plus les conducteurs, car, à peine le panneau terminé, une imposante voiture de luxe s'arrête.

Au volant, Richard, un homme d'une soixantaine d'années, est finement vêtu d'un costume taillé sur mesure. Il me sert la main, et je découvre sur ses doigts de nombreuses bagues en or qui viennent s'ajouter à son apparence de dandy. Après m'avoir expliqué sa brillante carrière politique, où il échoua d'un cheveu pour être élu au Congrès américain, il me dévoile sa nouvelle occupation :

— Tu veux visiter mon business ?

— Oui, bien sûr... Qu'est-ce que c'est ?

— Je dirige un club de strip-tease. Tu vas voir, c'est amusant !

À ce moment, je remarque que la passagère assise à côté de lui n'est rien d'autre que sa muse du moment. Comme elle a entre trente et quarante ans de moins que lui, je suis certain de la retrouver plus tard topless sur le podium de son club de strip-tease, car, bien évidemment, j'accepte son invitation. Il est dit que j'irai partout où il est possible d'aller. Du Vatican à Cancun, des bidonvilles mozambicains au club de strip-tease Rick's Tally Ho ! de Rochester. Si je veux comprendre le monde, je dois au moins mettre un pied dans tous les environnements. Nous arrivons. Il est midi, il fait plein jour et le club est déjà ouvert. À l'heure du déjeuner, je suis accoudé au bar en train de siroter un cocktail martini offert par la maison. Personne ne fait attention à moi, mais, après cinq minutes, le DJ me surprend au milieu de sa présentation des danseuses :

— Voilà Sally, elle vient du Connecticutttttt ! Regardez cette magnifique Dolly, devinez d'où elle vient... Tennessseeeeee ! Et, comme invité spécial, au bar en ce moment même, nous avons un Français qui fait le tour du monde. Jérémy !

Quel embarras !

Le fait que la salle soit feutrée et qu'une danseuse se trémousse à moitié nue sur la scène n'empêche pas toute l'assemblée de se tourner vers moi. Je découvre au passage de quoi est constituée la clientèle.

Ceux qui se lèvent chacun leur tour et donnent un pourboire de cinq dollars pour toucher la poitrine de la danseuse de leur choix. Tous des septuagénaires ! Visiblement beaucoup trop jeune pour assister à un spectacle de ce genre, je reprends la route pour Washington, DC, et je laisse les danseuses topless là où elles sont.

À Newark, dans le Delaware, je débute une journée sous des trombes d'eau. Je n'ai toujours pas atteint la capitale des États-Unis, et j'ai peur d'échouer une nouvelle fois, tant le réseau de routes est compliqué. Je traverse une rue et vois au même moment une voiture m'arriver dessus en klaxonnant. À mes pieds, il y a une flaque d'eau. Je saute de côté, évitant in extremis que ce conducteur mal intentionné ne me vide le contenu de la flaque sur mes vêtements. Fortement énervé, je l'invite à revenir, mais une autre voiture se gare à côté de moi. Le conducteur ouvre la fenêtre. Ça sent l'entourloupe ; ça doit être un ami du précédent chauffard et il a entendu mes derniers mots. Il ouvre la bouche :

— Jérémy ?

— Hein ? Quoi ? Oui, je suis Jérémy.

— Je m'appelle Kyle. J'ai entendu que tu faisais le tour du monde en stop et que tu allais à Washington, DC. Ce matin, j'ai vu la pluie, c'est mon jour de congé, cela fait trente minutes que je te cherche, je t'emmène.

Incroyable ! Absolument incroyable ! Qui est cet homme ? Comment m'a-t-il reconnu alors que je marchais simplement dans la rue ? Il a l'air d'un saint. Ses yeux ne sont que bonté. Je n'en reviens pas. Et puis, Washington est à 150 kilomètres d'ici ; ça lui ferait 300 kilomètres aller-retour ! Mais, quelques heures plus tard, je suis bien avec Kyle devant le Capitole, où nous prenons une dernière photo ensemble. Il a tenu sa promesse et il repart désormais dans le village de Newark. Des âmes aussi charitables, je n'en ai pas croisé beaucoup !

Direction Chicago désormais. Avant d'atteindre Harrisburg, en Pennsylvanie, je vis de nouvelles aventures avec la police américaine. Suite à une très probable dénonciation d'un conducteur apeuré, les gyrophares de la police me cueillent une nouvelle fois au bord du Turnpike (portion d'autoroute à péage). Lunettes de soleil sur le nez, clope au bec, une shérif visiblement énervée me fait comprendre qu'il me faut déguerpir, et ce, au plus vite. Je suis d'accord, mais, me trouvant au milieu de deux champs, je me renseigne sur la direction où elle veut me voir disparaître.

Cette question la fait réagir au quart de tour. Elle me brandit les mots « arrestation », puis « prison » et me les agite au visage. Sans défense face à de tels arguments, j'obéis. Je choisis l'un des deux champs. Alors que je quitte le lieu, elle me hurle après en me sommant de revenir :

— Papiers !

En Pennsylvanie, il est en effet interdit de faire du stop sur le Turnpike. Plus loin, sur une bretelle de l'Interstate 99, près de State College, c'est un nouveau contrôle policier, plus courtois cette fois :

— Puis-je voir vos papiers, s'il vous plaît ?

Une fois cette vérification effectuée, le policier me répète ce refrain que je commence à connaître par cœur :

— Il est illégal de faire de l'auto-stop ici.

Non, ça ne l'est pas. Je connais mes droits et je les lui stipule :

— En Pennsylvanie, il est illégal de faire du stop sur le Turnpike, mais ce ne l'est pas sur les entrées d'autoroute.

Manifestement outré de se faire dicter la loi, qui plus est par un étranger, mon policier hausse le ton :

— Je dis que c'est illégal, donc, ça l'est ! Prends cette route-là à la place.

Un kilomètre plus loin, j'arrive donc sur une petite route parallèle. Je ne fais pas trois pas que devant moi s'élève un panneau sur lequel est écrit noir sur blanc NE PRENEZ PAS D'AUTO-STOPPEURS. Halluciné, je me fais un plaisir de suivre les conseils du policier et c'est avec un grand sourire que je me poste pouce en l'air au pied du panneau.

Moins de cinq minutes plus tard, une voiture s'arrête. Trois charmantes demoiselles à bord ! Elles me font monter et me confient que la vision qu'elles ont eue de moi en train de faire du stop au pied de ce panneau était hilarante. Y aurait-il une morale cachée dans ce dénouement ?

Ce trio féminin me remet en selle. J'entre dans l'Ohio. Cleveland, route 42, Columbus, Interstate 71. Les kilomètres défilent, mais la même histoire se répète continuellement. Toujours dans le Midwest, à la sortie de Columbus, un nouveau shérif m'arrête et me fouille. Pour être « certain que je ne m'enfuie pas », il me place sur la banquette arrière de son véhicule, comme un criminel.

Séparé du shérif par un grillage, je le vois effectuer des recherches sur mon cas à l'aide de l'ordinateur de bord que chaque véhicule de police possède dans ce pays. Les portières arrière étant évidemment fermées, je patiente en regardant par la fenêtre.

Là, tout doucement, je vois une voiture quitter la route, monter sur le trottoir... BOUM ! Elle heurte un poteau, qui se penche et s'écrase au milieu de la route. Exactement la même vision que deux ans auparavant en Grèce !

— Shérif ?

Le policier, qui est toujours occupé avec son ordinateur, n'a rien vu ni entendu de l'accident, ce qui est tout de même incroyable, car ce choc s'est déroulé à moins de 20 mètres.

— Qu'est-ce que tu veux ?

— Si vous regardiez à votre gauche un instant...

Évidemment, cet accident procure à mon shérif un peu d'action. Plus du tout intéressé par mon cas, il me libère et je peux continuer mon chemin.

Après Cincinnati et Indianapolis, j'arrive à Naperville, dans la banlieue de Chicago. L'actif Rotary Club de cette agglomération m'invite à réaliser une diapo-conférence de mon voyage. Un magasin de sport m'offre une paire de chaussures Reebok, et le maire me consacre citoyen d'honneur de la ville. Puis Sun, un membre du Rotary, m'invite au cinéma pour voir *Avatar*, qui vient de sortir. Il est vrai que ce blockbuster hollywoodien de James Cameron narre de façon imagée et talentueuse certaines failles de notre époque contemporaine.

Chicago est sous la neige, et cela ne me donne pas envie d'aller me baigner dans le lac Michigan qui le borde. Le temps est venu pour moi d'aller au sud. Je traverse les champs plats de l'Illinois et dépasse 80 000 kilomètres d'auto-stop quand j'arrive à Nashville, dans le Tennessee. Ce n'est pas nez à nez avec Elvis Presley que je me retrouve, mais avec le Parthénon de l'Acropole d'Athènes ! Pourquoi ? Y aurait-il ici une adoration pour les dieux hellènes ? Près de ce monument grec, je découvre également une période de l'histoire américaine qui est contée. Un mémorial revient sur les faits majeurs de la Seconde Guerre mondiale. Une stèle conclut ces six années de combats par une immense photo de la bombe atomique explosant au-dessus d'Hiroshima. Ce cliché morbide du champignon atomique est fièrement titré de sept lettres capitales qui me laissent stupéfait : *VICTORY.*

Pompeuse, emphatique, cette déclaration de victoire sur les corps calcinés de 300 000 civils japonais (Hiroshima et Nagasaki) cache à peine une autosatisfaction qui m'effraie. Cela me rappelle mes livres scolaires, où l'histoire est racontée par les vainqueurs. Vraiment, quelle fierté y a-t-il à tirer dans ce genre de massacre ?

Les *rednecks* locaux, avec leur accent fort et leurs chapeaux de cow-boy, me sortent de Nashville et du Tennessee. Pour une fois, l'auto-stop fonctionne bien. Je profite de cette lancée pour traverser les Appalaches, la Caroline du Nord, du Sud, je poursuis de lift en lift à travers la Géorgie, double le panneau de la Floride, BIENVENUE DANS L'ÉTAT ENSOLEILLÉ, et j'arrive en banlieue nord de Miami. Mon visa expire dans 15 jours, et il faut que je trouve un moyen de quitter le pays de l'Oncle Sam au plus vite et en stop.

Pendant une dizaine de jours, je contacte les compagnies de bateaux de croisière, de cargos de marchandises, je visite des dizaines de marinas, parle avec des centaines de capitaines. Rien. À l'issue du compte à rebours, si je n'ai rien trouvé, je prendrai le risque d'être en situation illégale aux États-Unis, ce qui est franchement une mauvaise idée. Me faire arrêter dans cette situation signifierait un retour en France par avion et à mes frais, une confiscation de mon passeport et, donc, la fin de mon tour du monde.

Il ne me reste plus que cinq jours pour éviter cela. Entre deux marinas, je visite la ville. Miami, comme le panneau l'indique à l'entrée en Floride, est ensoleillé toute l'année. Key Biscayne, Coconut Grove, South Beach… Je vais aussi aux Everglades. J'y parcours les marais en aéroglisseur, où se cachent, immobiles, de nombreux crocodiles et alligators qui semblent se dorer au soleil.

N'ayant pas grand-chose à perdre, je pousse la promenade jusqu'à Key West. La « République des conques », surnom donné à ce lieu, est située à 200 kilomètres du continent, au bout d'une succession de petites îles reliées les unes les autres par des ponts qui semblent flotter sur ces eaux turquoise caribéennes.

Je visite toutes les marinas de cette petite île. Les voiliers qui y sont parqués me paraissent plus utilisés que ceux de Miami. Ma dizaine de jours de recherche dans les yacht-clubs de la plus grosse ville de Floride m'a fait comprendre que là-bas les bateaux ne font qu'y stagner, permettant surtout d'y boire le champagne le week-end. J'ai plus de veine à Key West. Dans l'une des marinas, je trouve le numéro d'un capitaine qui cherche un équipier pour Panama. Je l'appelle.

Il a l'air d'accord pour me rencontrer. Rendez-vous est pris pour le lendemain.

L'après-midi, je consulte de nouveau le tableau, où j'ai trouvé le contact panaméen. Quelqu'un est passé entre-temps et a déposé une autre annonce. Cette fois-ci, c'est un capitaine qui va à Cuba : *« Besoin d'un équipier pour aller à Cuba. Appellez-moi au... »*

Je l'appelle donc et, vingt minutes plus tard, je fais la connaissance de Mo. Âgé de 80 ans, il est le capitaine du *Frisco Lady*, un bateau à moteur de 27 pieds qu'il me fait visiter. Pour ma part, je viens d'avoir 26 ans, et mon cadeau d'anniversaire commence à prendre forme devant moi : un possible lift pour Cuba.

11

Les Caraïbes en bateau-stop

Mo me laisse dormir sur le bateau pendant les quelques jours qui précèdent notre départ. En échange de quoi, je l'aide à réparer, je repeins entièrement la coque, lui donne ses outils, range son matériel à bord et retrouve les objets qu'il égare sans cesse. Il n'a aucune mémoire et je commence à m'inquiéter. En quatre jours, il perd son téléphone à deux reprises. Cependant, Captain Mo est bien vivant. Il a peut-être 80 ans, mais il en fait à peine 65. Le soir, pour mon anniversaire, je le vois même danser dans les bars de Duval Street (rue principale de Key West).

Le 16 mars 2010, mon visa a expiré depuis trois jours. Désormais en situation d'immigré illégal, je quitte la marina Hurricane Hole et le sol américain. Captain Mo n'est toutefois pas pressé, et nous nous dirigeons vers les Dry Tortugas pour faire un peu de plongée. À partir de ce moment, si l'immigration américaine veut m'attraper, elle devra m'envoyer les gardes-côtes.

Nous prenons la barre à tour de rôle. Mon vieux capitaine n'est pas le meilleur des professeurs. Il ordonne, répète rarement, puis me laisse me débrouiller seul. L'absence de voile me facilite grandement la tâche, mais je dois rester vigilant sur la présence de coraux sous-marins. Vieux loup solitaire, ce Captain Mo ! Nos conversations se résument à un monologue que je me dois d'écouter. Certainement habitué à parler à une mer qui ne lui répond pas, il m'attribue donc sur ce point un caractère océanique. Quand son discours s'interrompt, mes oreilles sont de nouveau sollicitées par la radio qui diffuse en sourdine la propagande républicaine de Fox News.

La cohabitation est un peu difficile à cause du fossé générationnel et des dimensions abyssales de l'ego de Captain Mo, mais je tiens bon. L'océan, que j'écoute, m'a appris la patience. Il me dit que Cuba est au bout.

Après une semaine de mer via Fort Jefferson, nous arrivons à La Havane. Terminé les États-Unis, fini les contrôles intempestifs de la police (en six mois aux États-Unis, je fus contrôlé 35 fois au total), le régime au fast-food, les quinze coupures de publicité par film, le port d'armes abusif, l'individualisme extrême et la déification de l'argent.

Même si j'ai aussi apprécié le côté éduqué, innovateur et humaniste que l'on retrouve plus particulièrement sur les deux côtes (est et ouest), je suis tout de même heureux de pouvoir découvrir un nouveau pays et m'intéresser à une culture différente.

Avant notre entrée dans la marina Hemingway, Captain Mo conduit notre embarcation jusqu'au bureau de la douane côtière. Comme une revue des troupes réalisée par Fidel Castro en personne, c'est le défilé officiel.

Inspecteur des rats, médecin, agent d'immigration, militaires, tout le monde se succède à bord. Mo, qui est déjà venu une dizaine de fois, connaît le système par cœur. À tour de bras, il offre bouteilles de shampoing, savons, produits de beauté, et nous débarquons sans soucis.

En *wawa* (bus urbain cubain), j'atteins le centre de La Havane. Portraits du Che, slogans révolutionnaires, ambassade russe d'architecture communiste, vieilles Cadillac américaines, interminables queues devant les magasins de rationnement, le ton est donné. Près de la place des drapeaux, j'achète pour quelques *pesos national*[1] un hamburger et je vais le déguster devant le capitole. Une fois assis avec ce seul morceau de viande fourré dans un simple bout de pain, j'observe cette ville toute sombre et décrépite qui a étrangement su garder son charme. En effet, le cœur de La Havane ne bat pas grâce à ses murs qui s'écroulent. Chaque soir sur la Rambla (avenue sur le front de mer), les jeunes s'y réunissent, discutent, jouent de la musique.

La musique cubaine, celle qui fête la vie, qui s'écoute et qui se danse, je la suis de la Rambla jusqu'aux bars dansants de la ville. Ancien lieu de débauche pour Américains sous le règne de Batista, La Havane s'est débarrassée de ses parfois indésirables convives depuis l'arrivée de Castro au pouvoir en 1959. Pour autant, le rhum coule toujours pour les Cubains, qui célèbrent encore le rythme de la salsa.

Cependant, la présence d'un étranger est toujours remarquée. Toutes les plus belles filles viennent se coller à moi. Oui, ici, mon origine signifie surtout une opportunité de mécénat. Dès les premiers pas de danse, elles me demandent déjà de les accompagner chez elles moyennant une somme d'argent.

Sept ou huit superbes créatures sont déjà venues me voir. J'avoue être surpris, car, même en Afrique, la prostitution n'était pas aussi importante.

Je refuse toutes ces avances et retourne m'asseoir à la table où je trouve une jolie fille, seule. Elle s'appelle Denya. Elle me parle un peu de la vie ici à Cuba. Le système communiste offre peut-être un accès gratuit à l'éducation et aux soins, mais le ridicule salaire de 15 dollars mensuel n'est pas suffisant. Voilà pourquoi les filles du bar dansant vendent leurs charmes, gagnant en une nuit trois ou quatre fois leur salaire. Certaines familles désespérées décident même de traverser les 150 kilomètres qui les séparent de Key West à l'aide de misérables barques. À partir du moment où un Cubain réussit à fouler le sol des États-Unis, le processus de nationalisation américaine est enclenché.

1. Il y a une double économie à Cuba : le *peso national* pour les habitants du pays et le *peso convertible* (CUC) pour les touristes.

DÉPART. Caen, 8 octobre 2007, école du Clos Herbert.
Les élèves me récitent poèmes et chants. Dans quelques instants, je vais entamer un périple qui durera 1980 jours.

SYRIE. Avant les Révolutions du Printemps Arabe, les portraits du dictateur Bachar-Al-Assad étaient omniprésents.

SYRIE. La traction animale est un moyen
comme un autre de se déplacer en stop !

SOUDAN. Je passe une journée et une nuit sur un chargement de dattes séchées pour atteindre Khartoum.

SOUDAN. Gedaref. A plusieurs reprises, je passe mes nuits à la mode soudanaise. Il me suffit simplement de demander un lit au gérant des stations-essences.

ÉTHIOPIE.Dans les campagnes reculées, il faut parfois aller chercher l'eau à la rivière. Cette fois, le point d'eau le plus proche est situé à dix kilomètres du village de cette famille.

OUGANDA. Le terminal de bus de Kampala
est un véritable labyrinthe pour le non-initié.

TANZANIE. Pendant un mois, je deviens bénévole
dans un orphelinat tanzanien. Ici, je partage quelques visions
du monde avec les plus jeunes.

TANZANIE. Les enfants d'Afrique ne se focalisent pas sur ce qu'ils n'ont pas. Au contraire, ils remercient chaleureusement quand un petit plus vient égayer leur quotidien.

MOZAMBIQUE. Mes tennis chinoises s'aèrent d'un trou grand comme une pièce de deux euros.

AFRIQUE DU SUD. Le visuel est important
lorsque l'on fait de l'auto-stop !

ATLANTIQUE. Par crainte d'être en pénurie, je dois utiliser l'eau de mer pour me savonner le corps.

TRINIDAD ET TOBAGO. Après deux mois en mer, j'atteins les Amériques et réussis à traverser l'océan Atlantique en catamaran-stop.

PANAMA. A de nombreuses reprises pendant ce voyage,
je sollicite la police pour arrêter des véhicules.

GUATEMALA. Un an avant son explosion, je découvre les coulées de lave du volcan Pacaya.

GUATEMALA. Le manque de sécurité m'empêche de dormir. Le manque de confort, non.

ÉTATS-UNIS. Minneapolis. Je partage mon aventure avec de nombreux groupes sociaux. Ici, une école accueillant des anciens membres de gangs et des réfugiés somaliens.

ÉTATS-UNIS. « Ne prenez pas d'auto-stoppeurs ».

PANAMA. San Blas. Il me faudra cinq semaines de recherche intensive pour contourner le Darien Gap en stop et continuer mon périple en Amérique du Sud.

BOLIVIE. Altiplano bolivien. Perdu, je m'effondre dans la poussière et subis les températures d'une nuit glaciale.

ARGENTINE. Patagonie. Pendant plusieurs milliers de kilomètres, je parcours une route plate, droite et extrêmement venteuse.

PACIFIQUE. Après seulement cinq jours de recherche en Colombie, je trouve un voilier m'acceptant à bord pour rallier la Nouvelle-Zélande.

GALAPAGOS. Les tortues géantes presque bicentenaires semblent chargées d'histoire et me rappellent le temps qui passe.

POLYNÉSIE FRANÇAISE. « Khamsin », le voilier monocoque de 45 pieds sur lequel je passe quatre mois à traverser le Pacifique.

NOUVELLE-ZÉLANDE. Le All Black Bus, ancien bus scolaire de 1956 réaménagé en bus de supporters, m'amène à Auckland pour voir la coupe du monde de rugby.

MER DE CORAIL. Le porte-conteneurs Sofrana Surville V176 m'offre un trajet gratuit de la Nouvelle-Zélande à l'Australie après cinq semaines de recherche.

AUSTRALIE. Une fois lancé, le road-train est bien difficile à s'arrêter. La faune locale n'a qu'à bien se tenir...

AUSTRALIE. Pour conclure en beauté les traversés aquatiques, j'inaugure une nouvelle forme de voyage : l'avion-stop.

INDONÉSIE. La jeunesse indonésienne est très créative. Je croise de nombreux véhicules customisés sur les routes de ce pays.

INDONÉSIE. La mosquée Istiqlal à Jakarta
est un lieu de prière, mais aussi de repos.

INDONÉSIE. Comme dans beaucoup de pays d'Asie, il est fréquent de voir
les locaux réveiller leur corps par un peu de gymnastique.

THAÏLANDE. Une fois les barrières de communication franchies, l'auto-stop fonctionne même en Thaïlande.

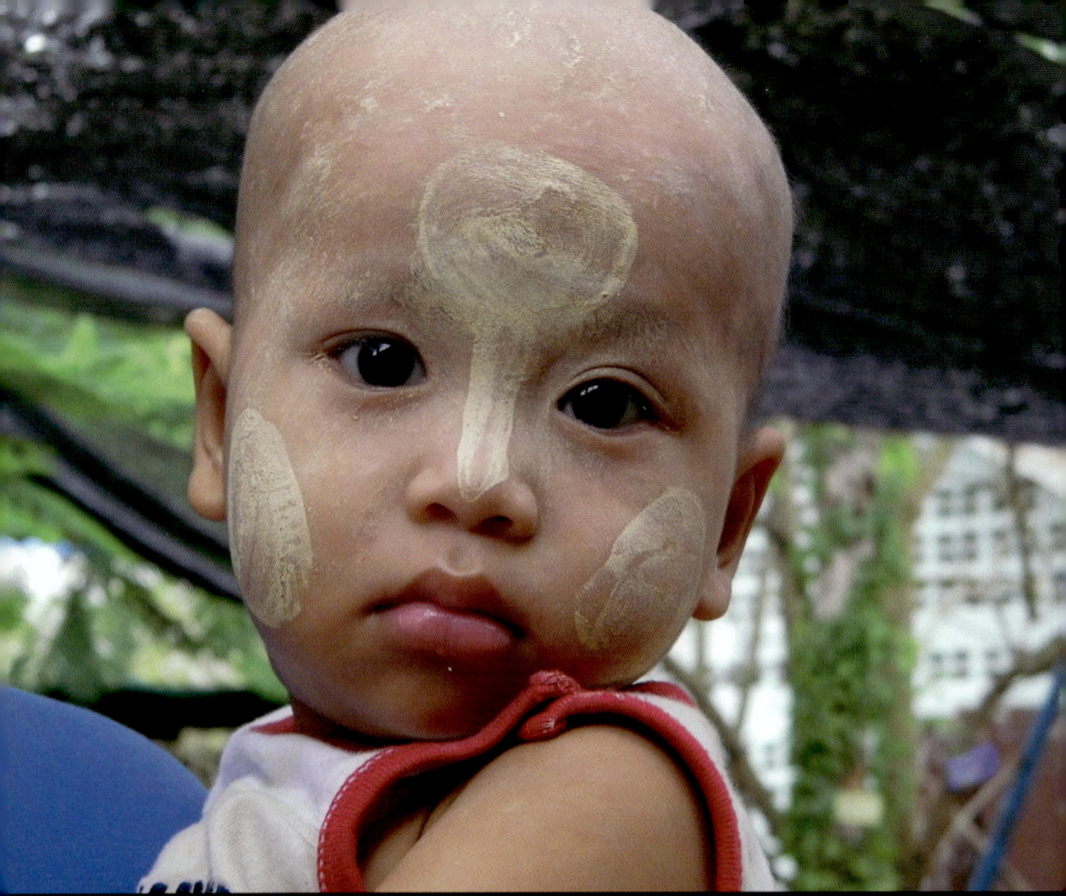

THAÏLANDE. Bambin au visage couvert de Thanaka. A Mae Sot, 80 % de la population est birmane, conséquence directe de l'oppression de ses minorités par la junte militaire birmane.

CAMBODGE. Temple du Bayon. Avec Wati, nous nous extasions sur la splendeur des temples d'Angkor.

LAOS. De combien d'accidents, de sorties de routes, et de conduites dangereuses ai-je été le témoin durant ce voyage ?

CHINE. Les enfants sont souvent enthousiastes lorsque je leur présente mon périple. Que ce soit en Afrique, au Chili ou en Chine, je trouve important de pouvoir partager les informations collectées pendant ces années sur la route.

CHINE. Les Chinois construisent partout, tout le temps, comme si l'aménagement de leur territoire avait pour but d'impressionner le reste du monde.

KAZAKHSTAN.La vague de froid est passée (-29°C), je peux reprendre l'auto-stop.

FRANCE. Après cinq ans, cinq mois et cinq jours, 1752 véhicules, 71 pays et territoires, je peux enfin dire que j'ai fait le TOUR DU MONDE EN STOP !

INDONÉSIE. Quelques semaines plus tard, je retrouve Wati à Bali,
pour commencer une nouvelle vie avec elle.

À la sortie de cette nuit, il me faut aussi quitter Cuba et pas sur une coquille de noix. Je rejoins la marina où Réal, un capitaine québécois en partance pour le Belize, m'embarque. Réal fait le tour du monde à bord du *Dorcylin*, un monocoque de 51 pieds. L'itinéraire devrait nous conduire de Cuba au Belize, puis du Belize au Guatemala. Ancien chef cuistot, Réal sait donner des ordres, et leur ton double en décibels lorsque je ne m'exécute pas à temps. Néanmoins, il est bon vivant, et, lorsqu'il attrape une dorade et la fait cuire au barbecue, je me régale chaque fois.

Après avoir longé la côte cubaine, nous plongeons dans le golfe du Yucatan et faisons escale au Belize. À quai, un voilier se doit de ressembler à un sou neuf ; alors, dehors les particules salines ! En tant que mousse, c'est à moi que revient la tâche de laver le bateau. Pendant plusieurs heures, je m'évertue à brosser, frotter, puis brosser, laver, frotter !

Quand *Dorcilyn* est enfin propre, nous la restituons à la mer. Après un court arrêt à Livingstone, sur la côte guatémaltèque, nous nous enfonçons dans les terres en longeant le Rio Dulce. Ce tortueux ruban d'eau douce se fraye un chemin dans l'épaisse forêt tropicale qui l'entoure.

À l'heure du coucher du soleil, de longs hurlements de singe s'échappent de cette jungle, des oiseaux multicolores s'envolent dans le ciel, tandis que je vois apparaître sur les rives des indigènes mayas locaux.

Certains d'entre eux progressent à nos côtés en pirogue, d'autres viennent nous vendre des tortillas bien chaudes et, quelques heures plus tard, nous arrivons à Frontieras, terminus de mon trajet avec Réal. De retour sur la terre ferme, je goûte de nouveau à cette liberté de mouvement qui commençait un peu à me manquer.

J'ai réussi le défi de m'extirper à temps des États-Unis et de retrouver le continent. Mon objectif est désormais d'atteindre l'Amérique du Sud. Il me faut tout d'abord descendre jusqu'au Panama, où je devrai trouver une solution pour contourner le bouchon du Darien. Pour l'instant, je plonge dans l'univers chaud et humide de la jungle, contrastant fortement avec l'étendue déserte océanique. Comme l'année dernière, je me poste derrière un dos d'âne et patiente pour continuer en auto-stop.

En quelques minutes, un véhicule s'arrête. Quel plaisir de progresser aussi facilement ! Pour couronner le tout, mon espagnol est bien meilleur que lors de mon premier séjour chez les Latinos. Les interactions et conversations qui en résultent m'encouragent à penser que ma future itinérance en Amérique du Sud sera riche d'enseignements.

Je traverse dans l'autre sens des pays que j'ai déjà visités l'année dernière. De lift en lift, bien souvent à l'arrière des pick-up, je parcours le Guatemala, le Honduras et demain je me dirige vers Esteli, au Nicaragua. Dans l'effort de cette ruée vers le sud, je perds quelques kilos qui fondent sous cette grosse chaleur humide.

Cinq voitures, un camion et une moto. Je suis à la frontière du Costa Rica. Un camion vide s'arrête ; je monte dans la benne. Il s'arrête une nouvelle fois. Deux jeunes montent. Nouvel arrêt. Trois gamins de plus à bord. Je réalise qu'au volant, le conducteur est l'entraîneur d'une équipe de base-ball qui ramasse tous ses joueurs sur le chemin.

Vuelta del mundo. J'actualise mon panneau. Heureusement que je le fais plastifier, car les pluies tropicales apparaissent. C'est la saison et, chaque après-midi, je reçois plusieurs douches tièdes, très brèves, mais très intenses. Au Panama, je suis accueilli par de véritables chutes d'eau. Personne ne s'arrête, car, à l'évidence, j'apporterais l'eau du ciel à l'intérieur de l'habitacle.

Au milieu de nulle part, sans aucun endroit pour me réfugier, je termine complètement trempé. Dans mes deux sacs, c'est l'hécatombe. Mes fringues sont toutes poisseuses et flottent dans un fond d'eau, les pages de mon livre de voyage sont ruinées et mon petit netbook que j'ai acheté aux États-Unis a rendu l'âme. Amen.

De retour dans la capitale panaméenne, j'en profite pour laver mes affaires, tenter de réparer mon ordinateur, mais surtout me renseigner plus en profondeur sur un problème qui se pose maintenant à moi. De l'Alaska à la Terre de Feu, la Panaméricaine ne s'interrompt qu'une fois. La jungle du Darien, située à la frontière entre la Colombie et le Panama, est vierge de toute route. Tenter de traverser cet obstacle naturel signifie de s'exposer à 150 kilomètres de végétation dense à couper à la machette, à des rivières devenues torrents durant l'actuelle saison des pluies, à quelques gouffres bien profonds, et surtout au danger humain.

Les FARC (Forces armées révolutionnaires de Colombie) sont des guérilleros axant leurs activités sur le trafic de drogue et le kidnapping. Ces paisibles gentilshommes demeurent également dans la jungle, et je représente certainement une prise de choix pour eux. Ingrid Betancourt leur a récemment échappé des mains après six ans de détention. Je doute qu'ils soient ravis du manque à gagner qu'elle représente. Traverser à pied cet enfer vert n'est décidément pas une option à considérer. Je vais devoir le contourner.

Pendant ce mois de mai 2010, je réalise que le contournement de cette région du globe est devenu un business à part entière. L'année dernière, j'avais rencontré une vingtaine de capitaines qui proposaient aux routards de gagner la Colombie en voilier pour la modique somme de 300 dollars. Cette année, il y en a une quarantaine, et le tarif est monté à 400. Demander la gratuité à ces gens-là reviendrait presque à leur murmurer des insultes.

Je remue donc toute la ville de Panama. En *diablo rojo* (bus panaméen), je passe de l'âme ibérique de Casco Viejo à la flamboyante marina de Flamenco, du vétuste Balboa Yacht Club au gigantesque pont des Amériques.

Je remarque que les tours à condominiums du centre ont verticalement crû de quelques étages, mais la monnaie est toujours le dollar, et les habitants se délectent invariablement de chaînes de fast-food américaines. Les recherches de bateau sont longues, difficiles et infructueuses. Je décide de prendre la direction de Portobelo. Quelques cargos colombiens transportant des noix de coco et autres produits certainement illicites m'y attendent peut-être.

Alors que je marche le long de la route pour trouver un meilleur endroit stratégique et ainsi arrêter un véhicule, j'ai le net sentiment que quelqu'un me suit. Je me retourne furtivement et j'aperçois un grand Noir de deux mètres qui semble fortement intéressé par mon cas.

Comme cette armoire à glace caribéenne ne m'inspire pas confiance, je poursuis ma route en accélérant. Un kilomètre plus loin, je pense l'avoir semé.

Mais, moins de cinq minutes plus tard, je crois rêver. Il arrive en face de moi, cette fois accompagné d'un de ses amis. Impossible de le manquer avec son polo vert pomme ; c'est bien lui ! Comment a-t-il fait ? Je suis certain qu'il ne m'a pas doublé, car j'étais bien trop préoccupé à justement le perdre de vue. Il a dû courir, prendre une route parallèle, je ne sais pas, pas le temps de réfléchir à cela. Il arrive. Il me tend sa grande et longue main droite.

N'ayant pas trop le choix, je marche droit sur lui et la lui serre. Au même moment, il lance sa main gauche et tente d'arracher mon sac. Je tiens bon et je me retrouve propulsé derrière lui et son ami. La route est ouverte face à moi. Je me retourne et les confronte :

— *Esta bien, esta bien.*

Ces mots sortent tout seuls de ma bouche. Ils ne veulent rien dire. Tout va bien ? Non, tout ne va pas bien. En plein soleil de midi, devant de nombreux passants et un trafic routier conséquent, personne ne semble prêt à bouger le petit doigt pour me sortir de là.

Je me mets à courir et me positionne au milieu de la route. Je tente d'arrêter une voiture, qui refuse de m'aider en me contournant lentement. Au bord de la route, les deux malfrats se rapprochent. Un taxi arrive. Lui s'arrêtera ou c'est moi qui me ferai renverser. En plein milieu de la chaussée, le taxi jaune arrive face à moi et je lui plante mes deux mains sur le capot :

— Arrête-toi !

Il s'arrête. Je monte dedans et il me dépose de l'autre côté du village. C'était mon millième lift depuis le départ.

Encore remonté suite à cette histoire, je découvre finalement le petit village de Portobelo. Ancien port de commerce espagnol à l'époque des galions, il reste quelques ruines historiques de ce mouvementé passage ibérique. La forteresse fut maintes fois attaquée, pillée, mais elle est encore partiellement debout aujourd'hui.

Pour ajouter un peu d'ambiance à cette atmosphère de pavillon noir, de vieux cargos tout rouillés flottent tout seuls dans cette baie aux pirates.

Je passe quatre jours et quatre nuits à l'auberge Captain Jack. Jack, qui en est manifestement le propriétaire, est un gringo américain dont je me méfie. Avec sa petite amie colombienne trois fois plus jeune que lui, il a la carrure du pilleur de navires.

Tout près de là, j'aperçois une *lancha*, un petit canot à moteur d'environ trente pieds aux couleurs de la Jamaïque. Je peux déjà lire sur un flanc le nom de l'embarcation : *Darien Gapster*, « celui qui passe le bouchon du Darien ». C'est exactement ce qu'il me faut. Je me renseigne. La première traversée aura lieu très bientôt. Seulement, il manque les passagers...

Je me fais donc engager pour aider l'équipe à remplir l'embarcation. Si le bateau est plein, je bénéficierai d'un siège gratuit. Sinon, il ne partira pas. Il va me falloir remuer ciel et terre pour obtenir ce passage vers la Colombie. Pour cela, je retourne à Panama.

Proposer une offre touristique à des *backpackers* déjà constamment sollicités est loin d'être une tâche facile, mais je me donne les moyens de réussir. Je confectionne posters, brochures, business cards, et même un livre de présentation de 10 pages. En prenant l'expérience de mon book d'autostoppeur, je sais qu'un appui visuel aide beaucoup pour expliquer le projet aux intéressés.

Malheureusement, la proche Colombie ne m'a jamais semblé aussi loin, car je réalise toute la difficulté de l'entreprise. La concurrence déloyale de certains capitaines patibulaires, ajoutée à l'arrogance de tous ces voyageurs gringos que je dois convaincre, transforme mes naïfs espoirs en une affaire mal engagée. Mais d'où viennent ces hautains routards encombrés de leur clinquant barda ? Cette génération de jeunes itinérants est née avec la démocratisation du vol charter. Pour un mois ou deux, elle peut s'envoler à l'autre bout de la planète. Elle vogue d'amusements en divertissements, passant sans transition de la plage de surf au pub australien.

Loin de leur pays, ces routards de luxe éprouvent encore le désir de rester chez eux. Cela ne serait pas aussi navrant si leurs activités d'Occidentaux n'occultaient pas totalement leur intérêt d'avoir des interactions culturelles avec les gens du pays. Mais non. Et même s'il leur arrive d'être confrontés avec la population locale des pays qu'ils traversent, ils exigent d'être servis dans leur langue maternelle. Cela en devient affligeant. Pour ces raisons, je fais en sorte de m'éloigner au maximum de ces usines à touristes. Comment ai-je donc pu m'embarquer dans une histoire pareille ?

J'écume tous les hôtels de Panama, je passe même plusieurs jours dans un squat de hippies déprimés et déprimants. Évidemment, leur lancinante déchéance ne m'aide pas à égayer mon moral. Pourtant, je sais qu'un simple déclic peut relancer la machine.

Quelques jours plus tard, il arrive lorsque j'apprends que nous avons finalement nos premiers clients. À partir de ce moment-là, tout devient plus facile. Pendant un mois entier, j'aide à remplir la *lancha*. Un long et frustrant mois à l'issue duquel nous sommes 13 à embarquer. Le mardi 1er juin 2010, nous quittons Portobelo.

À bord, le groupe commence à faire connaissance. Il y a un peu de tout. Quelques gringos, certes, mais aussi de vrais routards qui sont légitimement dépités de devoir payer autant pour continuer leur chemin. Eh oui, la gratuité se mérite. Pour ma part, elle m'a quand même coûté cinq semaines de mon temps.

J'observe autour de moi ce méli-mélo de voyageurs. Il y a un Anglais, deux Néo-Zélandais, trois Canadiens, deux Australiens, quatre Américains (traversant les Amériques à vélo) et même un Thaï.

La première portion du voyage nous conduit à El Porvenir. L'averse tropicale saisonnière fait son apparition, et la *lancha* heurte les vagues les unes après les autres. Nous sommes en mer ouverte, et les récifs ne nous protègent plus. Le courant est plus fort, la mer, plus agitée, et des gerbes d'écume arrivent sur les passagers, qui ne font heureusement pas de scandale.

L'archipel San Blas, du district territorial de Kuna Yala, apparaît à l'horizon. L'eau se clarifie jusqu'à devenir transparente, le sable devient blanc, le ciel bleu azur ne filtre pas le soleil, et seuls quelques cocotiers proposent un peu d'ombre. J'ai devant moi un aperçu du terme « paradisiaque » défini par les agences de voyages en France. Des touristes, nous devons en avoir l'air et nous sommes cueillis en tant que tels par la population locale.

À notre escale à Nalunega, mes premières vues de l'île sont pourtant fortes d'apprentissages. La maison du Kuna, une simple baraque en bambou avec un toit en chaume, est à mi-chemin entre la cabane caribéenne et la hutte de village côtier africain. Deux femmes kunas sont adossées contre cet alignement vertical de tiges de bambou qui constitue un mur d'une de leurs habitations. Je remarque tout d'abord un anneau doré qu'elles portent entre leurs narines. Leur faciès possède quelques similitudes avec les indigènes originaux des terres d'Amérique. Mayas et Amérindiens ont-ils de lointains liens de parenté avec les Kunas ?

Les bras et les jambes de ces femmes sont recouverts d'un long fil chiné qui entoure leurs membres de plusieurs couleurs comme une multitude de bracelets. Ce fil, une fois enfilé, permet de former d'élaborés motifs géométriques. Aussi colorés sont leurs vêtements, une sorte de chemise aux manches bouffantes et une étoffe serrée comme une jupe jusqu'à mi-ventre.

Des *molas*, broderies spéciales des Kunas, viennent finalement orner leurs vêtements, comme une dernière signature délicate à ce rayonnant costume traditionnel. À leurs pieds, des colliers et des bracelets. Elles vendent leur artisanat aux touristes et elles exigent un dollar pour prendre une photo d'elles. À ce moment, un certain Nestor nous accueille dans son jardin, où nous pouvons planter notre tente. Il nous fait cuire le poisson que nous avons pêché, et cela nous coûte trois dollars chacun. Comme nous sommes une quinzaine à bord, cette simple cuisson revient au prix de l'hospitalité qui nous est offerte. Nestor a indéniablement le sens des affaires.

Le lendemain, nous zigzaguons entre les îles sur une mer désormais plate. Comme je m'en aperçois d'une île à une autre, les Kunas ont des âmes de commerçants. En plus de la pêche, l'échange de la marchandise via la noix de coco leur prodigue les biens pour subvenir à leurs besoins.

Le tourisme, bien sûr, change leur situation un peu plus chaque jour. Les femmes kunas vendent donc leurs fameux *mola*, quelques bijoux et monnayent les clichés qui sont pris d'elles. Les hommes, eux, sont désormais habillés comme des Occidentaux et ne peuvent commercer leur image.

Bien que leur apparence soit symbolique d'une affiliation avec le monde extérieur, les hommes kunas se battent encore pour conserver leur culture et leur indépendance. Leur province n'est pas régie par le gouvernement central panaméen, qui considère les chefs kunas comme interlocuteurs officiels lorsqu'il faut s'adresser à un représentant du district territorial de Kuna Yala.

De notre côté, notre *lancha* s'éloigne progressivement des eaux claires de San Blas. La jungle du Darien à tribord, notre canot à moteur continue sa route vers la Colombie.

La fatigue commence à me gagner. Les journées de navigation alternées avec ces nombreuses escales sont assez éreintantes. L'envie de gagner l'Amérique du Sud et de retrouver une indépendance totale me prend.

Après une ultime nuit sur l'île de Mamitupu, nous quittons le Panama et transitons encore plusieurs jours jusqu'à Turbo. Encore une ville qui s'approprie étrangement son nom. Turbo est un de ces endroits où la chaleur tropicale transforme ses habitants en véritables larves. Il y a même un cimetière de bateaux dans le port de cette ville sale et moche. Il est vraiment temps de mettre pied à terre en Colombie.

Nous souhaitons bonne route à tous, attribuons un salut final et partons. Je dis « nous », car, dans l'histoire, je garde la compagnie de Jack le Thaïlandais. Il est curieux d'essayer l'auto-stop, et je lui propose de faire un peu de route avec moi. Son calme asiatique, sa cordialité et son sens social me laissent penser que je passerai un bon moment avec lui.

De plus, ce jovial Oriental se fait un plaisir de m'expliquer certains points de sa culture thaïe. Non, effectivement, sur le bateau il ne faisait pas partie des gringos.

Nous sortons de Turbo par la marche. Un taxi *Willy*, une sorte de jeep améliorée, se propose de nous prendre gratuitement pour quelques kilomètres si nous nous accrochons à l'arrière du véhicule. Les pieds sur la plaque d'immatriculation, les mains agrippées sur le toit, nous pouvons entreprendre notre aventure sud-américaine.

12

Dangereuse Colombie ?

— *Cartagena !*

Un camion s'arrête. Le chauffeur m'a entendu prononcer notre destination désirée et il nous offre le dernier lift. Alors que des notes d'accordéon résonnent dans les enceintes sur un rythme enjoué de *vallenato* (style de musique colombienne), nous arrivons à ce fleuron de l'époque coloniale espagnole. Dans le quartier de Media Luna, l'hôtel crasseux où nous atterrissons n'a cependant rien de remarquable. Le prix très réduit des chambres attire toute la lie de la ville. Véritable cour des Miracles, l'établissement est rempli de prostituées, de fous, de couples qui se tapent dessus, de taulards en cavale. Il est impossible de s'ennuyer à l'hôtel Nueva Pereira. Les chiens pissent partout et le commis de cuisine édenté regarde un match de la Coupe du monde entre deux coups de torchon. Plus loin, un drogué passe ses journées assis à regarder dans le vide. Cette déchéance autour de moi me permet d'apprécier la vie qui m'anime encore. La saleté et la pourriture de ceux qui raclent le fond me montrent ce que je ne veux jamais devenir. La drogue, l'alcool, il n'y a rien de bon à tirer de ce côté.

Après trois semaines à voyager ensemble, Jack est devenu un ami. Simple, amusant, subtil, il aime aller draguer. Malgré son entrain et sa bonne humeur, il rentre souvent bredouille. Un jour, je comprends pourquoi. Il ose débarquer dans l'hôtel d'en face avec un bouquet de fleurs qu'il offre à la réceptionniste. Je vois toute la scène, retenant avec peine mon sourire de trop s'élargir tant il adopte l'allure comique d'un chevalier demandant la main de sa belle.

Disons que les Colombiens font cela plus naturellement. La réceptionniste, flattée, mais pas conquise, lui offre un bisou sur la joue pour le remercier. Le fossé culturel serait-il trop grand entre le vaillant Oriental et les bouillantes petites Latines ? Cette bise peu productive ramène en conséquence un Jack tout penaud à la chambre des célibataires :

— Je suis sûr qu'elle m'aime bien. Je peux le voir dans ses yeux.

— Oui, Jack, oui...

Le quartier où j'ai élu résidence depuis déjà quelques semaines est vivant, mais je note aussi les motivations louches de certains de ses habitants. Dans les rues près des hôtels, bars et restaurants, il ne se passe pas une heure sans que l'on m'offre de la marijuana et surtout de la cocaïne à cinq dollars le gramme. À ce prix défiant toute concurrence, je remarque que certains des *backpackers* s'offrent littéralement quelques semaines de narcotourisme.

Ils viennent uniquement pour consommer de la drogue locale. Rien à cirer de l'image qu'ils donnent de leur pays, encore moins de savoir qu'ils permettent au trafic de survivre et de financer la guérilla qui s'attaque à la population. Ces gens-là sont en vacances et ils font ce que bon leur semble.

Le problème est que la drogue est partout. Elle est largement disponible et elle sème derrière elle la misère, l'insécurité et la déchéance. J'apprends à reconnaître les trafiquants.

Souvent eux-mêmes consommateurs et dépendants, ils ressemblent à des épaves. Yeux rouges, teint blafard, ils paraissent évoluer intérieurement dans un autre monde. Leur suractivité ne peut pas être naturelle, car leur corps ivre de fatigue se détériore de jour en jour. Maintenant que je sais qui ils sont, je fais en sorte de les éviter.

Il y a aussi un autre spectacle que j'aurais dû éviter de regarder. La France s'est honteusement fait éliminer de la Coupe du monde. Insultes à l'entraîneur, grève des joueurs. Ce sport supposément fédérateur est un très bon révélateur de la société.

Le culte de l'individu, l'argent au-dessus des principes, la perte des valeurs définissent désormais ce qu'il est permis de faire pour s'élever au-dessus des autres. La bêtise d'hier était retentissante, car ses acteurs n'ont pas eu la présence d'esprit de se dire que l'événement était planétaire.

Mais même jusqu'en Colombie, devant ces drogués, ces vendeurs de *minutos* (vendeurs d'appels depuis un fixe ou un portable dans les rues colombiennes), ces cireurs de chaussures, Anelka, Ribéry et consorts ont simplement oublié que des centaines de millions de personnes les observaient comme des modèles d'inspiration. Vu depuis les bas-fonds de Carthagène, leurs caprices de millionnaires paraissent un tantinet déplacés.

Mon panneau *Vuelta del mundo* me permet de *pedir chance* (faire de l'auto-stop en colombien) plus facilement. Je reprends la route en direction de Medellin. Il me faut quatre jours pour atteindre ma destination, progressant de villages à *bombas* (stations-services colombiennes), où je trouve souvent une place dans les remorques en bois des plus vieux camions. Je m'arrête au passage à l'hôtel Normandia de Caucasia, qui ne me propose pas de toit de chaume et de poutres en bois, mais une chambre un peu miteuse à la place. Seul le nom me rappelle la maison, mais au moins j'ai un endroit où passer la nuit. Au réveil, je repars. Le paysage s'élève tout d'un coup, passant du plat de la côte caribéenne aux montagnes du centre du pays. Je vais bientôt entrer dans l'*eje cafetero*, cette zone de culture du fameux café colombien. La température chute et je note que la population blanche et hispanique du pays commence à remplacer les habitants noirs afro-caribéens du rivage de la mer. Quelques heures plus tard, je découvre l'immense vallée de Medellin, où de nombreuses maisons à briques ocre et toits en taule entourent un centre décidément bien plus moderne que sa banlieue.

Le lendemain, je continue vers Manizales. Entouré de champs de café, c'est une bonne opportunité de visiter une *finca,* portion de terre rurale, utilisée généralement pour l'agriculture. On y trouve souvent des bâtiments utilisés pour la production ou la transformation du produit cultivé.

Le caféier, grand comme un demi-homme, possède de nombreuses petites boules rouges appelées « cerises » le long de ses branches. Une fois ces boules récoltées commence le processus de transformation du café. Ces cerises sont tout d'abord dépulpées pour y récupérer les grains de café. Ceux-ci sont ensuite lavés, séchés, puis cuits. À partir de ce moment, le grain est prêt à être broyé, puis consommé.

Après une dégustation finale de *tinto* (café noir), je reprends mon chemin vers Bogota. J'enchaîne les lifts, passant d'une jeep à un camion remorquant une carriole de chevaux. Les camions devant nous sont si lents dans la montée que je finis par m'endormir. Une dizaine de minutes plus tard, une alarme intérieure m'ordonne de me réveiller. Interdit de tomber de sommeil dans les voitures de mes généreux conducteurs. J'ouvre les yeux. Ma tête est sur l'épaule de mon chauffeur. Je la retire brusquement, et le type éclate de rire. Il n'osait pas m'extraire de mon assoupissement.

Comme une longue chenille qui zigzague dans les montagnes, la file de camions atteint finalement la capitale du pays. Bogota se dresse à 2600 mètres d'altitude, et la température baisse fortement. En plein mois de juillet, il ne fait que 10 °C, alors que le mercure de Carthagène affiche à la même période un chaud et humide 35 °C. J'entre dans la plus grande ville de Colombie. Sept millions d'habitants serrés entre extrême richesse et grande pauvreté ne me donnent pas envie de m'y éterniser. Je préfère continuer vers le sud, en direction de l'Équateur, où, le long des routes, je fais tout de même attention avec qui je monte. La route près de Santander de Quilichao est considérée comme dangereuse. J'y rencontre beaucoup de postes de contrôle. Comme en Égypte, je requiers l'aide des militaires qui n'hésitent généralement pas à m'arrêter les véhicules. Ces postes de contrôle se multiplient alors que je me rapproche des zones rouges, signifiant supposément une présence des FARC.

Comme bon nombre de guérillas, les FARC sont à la base un mouvement qui fut créé pour renverser le gouvernement en place. Motivée par une vision marxiste du monde, sa révolution n'a jamais réussi à accomplir ses rêves utopiques. Aujourd'hui, les FARC n'existent plus que pour assouvir la soif de pouvoir de quelques pseudo-dictateurs.

Son nécessaire autofinancement l'amène à réaliser toutes sortes d'actes criminels comme le kidnapping, le meurtre et surtout le trafic de narcotiques.

Bien que l'action du président Álvaro Uribe ait considérablement réduit la présence de ces guérilleros depuis 2002, ils agissent toujours dans certains coins du pays. La preuve, la semaine dernière, un jeune s'est fait kidnapper près d'ici. Juste avant, un autre s'est fait éliminer. Cela a aussi failli arriver à Sylvie, une Française dont je fais la connaissance dans ce petit village. Elle me raconte :

— Il y a quelques années, plusieurs hommes sont venus et m'ont emmenée de force dans leur véhicule. Comme je suis française, ils présumaient que j'avais beaucoup d'argent. Je ne pouvais pas voir où nous allions, mais je savais très bien qu'ils m'emmenaient dans un camp caché dans la montagne. Une fois là-bas, je n'aurais jamais été retrouvée. Heureusement, ce jour-là, le destin a mis un barrage de police sur la route qu'ils empruntaient. Les officiers ont fouillé le véhicule, m'ont trouvée et ont arrêté sur-le-champ mes ravisseurs. J'ai eu beaucoup de chance.

Avant de quitter la France, je me rappelle avoir été motivé par le désir d'apprendre et de casser mes préjugés. Que savais-je sur la Colombie avant d'y entrer ? Quelles étaient les informations qui filtraient jusqu'à chez moi ? Cocaïne, Pablo Escobar, FARC, kidnapping. Le tableau n'était guère reluisant.

Ces aspects sensationnels font certainement partie de l'histoire du pays et existent encore aujourd'hui, mais ils ne sont qu'un tout petit aspect de ce qui concerne la vie des Colombiens. Voyager en auto-stop me permet d'améliorer considérablement ma vision de la Colombie. Je ne me suis pas senti en danger durant toute la traversée du pays, et les Colombiens que j'ai rencontrés sont dans la grande majorité des personnes absolument charmantes et hospitalières, une hospitalité que j'expérimente jusqu'à la frontière équatorienne.

Un camion, une voiture, une remorque attelée à une moto, puis un taxi-pirate me font avancer jusqu'à un nouveau poste militaire. Là, je sympathise avec les jeunes recrues. À peine âgés de 20 ans, ces apprentis soldats me permettent de passer la nuit au poste. J'effectue mes derniers pas en Colombie. Une gamine de 13-14 ans me dit que j'ai de beaux yeux, un nouveau policier m'aide à trouver une voiture, et une vieille dame aux pieds nus me salue, puis subitement m'attrape le bras et le mord. Heureusement, cette amusante sorcière n'a pas de dents. Cela fait rire quelques personnes témoins de la scène, qui semblent déjà connaître cette blague par cœur.

Déjà 90 000 kilomètres au compteur quand j'arrive en Équateur. Les premières vues de ce pays sont saisissantes. Dès Tulcan, la ville frontière, l'agitation perpétuelle du voisin colombien semble disparaître. J'ai l'impression que les habitants rasent les murs sur la pointe des pieds pour être sûrs de ne déranger personne. J'écoute. Un étrange silence enveloppe les rues de ce premier village équatorien.

Tout est soudainement devenu beaucoup plus lent. Autour de moi, quelques ombres se déplacent. Je remarque que les faciès diffèrent de ceux de leurs voisins colombiens. Les Équatoriens possèdent les traits durs et marqués des indigènes. J'entre dans la partie indienne de l'Amérique du Sud.

L'auto-stop en Équateur ne me semble pas plus difficile qu'en Colombie. Une trentaine de minutes me suffisent en général pour trouver un conducteur. Seuls les véhicules se diversifient et s'américanisent. Je monte à l'arrière de beaucoup de pick-up Ford et Chevrolet. D'ailleurs, à l'instar du Panama, la monnaie utilisée en Équateur est le dollar américain. D'un village à l'autre, je découvre la population indigène équatorienne couverte de ses vêtements traditionnels très colorés. Comme au Guatemala, leur simple présence égaye le paysage. Je craque littéralement à la vision des plus jeunes, car leurs charmantes têtes d'Indiens s'illuminent très souvent de deux petites joues bien rouges.

Sur la route de Quito, un conducteur me propose de visiter un petit parc dédié à cette position géographique qui a donné son nom au pays : l'équateur, la moitié du monde, la latitude zéro. Pour la troisième fois de ce voyage, je passe d'un hémisphère à l'autre. Aujourd'hui, je retourne dans la partie sud du monde.

Quito, la capitale du pays, est bâtie en longueur dans une vallée de la majestueuse cordillère des Andes bordée de montagnes et de volcans, dont certains culminent à 5800 mètres d'altitude. Le centre historique est reconnu comme étant l'un des mieux conservés d'Amérique latine. Pendant un court moment, j'ai l'impression de parcourir quelques villes européennes. Il est facile de reconnaître l'influence espagnole de ses églises, de ses places et de ses arcades. Dans les rues piétonnes, pourtant, les traits sont beaucoup moins hispaniques. Je suis triste de le dire, mais cette société créée par et pour les Occidentaux ne paraît pas du tout adaptée pour l'indigène équatorien, qui n'y semble pas vraiment à son aise. Son manque de goût pour la mode n'est qu'un prélude à ce que je vois un peu partout dans le pays. Comme dans les réserves indiennes aux États-Unis, comme à l'Armée du salut canadienne, les indigènes équatoriens semblent avoir un problème avec l'alcool. Les bouteilles de bière parfois vendues littéralement au litre sont révélatrices des quantités consommées. Souvent, la cigarette vient se greffer à cette débauche et il arrive qu'elle ne soit pas seulement remplie de tabac. Peut-être ont-ils besoin d'oublier un instant la rudesse de leur vie !

En ce 13 août 2010, jour de la fête nationale équatorienne, je n'ai pas la force de voir ces pauvres Indiens entamer leur journée par un petit-déjeuner à la bière. Alors, je pars visiter la zone côtière équatorienne. Là-bas aussi, la vie est mouvementée. Hier, un séisme de 7,2 sur l'échelle de Richter a secoué la ville de Guayaquil. Plus fort que celui d'Haïti (7 sur l'échelle de Richter), mais aussi beaucoup plus profond (222 kilomètres dans le sol), il n'y a pas eu de dégât majeur.

Avec deux chiens à mes basques, je trouve mon premier véhicule. Un camion qui va au Cotopaxi. Durant le trajet qui le mène jusqu'à ce volcan aux allures de mont Fuji, nous discutons de tout et de rien. Il arrive que mes échanges avec mes conducteurs soient stériles. Parfois, ces âmes charitables préfèrent même rester muettes, alors que d'autres, beaucoup plus bavards, m'offrent un monologue. Avant de tourner à l'intersection allant au volcan, mon chauffeur me dépose à une station-service. Là, un colonel de la police me pousse jusqu'à Latacunga dans sa belle voiture rouge.

Plus je grimpe dans la sierra, plus il y a d'indigènes. Je les vois sereinement postés devant leurs huttes en paille, qu'ils montent sur ces terrains escarpés. Ils ont l'air plus épanouis dans cet environnement montagneux, respirant un air frais au milieu d'innombrables lamas qu'ils utilisent pour le transport, leur viande et surtout leur laine. De Salinas, station balnéaire équatorienne, à Guayaquil, je progresse en auto-stop au milieu des champs de bananes. La froideur sèche de la sierra s'est transformée près de la côte en un climat tropical chaud et humide. Entre deux véhicules, je déguste le traditionnel poulet-riz-haricots que je n'ai pas quitté depuis l'Amérique centrale. Cette fois-ci, il me cause quelques désagréments intestinaux. Avec toute la nourriture que j'ingurgite sur les routes du monde, je participe peut-être à la survie du commerce local, mais il arrive aussi que je mette mon estomac à rude épreuve. À l'issue de ce voyage, je pense que mes globules blancs m'auront créé un système immunitaire infaillible.

Plus loin, un nouveau pick-up me fait grimper dans sa remorque et je traverse les plaines côtières à un rythme dangereux. Un peu plus tard, un petit vieux me fait monter à son tour, mais lui décide de réduire considérablement mon allure. Doucement, la sierra réapparaît, impressionnante, comme un mur après toute cette platitude. J'entre de nouveau dans les montagnes, où la visibilité se réduit subitement jusqu'à deux mètres. Un brouillard dense occupe le haut des cols, et le climat redevient froid et venteux. Un ultime véhicule m'amène au-dessus des nuages. J'admire en grelottant ce tapis de coton depuis un point de vue situé à 3200 mètres d'altitude. En quelques heures, de Guayaquil à Canar, je suis passé de la mer à la haute montagne. Je pourrais même conclure ma journée dans la jungle si je continuais tout droit, car de l'autre côté de la cordillère des Andes se trouve la jungle amazonienne. Toutefois, ce n'est pas le moment de m'amuser à changer continuellement de climat, car mes globules blancs manifestent toujours leur ras-le-bol en continuant leur grève.

Après Cuenca, je dois pourtant ressortir progressivement de la sierra pour suivre la route qui continue vers le Pérou. Le chemin perd tout asphalte, des portions de route sont effondrées et la sécheresse s'installe. J'écoute le prêche de l'un de mes conducteurs :

— Dieu est miséricordieux pour nous et la terre entière.

Il me conseille de participer, alors, je répète mot pour mot :

—Dieu est miséricordieux pour nous et la terre entière.

Ce prêche dure au total vingt minutes. Mon conducteur, à l'image de la majorité de la population d'Amérique latine, est catholique et très croyant. Il se signe chaque fois que nous passons devant un monument religieux, mais cela ne l'empêche pas de tenir un tout autre type de propos lorsque nous sommes entre deux églises :

— Regarde, regarde la gonzesse ! T'as vu ce cul ?

Quelques jours auparavant, c'était un autre conducteur qui me jouait aussi le jeu du pieux croyant. Marié et père de famille, il me présentait littéralement toutes les maîtresses qu'il possédait sur l'unique route que nous empruntions, et il y en avait beaucoup.

Avant la frontière, le soleil légitime sa présence en envoyant franchement ses rayons de soleil. Face à cet air réchauffé, je trouve le lift qu'il me faut. Je passe cinquante kilomètres assis à l'arrière d'une moto, admirant un paysage qui devient désertique et rocailleux. L'espace d'un instant, ces somptueuses montagnes arides me donnent l'impression de retrouver ce mystique panorama sud-jordanien qui entoure le célèbre site nabatéen de Pétra. Puis, la côte refait son apparition et mon rêve s'évapore devant l'immensité de l'océan Pacifique.

Quatre-vingt-douze mille kilomètres de parcourus et me voilà au Pérou. Les deux postes-frontières équatorien et péruvien sont distants de quatre kilomètres. Cette zone-tampon est chaotique à traverser, car il y a peu de véhicules privés, mais énormément de motos-taxis, de rickshaws et de camionnettes qui ne se gênent pas pour me klaxonner. Après une heure de marche au milieu de tous ces rabatteurs, je fais tamponner mon passeport et je poursuis à pied. Au bord de la Panaméricaine allant vers Tumbes, je croise de nombreux vendeurs de bouteilles d'essence, qui revendent sans doute le carburant acheté bon marché en Équateur. Les zones frontalières sont toujours un lieu intéressant de commerce et d'échanges. Néanmoins, je n'aime pas trop y traîner, car beaucoup de ces débrouillards sont bien plus malins que moi lorsqu'il s'agit d'utiliser des techniques d'extorsion de gringo.

De prime abord, la pauvreté semble plus importante au Pérou que dans les deux pays précédemment traversés. Mes premiers lifts me permettent de parcourir de grands espaces peu peuplés. Le désert sec et rocailleux devient encore plus aride quand apparaissent les premières dunes. Irriguées ou arrosées par une rivière environnante, quelques zones vertes surgissent parfois comme des oasis.

Ces petits espaces de vie permettent la culture d'oignon, de canne à sucre et même de tomate. Quand ces visions agraires ouvrent l'appétit de mon conducteur, nous nous arrêtons face à la mer et y dégustons chacun un bon *ceviche* (plat typique d'Amérique latine, constitué de poisson cru mariné dans du citron accompagné d'oignons et de tomates).

L'extrême sécheresse du climat, bien qu'étant en bord de côte, adoucit fortement les températures nocturnes. Même en accumulant tous mes vêtements, je me gèle dans mon sac de couchage lorsque je passe la nuit sous le camion de mon conducteur. Là, dans un hamac suspendu aux essieux, j'observe le va-et-vient continuel des prostituées offrant leurs charmes aux camionneurs, et la fatigue me prend tandis que les gouttes de fioul tombent une à une de l'immense réservoir sous lequel je suis accroché. Ploc, ploc, ploc.

Au lever du jour, nous continuons vers Trujillo. Immense zone urbaine d'un million d'habitants construite au milieu du désert, je ne connaissais même pas son existence avant d'entrer au Pérou. J'y rencontre Karanbir. Citoyen du sous-continent indien, il parcourt l'Amérique latine en auto-stop. Sur une plage en périphérie de la ville, nous partageons nos anecdotes de route. Nos expériences sont tellement similaires que, malgré notre différence d'origine, j'ai l'impression d'avoir trouvé un frère du bout du monde. Au fil de la discussion, il me demande un morceau de papier et commence à y tracer quelques lignes au crayon :

— Ici, c'est la rivière longeant le village d'Agua Calientes. Les deux traits parallèles représentent le pont.

— Que représente le carré près du pont ?

— C'est la maison du garde, tu dois faire attention.

Puis, la mine de son crayon décrit de longs zigzags qui s'élèvent vers le haut de la feuille avant de bifurquer d'une ligne en diagonale vers la droite.

— Voilà la montagne. Tu dois suivre un sentier sinueux et, ici, tu entres dans la forêt. Continue tout droit et ne t'arrête pas. Après une trentaine de minutes, tu devrais atteindre un premier muret, synonyme de ton arrivée au Machu Picchu.

Karanbir revient de ce site touristique qui est l'un des plus visités d'Amérique du Sud. Roi des bons plans, il m'explique comment y entrer de nuit, car c'est hors des heures d'ouverture que l'atmosphère y est la meilleure.

Le jour, quand les centaines de touristes débarquent en masse, le spectacle reposant de ces ruines incas prend des allures de cirque. Je remercie Karanbir et range précieusement ce morceau de papier aux allures de carte au trésor.

Je quitte Trujillo en me dirigeant vers une station-service à la sortie de la ville. Là, je sollicite un camionneur pour qu'il m'emmène et je me retrouve quelques secondes plus tard dans sa remorque. Assis sur des jerricans, je requiers quelques précisions :

— Qu'y a-t-il dedans ?

— Rien, c'est comme de l'eau. Pas de problème.

Rassuré, je m'assois confortablement sur ces bidons pendant les 150 kilomètres de nids-de-poule et de gravats que constitue la route jusqu'à Chimbote. Une fois dans cette ville, le conducteur décharge sa cargaison dans une fabrique d'huile de poisson. Des employés extraient progressivement les jerricans jusqu'à ce que l'un d'entre eux se mette à gesticuler :

— Ahhh ! quel fou !

Son pantalon noir a reçu quelques gouttes du liquide provenant d'un de ces récipients. Des taches blanches apparaissent aussitôt sur son vêtement, trahissant la présence d'un produit chimique dans cette supposée eau. Je réitère ma demande initiale, cette fois à celui qui se débarrasse en vitesse de son pantalon :

— Qu'y a-t-il dans ces jerricans ?

— C'est de l'acide sulfurique, t'as pas remarqué ?

Mon camionneur repart à vide jusqu'à Lima et, pendant une quinzaine d'heures, je m'insère entre deux bâches que je trouve dans la remorque. N'ayant pas accès à mon sac de couchage, je subis une nouvelle fois les attaques glaciales de ces nuits péruviennes. Dans les minutes qui précèdent l'aube et le réveil de ses habitants, je fais mon entrée dans la capitale du Pérou. À mes yeux, Lima n'est qu'une gigantesque verrue plate d'environ dix millions d'âmes. Dès le lever du soleil, je vois ses habitants, stressés de savoir de quoi ils rempliront leur assiette au prochain repas, déambuler dans tous les sens. Loin sont les promesses d'argent facile qui les firent venir dans la capitale. La dure réalité de Lima est que chacun combat pour sa survie et qu'en conséquence il n'y a pas de place pour les plus faibles. Pour ces raisons, il m'est ici difficile d'obtenir des interactions sociales avec la population locale. La vie fade, triste et ennuyeuse de cette mégapole côtière n'aide pas les Liméniens à développer leur sens de l'hospitalité. Peu avenants, il n'est pas rare qu'ils passent leur chemin sans même m'accorder une seconde d'attention quand je les interpelle pour une raison ou une autre.

La ville elle-même illustre parfaitement la mélancolie de ses habitants. Constamment recouverte d'un nuage grisâtre que même les vents marins ne peuvent pas chasser, elle ne cherche pas à combler ce manque de soleil par quelques couleurs un peu gaies. Autour de ses quartiers riches américanisés, une teinte marron sans saveur s'élève des nombreuses zones pauvres et poussiéreuses de la ville.

J'ai le sentiment que Lima resserre sa déprimante étreinte sur moi. Cette désagréable sensation me pousse à considérer un départ anticipé vers les montagnes. Je regarde la carte. Cuzco, la vallée des Rois. Ces noms légendaires éveillent en moi l'envie d'en savoir plus sur la culture inca.

Sans en prendre vraiment conscience, je bâtis intérieurement une énergie basée sur la curiosité et le désir d'apprendre. Je prends désormais le planisphère. La Bolivie, le Chili, l'Argentine, le Brésil. Arrivé à l'apogée de mon envie de route, ce n'est plus l'atmosphère maussade qui me chasse hors de Lima, mais un besoin de connaître et de vivre qui m'entraîne jusqu'à ma prochaine destination.

Toutefois, cette envie d'aventure ne me téléporte pas en dehors de la ville. Comme chaque fois que je me trouve au milieu d'une mégapole, il faut que je m'en extraie à l'aide du parfois peu compréhensible réseau de transport public local. J'enchaîne donc quelques bus jusqu'à la sortie sud et je trouve un camion qui m'avance jusqu'à Pisco, où je fais étape avant de rallier Ayacucho. Sous le rythme très répétitif d'une compilation de musique traditionnelle péruvienne, j'observe le déroulement du paysage. Très peu de villages viennent orner l'évolution d'un panorama qui devient lunaire. Nous grimpons dans la montagne, l'atmosphère rocheuse se transforme en d'immenses et impressionnantes plaines dorées, prémices à notre arrivée dans l'*altiplano* (haut plateau) péruvien. Broutant quelques touffes d'herbes jaunes qui poussent entre deux cailloux, la population croissante de lamas et d'alpagas apporte un peu de vie à ce somptueux spectacle figé.

Ayacucho apporte un peu plus d'animation. Mes yeux de gamin s'ouvrent grand devant l'apparition des premiers bonnets péruviens, car cette petite ville est très majoritairement peuplée d'indigènes. J'ai l'impression de découvrir le Pérou que je recherchais.

Rymaikulaiki ymanaylyam.

Je me familiarise avec les sonorités de la langue quechua. La consonne « r » est prédominante dans les discussions, et j'ai l'impression qu'il me sera difficile d'apprendre les bases avant d'arriver à Cuzco. Cependant, la route vers ce foyer de culture inca est encore longue. La distance n'est pas si grande, mais l'absence totale de revêtement complique mon avancée. Sur un chemin en terre complètement défoncé, j'admire un paysage de montagnes ahurissant de beauté.

D'une vallée andine à l'autre, la végétation passe du vert au jaune selon l'altitude, alors que la route flirte parfois très dangereusement avec d'insondables précipices.

J'arrive à Cuzco, après dix jours de cheminement sinueux depuis Lima. De la zone côtière jusqu'en haut de la sierra péruvienne, j'ai l'impression d'avoir changé de pays. Certes, le paysage de montagnes est grandiose, mais, si mon appréciation du Pérou s'est améliorée, c'est surtout parce que j'ai eu l'occasion de voir des indigènes perpétuer leur style de vie. Parfois caribéenne, souvent hispanique, l'Amérique latine est rarement indienne, alors que cette population fut la première sur ce continent. D'ailleurs, l'appellation d'Amérique « latine » est assez évocatrice de l'appropriation de ces terres par les conquistadors.

Il me faut traverser des murs de plus de 3000 mètres d'altitude pour trouver enfin de véritables autochtones vêtus de leur chapeau mi-melon, mi-haut-de-forme. En verrai-je plus par la suite ou le reste du continent a-t-il été complètement latinisé ?

13

Un lift sulfurique

À Cuzco, je découvre pour la première fois l'architecture inca. Entre deux murs tagués pour les élections municipales et une publicité pour le soda jaune fluo Inca Kola, je croise des portes trapézoïdales, dont les pierres assemblées s'encastrent sans ciment ni autre pâte de fixation. Au détour de quelques dédales de rues, il est étrange de retrouver cette double influence inca et coloniale. De la plaza de Armas et sa cathédrale au centre, je prends une ruelle et me retrouve directement en face de murs et de serrures réalisés par les maîtres d'œuvre incas. Cuzco étant un point de départ idéal pour aller visiter le Machu Picchu, je laisse derrière moi les toitures rouges de cette ville et je sors mon pouce pour pénétrer dans la vallée des Rois.

Entre Chinchero et Urubamba, j'aperçois déjà quelques vestiges d'anciennes constructions incas. Plusieurs camions me font monter, et l'un d'eux s'arrête au point de vue qui me fait découvrir la vallée qu'il va me falloir suivre. Deux abrupts versants de montagne obscurcissent à cette heure une sinueuse rivière qui se fraie un chemin à travers des plaines verdoyantes et sablonneuses. Au matin, je parcours à pied la petite route qui longe ce cours d'eau frétillant. Pas à pas, la sensation d'entrer lentement dans les terres sacrées de la civilisation inca m'envahit. À l'issue de cette longue marche, je distingue quelques maisons en pierres qui, à première vue, ne sont pas du tout d'origine hispanique.

J'effectue une courte halte dans ce petit village d'Ollantaytambo. Les rues pavées de pierres arrondies avec ses petites rigoles qui les parcourent en longueur ne manquent pas de charme. Des restes de ruines incas s'élèvent sur les parois qui entourent majestueusement ce séduisant village historique. J'entre maintenant dans la portion la plus difficile de cette marche dans la vallée sacrée des Incas. Les versants de montagne se sont rapprochés tandis que leur relief s'est encore escarpé. Je continue de suivre la rivière de l'Urubamba, mais cette fois je longe une voie ferrée qui se substitue à la précédente route asphaltée. Ce chemin de fer est utilisé par les touristes qui profitent des trains affrétés par la compagnie de l'Orient-Express. Toutefois, aucune locomotive n'est partie ce matin, car les employés de la compagnie sont en grève. En chemin, je croise donc quelques baroudeurs qui, comme moi, suivent sereinement les rails métalliques de ce chemin de traverse. Cependant, ces gens rentrent à Cuzco, et leur air exténué me laisse penser que le trajet qu'il me reste à parcourir sera sportif. Ce n'est pas le moment de ralentir ; alors, je continue ma marche qui est rythmée par les kilomètres s'affichant le long de la voie ferrée.

Au kilomètre 94, une petite machine ferroviaire orangée annonce son approche par des sirènes. Par pur réflexe, je brandis mon pouce. Je n'en crois pas mes yeux : ce wagonnet occupé par des travailleurs de la voie ferrée s'arrête. Aujourd'hui, je dois être le seul étranger à prendre le train, car ces sympathiques employés m'avancent en quelques minutes jusqu'au kilomètre 102. À tout oser, cela me mène parfois à vivre des expériences pour le moins divertissantes.

Il est minuit passé. Je sors de ma poche le plan de Karanbir. Alors que tout le monde dort, je me dirige vers la rivière. Rapidement, j'arrive sous le pont menant à l'entrée du parc du Machu Picchu. Je jette un œil à la carte.

« C'est la maison du garde, tu dois faire attention. »

Les mots de mon ami indien me revenant en tête, j'escalade le pont en faisant attention de ne pas éveiller l'attention du vigile. J'analyse la situation. Il va me falloir traverser une vingtaine de mètres à découvert. Je me lance. Le plus discrètement possible, je cours sans me retourner, rêvant à chaque pas d'avoir des plumes à la place de mes chaussures de randonnée. Arrivé de l'autre côté, je disparais au plus vite dans cette jungle montagneuse. Je suis entré dans le parc et devant moi s'élève un pan abrupt de végétation dense à escalader.

« Voilà la montagne. Tu dois suivre un sentier sinueux. »

Je grimpe les marches qui gravissent la montagne en colimaçon. Il fait sombre, et la densité de la forêt ne filtre pas beaucoup la clarté de la nuit. En conséquence, je ne vois presque rien. Pendant une quarantaine de minutes, je soustrais sans discontinuer mes jambes du sol pour passer d'une marche à l'autre. L'humidité du climat me fait consommer beaucoup d'eau, et la fatigue me prend quand je crois reconnaître l'endroit.

« Ici, tu entres dans la forêt. »

Je quitte le sentier et j'entre dans les fourrés. La montée est très difficile, car, à cet endroit, le versant de la montagne est pentu et glissant. C'est dangereux. J'utilise ma lampe frontale pour escalader cette portion de forêt tropicale.

Parfois, je dérape et je ne dois mon salut qu'à quelques racines qui m'arrivent fortuitement dans la main. Après une trentaine de minutes, où je me garde bien de changer de direction, une petite construction en pierres apparaît à un mètre devant moi. Les fourrés sont tellement denses que je ne l'avais pas vu avant.

J'avance lentement vers ce muret. Le moment décisif approche. Je tente un regard par-dessus. Au milieu d'une nuit silencieuse, une grosse lune éclaire une maison inca qui se dresse devant moi. À droite, à gauche, des constructions, des assemblages de pierres, qui constituent un village entier. J'ai le sentiment de vivre un moment privilégié. Peut-être qu'il y a 600 ans, un jeune Inca faisait la même chose que moi.

Caché dans les fourrés, il épiait les activités nocturnes de son village. Je m'imagine ce que la vie devait être, là, en haut de ce promontoire rocheux. Je me représente mentalement les enfants qui courent, le souffle des prières qui s'élèvent du temple du Condor, le bruit des aliments écrasés sur le mortier, les invocations prononcées dans le temple du Soleil, j'entends les pas des habitants se déplaçant d'un endroit à un autre...

Non, ça, je ne l'ai pas rêvé. Un garde fait sa ronde et, comme mon petit Inca imaginaire, je retourne me cacher dans les fourrés. Il est 2 heures du matin et je m'octroie un peu de sommeil. Je me réveille vers 6 heures, le dos encore douloureux de la branche qui m'a servi de matelas, lorsque j'entends les premiers touristes arriver avec le soleil.

Je termine ma visite débutée durant la nuit. Même si le charme est désormais rompu, le site reste tout de même exceptionnel. J'admire l'ensemble depuis la vue panoramique du *mirador*, qui rend vraiment justice à tous ces édifices faits de pierres assemblées, à ces portes trapézoïdales, à cette rue des fontaines, à ces terrasses, et surtout au paysage incroyable de pics rocheux qui entourent cette fabuleuse cité de Machu Picchu.

Pour repartir à Cuzco, comme il n'y a pas eu de route construite depuis hier, je décide de prendre un autre sentier. Je croise encore de nombreux marcheurs pendant cette randonnée pédestre de 11 kilomètres, et le paysage vallonné est toujours aussi époustouflant.

Après 48 heures presque sans sommeil, quarante kilomètres de marche et six heures de stop, je suis de retour à Cuzco, où je prends une douche chaude et m'offre le confort d'un bon lit. Dans mes songes, peut-être reverrai-je le petit Inca ?

Après quelques jours de repos qui me sont nécessaires, je reprends la route en direction du lac Titicaca. Je finis d'accéder au haut plateau, et le paysage devient hallucinant. Perchée à 4000 mètres, cette immense steppe jaune n'est brisée que par ces lointains monts de 6000 mètres, qui, paradoxalement, me semblent proches. Une voiture s'arrête. Le conducteur m'invite à monter dans sa remorque. À Ayuri, je crois être arrivé à destination quand ce généreux Péruvien sort de son véhicule, mais son arrêt est motivé par une tout autre raison :

— Tiens, il va faire froid, et nous sommes encore un peu loin de notre destination.

Alors qu'il prononce ces paroles, il me tend pain et couverture. Par expérience, je sais que les nuits péruviennes sont loin d'être chaudes et j'apprécie ce geste attentionné. Le soleil se couche quelques minutes plus tard. Ainsi, la couleur du ciel passe du rose pâle au rose, puis à un rouge teinté de violet. La nuit froide arrive.

Désormais couvert d'un épais tissu en laine, je passe cette dernière portion du trajet à regarder les étoiles, qui sont facilement distinguables grâce à l'absence totale de nuages. En bordure du plus haut lac navigable au monde, ma prochaine étape se situe à Puno.

Une fois arrivé sur place, la lumière du jour est éclatante, et j'ai la sensation de m'être encore rapproché du ciel. Le paysage est fantastique. Le jaune flamboyant des steppes et des collines contraste parfaitement avec l'étendue bleu foncé du lac. Quelle étrangeté, d'ailleurs, de voir des embarcations flottantes à 3800 mètres d'altitude !

L'air se raréfie, ma respiration ralentit. Dès l'arrivée à la frontière bolivienne, j'ai le *soroche.* Ce mal de tête lancinant apparaît dans les régions où l'altitude est très élevée. La Paz, juchée à 3660 mètres, est la capitale la plus haute du monde, et je doute que mes douleurs crâniennes s'y évacuent. Je profite de mes premiers jours dans cette ville pour me reposer et rencontrer les quelques routards de passage.

Ceux qui arrivent ici sont plus intéressés par la découverte de nouvelles cultures que de faire du *sandboard* (surf de sable) sur les dunes péruviennes. Avec quelques-uns d'entre eux, je vais admirer le panorama de la capitale depuis la banlieue pauvre et surélevée d'El Alto. Je note que les plus démunis profitent de la meilleure vue de la ville. Souffrant certainement des désagréments de l'altitude, ils peuvent cependant admirer les sommets de plus de 6000 mètres qui entourent l'immense cuvette naturelle de La Paz.

Néanmoins, la culture bolivienne ne me paraît pas tout de suite facile d'accès. En grande majorité indigène, la population est plus de moitié de descendance quechua ou aymara. L'aspect visuel est certes intéressant, mais il m'est compliqué d'obtenir des interactions avec la population locale. Les indigènes ont la vie rude, et leur caractère s'en ressent.

Et puis, je doute qu'ils aient une forte envie de rencontrer les descendants de ceux qui les ont colonisés et massacrés. Peut-être est-ce aussi la vie citadine qui amoindrit le désir d'échanger. Alors, je quitte la capitale bolivienne et pars explorer le sud du pays en prenant la direction de Sucre.

À la sortie de La Paz, je partage le bord de route avec de nombreux cadavres de chiens abandonnés. J'arrête un camion pour Oruro après un certain moment d'attente. Je fais une courte escale dans cette ville morte et sans âme. Seules quelques collines donnent un peu de folie à cette agglomération qui en manque beaucoup. La poussière occupe les rues, alors que des marques minérales blanches tachent partiellement l'aride paysage brun environnant.

Il y a quelques années, la lecture de *L'Ingénieux Hidalgo Don Quichotte de la Manche* retint mon attention sur l'expression « Cela vaut un Potosi ». Un « Potosi » signifiait un eldorado, une abondance de richesses. Aujourd'hui, je pose le pied dans ce supposé eldorado.

À plus de 4000 mètres d'altitude, Potosi est l'une des plus hautes villes du monde, mais c'est un endroit surtout connu pour ses mines d'argent. Les conquérants espagnols les exploitèrent dès le XVIe siècle. Grâce aux bras d'indigènes et même d'esclaves importés d'Afrique, l'Espagne s'enrichit colossalement grâce à ces mines. La splendeur de villes comme Séville est due en majeure partie à Potosi et à ses milliers de mineurs qui y périrent.

Je décide d'aller visiter ces immenses excavations dont la vue est immanquable quand j'arrive dans la ville. Une gigantesque colline aux couleurs ocre, orange et grise est littéralement collée au centre de Potosi. Je suis frappé par l'état des bâtiments qui subsistent en ses flancs.

Les camps de travail et les usines de traitement sont presque en ruine. Je ne sais pas si tous les édifices sont encore en fonction, mais j'aperçois au loin quelques mineurs qui semblent s'y diriger. Je grimpe sur la colline.

Il n'y a absolument aucune interdiction de passer, et les quelques ouvriers que je croise ne semblent pas dérangés par ma présence. Des chariots poussés par quelques indigènes casqués sortent des innombrables galeries où on en extrait progressivement des minéraux.

Après quelques essais infructueux, je tombe sur une dame au visage buriné qui m'autorise à pénétrer dans un de ces conduits souterrains. Avant de faire mon premier pas, j'hésite. Ce simple rail qui part dans l'obscurité de la galerie semble être une promesse de se perdre dans les boyaux de la colline. Réalisant que ce tunnel n'est pas éclairé, j'allume ma lampe frontale et je me dirige dans les pas des mineurs de Potosi. Il est très difficile de se repérer à l'intérieur de ces conduits. Il n'y a aucune indication et j'ai peur que chaque intersection où je m'aventure ne soit celle de trop. J'essaye de prendre quelques repères, mais ma lampe frontale n'éclaire que des parois gris-jaune qui soutiennent parfois quelques tuyaux. Je fais attention où je pose les pieds.

D'immenses trous apparaissent sans crier gare. Près de l'un d'entre eux, je découvre un moulinet. Cet outil délabré est certainement utilisé par les mineurs pour extraire quelques minerais de ces profondes fosses. Je continue mon expédition. Plus loin, je découvre les restes d'un feu, puis une statue démoniaque entourée de petits drapeaux.

Cette excursion labyrinthique me mène finalement à rencontrer des mineurs travaillant dans des conditions dantesques. Mal protégés, à peine éclairés et la bouche pleine de feuilles de coca, ils utilisent la dynamite, grattent les murs avec leur piolet et poussent un chariot bancal. Curieux d'éclaircir une vision que j'ai eue précédemment, je m'adresse à l'un d'entre eux :

— S'il vous plaît, que signifient les petits drapeaux là-bas ?

—C'est pour Tio, le démon des mines.

Ces ouvriers prennent des risques démesurés dans ces galeries. Les prières qu'ils adressent à ce démon me laissent penser qu'ils craignent ses soubresauts mortels. Autant dire que, tous les jours, ces courageux mineurs font l'effort d'entrer sciemment en enfer.

Pourtant, une église catholique accueille directement sur la colline ceux qui ressortent vivant de cette expédition infernale. Durant cette après-midi du 8 octobre 2010, je ne subis aucune explosion ni chute de roche et je m'extirpe vivant de ces sombres galeries. Pour ce troisième anniversaire sur la route, je reçois mon cadeau de la part de Tio. Effectivement, en me laissant sortir, le démon des mines de Potosi vient de m'accorder toute sa clémence.

Une fois à l'air libre, je retourne sur la route et reprends l'auto-stop. En Bolivie, cette façon de voyager se révèle moyennement aisée. La timidité et la réserve des habitants cachent parfois une âme de commerçant. Tout est monnayable et il me faut reconnaître quels types de conducteurs n'œuvrent pas en tant que taxis. L'auto-stop est un moyen pour moi de rencontrer la population.

Certes, je pourrais prendre le bus, qui est extrêmement bon marché dans ce pays, mais l'intérêt n'est pas là. À partir du moment où j'entre dans une transaction commerciale, le naturel des interactions est brisé. Je préfère passer plus de temps à trouver des conducteurs intéressés par la rencontre que de traverser le pays entier sans pouvoir discuter avec ses habitants. Toutefois, même avec de la patience et de la bonne volonté, j'éprouve encore des difficultés à entrer en contact avec le Bolivien. Pas une fois je ne suis invité pour dormir chez l'habitant et je ressens une petite frustration de ne pas établir plus d'échanges sociaux avec les gens.

Pays le plus pauvre d'Amérique du Sud, la Bolivie n'offre pas de demi-mesure. Par la hauteur de l'altitude, la rudesse du climat, la pénibilité du travail, les Boliviens de l'*altiplano* n'ont pas la vie facile. Ces peuples montagnards ne pleurnichent pas, mais se battent pour leur survie et revendiquent leurs droits de perpétuer leur culture indigène. Dans un décor de science-fiction, je continue donc lentement ma route vers le Chili, croisant parfois quelques *cholitas* (femmes boliviennes de l'*altiplano*), en grande jupe ample plissée, petit gilet et chapeau melon, qui transportent inlassablement de gigantesques sacs multicolores sur leur dos.

À travers un nuage de poussière soulevé par le véhicule de devant, j'observe également un paysage constitué de nids de condor et de murs tagués à la gloire du président indigène Evo Morales. J'ai depuis longtemps quitté Potosi et j'arrive désormais en lisière du plus vaste désert de sel au monde. Grand comme deux départements français, le salar de Uyuni contient le tiers des réserves de lithium de la planète. Fort de cette information, je me lance à pied vers cette immense étendue blanche, sèche et salée.

Les quelques 4 x 4 de touristes qui passent près de moi s'interrogent certainement sur mes intentions, mais, au bout d'une heure, je trouve ce que je cherche : un camion jaune s'arrête. Les deux ouvriers qui l'occupent acceptent de m'amener à l'usine d'extraction de lithium où ils se rendent. Comme elle est située au milieu du salar, je parcours une cinquantaine de kilomètres où j'ai l'impression de ne pas avancer.

Alors que nous accumulons les kilomètres dans leur direction, les volcans et les montagnes qui entourent ce désert blanc ne semblent jamais se rapprocher. Finalement, au milieu de nulle part, j'atteins un campement de travailleurs. Je rencontre les vingt ouvriers. Ils paraissent heureux de ma présence, et je réalise qu'ils ne doivent pas avoir beaucoup de visite. Rudes, mais sympathiques, ils me décrivent leurs conditions de vie :

— Nous restons dans ce camp pendant 21 jours. Nous travaillons tous les jours sans nous arrêter. De toute façon, regarde, il n'y a rien d'autre à faire ici. Après, nous pouvons rejoindre notre famille pendant sept jours.

Je voudrais immortaliser notre rencontre par une photo, mais les ouvriers me font comprendre que ce camp d'extraction de lithium est considéré comme secret-défense, ce que je comprends vite lorsqu'un des collègues ouvriers m'accepte à bord de son camion pour aller à un village au sud du salar. Je passe en effet devant une zone militarisée surveillée par des gardes armés. Ce métal alcalin utilisé pour les batteries de téléphone semble être une ressource de valeur. Serait-ce le début d'un nouveau Potosi ?

Mon camionneur me dépose dans le village fantomatique de Rio Grande. Quelques constructions en briques de mauvaise qualité, une ligne de chemin de fer, deux lamas et une carcasse de camion constituent ce début de paysage urbain. Je regarde la carte.

Ce lieu est à peine mentionné, et la frontière chilienne se trouve à 75 kilomètres à l'ouest. Il y a quelques pistes qui se perdent dans cette plaine de haut plateau, mais elles ne semblent accueillir qu'un passage de jeep toutes les trois heures. Je réalise soudainement que le meilleur moyen de quitter ce village est encore par la marche. Je jette par conséquent mes deux sacs sur mes épaules et je commence à suivre ces traces de pneus qui se perdent à l'infini devant moi.

Au bout de quelques heures, je m'aperçois que les distances sont confuses et difficiles à discerner. Comme dans le précédent salar, où j'admirais distinctement un volcan pourtant situé à 200 kilomètres de là, les supposés proches points de repère que j'utilise me requièrent littéralement une demi-journée de marche pour que je les atteigne.

Exténué après avoir passé la journée entière à me traîner sous un soleil de plomb, j'abandonne ma marche et je m'effondre sur un côté de la piste. Allongé dans la poussière, je suis moins touché par la saleté que par la température glaciale de la nuit. Je réalise avec douleur qu'à 4000 mètres d'altitude, la chaleur se dissipe avec l'arrivée de la lune. L'extrême froid de ce climat sec m'attaque les extrémités. Je passe la nuit à tenter de réactiver le sang qui doit impérativement continuer de circuler dans mes mains et mes pieds. Au matin, je tente d'avaler une gorgée de ma bouteille en plastique. Je m'y casse presque les dents, car mon eau est devenue un glaçon uniforme. La dernière fois que cela m'est arrivé, c'était dans le Grand Nord canadien, sur la route de l'Alaska.

Je marche de nouveau toute la journée. Ma carte se révèle erronée : il n'y a pas de village sur mon chemin. Je suis donc condamné à une nouvelle nuit de froid. Je grimpe en haut d'une colline et j'observe de quoi ma marche du lendemain sera composée. Le néant total. Une nouvelle étendue vierge, plate et aride apparaît devant moi. La situation devient très problématique. Je n'ai plus que trente centilitres d'eau et un triste morceau de pain. Le soleil disparaît. Il est temps que je me prépare pour les heures de froid intense qui arrivent.

Je me mets à l'abri du vent derrière une des nombreuses pierres volcaniques qui jonchent l'endroit. Pour me réchauffer, je décide d'allumer un feu avec le semblant de végétation qui parvient à survivre dans un tel environnement.

Après une rapide investigation, je réalise qu'il n'y a que deux types de plantes dans les alentours. Les deux sont extrêmement sèches et aussi épaisses que des brindilles. Certainement très faciles à allumer, elles se consument malheureusement au bout de quelques minutes.

En conséquence, je passe la nuit à raviver le foyer, chercher des plantes, les déraciner, revenir, les rajouter au feu, raviver le foyer... Cette activité incessante me permet toutefois d'être encore éveillé quand le jour se lève.

Mon eau une nouvelle fois gelée témoigne de ces glaciales températures nocturnes. Je me lève et fais face à la situation avec une terrible objectivité. Sans nourriture et avec une seule gorgée d'eau, je vais jeter mes dernières forces pour trouver une présence humaine dans cet immense désert.

Pourquoi suis-je donc parti à pied dans ce désert ? Surtout, presque sans vivres, pas préparé et seulement orienté par une carte périmée. Il est maintenant bien trop tard pour faire demi-tour. Je peux légitimement regretter ma naïveté qui me fait parfois croire que le seul courage suffit pour passer des obstacles naturels. Alors, accompagné d'une forte odeur de feu de bois sur mes vêtements, je pars tout droit dans la direction qui me semble être la bonne.

Après quelques heures, clopin-clopant dans le désert, je n'en peux plus. L'effort combiné à la sécheresse et au manque d'eau m'attribuent simultanément deux tendinites. Une à l'aine droite et une au genou gauche. Chaque pas m'arrache une souffrance, mais je continue en focalisant mon attention sur l'horizon. Ne surtout pas dévier. Un long moment après, j'ai la sensation qu'un bourdonnement apparaît dans mon crâne. C'est mauvais signe. Il devient de plus en plus persistant jusqu'à devenir assourdissant.

Non ! Cela vient de derrière moi ! Je me retourne, un 4 x 4 blanc m'arrive en plein dessus au milieu du désert. Est-ce un mirage ? Alors qu'il se rapproche, je ne suis pas sûr que le conducteur me voit ; je fais donc de grands gestes. Le véhicule s'arrête. Une fenêtre s'ouvre :

— Mais qu'est-ce que tu fais là ?

Je dois rêver, là : quelqu'un s'adresse à moi en français.

— Nous t'avons vu à l'Alliance française de Sucre. Nous écoutions ta discussion avec la directrice.

J'hallucine. Sur les sept personnes à bord, il y a deux Françaises qui m'ont reconnu. L'une d'elles est même rouennaise, autant dire que la maison est venue de loin pour me sauver.

Cette joyeuse équipée me nourrit, me donne de l'eau et surtout me remet sur la bonne piste, que je n'aurais jamais pu atteindre tout seul. Je leur dois certainement la vie, mais je ne peux pas ignorer ce signe du destin. Aurais-je vraiment un ange gardien qui veille sur moi ?

14

Dame Nature en Patagonie

Quelques kilomètres plus tard, j'arrive à la frontière chilienne. Je ne me plains pas de quitter la dureté de la vie bolivienne. J'ai l'impression d'avoir partagé leur quotidien tant je suis à bout physiquement. Puis, je suis en manque d'interaction sociale. Traverser des déserts, grimper sur des collines minières, progresser au milieu de l'*altiplano* sont certes satisfaisants pour l'œil, mais je voyage essentiellement pour rencontrer les habitants de notre planète. En l'occurrence, les Boliviens étaient plus occupés à lutter pour leur survie que de m'expliquer en détail les us et coutumes de leur culture, et je les comprends.

Je passe la frontière et traverse assez facilement le côté chilien de ces époustouflants reliefs arides qui sont tant hostiles à l'homme. Le désert de l'Atacama est en effet l'endroit le plus sec au monde. Inutile d'y chercher une goutte d'eau, il n'y pleut qu'une fois tous les deux ou trois ans. Vers la ville de Calama, un pasteur s'arrête et me fait monter dans son pick-up. Cette fois, le paysage me propose des signes de développement plus élevés que chez le voisin bolivien.

— Tu vois ceci ? Ce sont les mines de Chuquicamata, m'explique le pasteur. Ce sont les plus grandes mines ouvertes du monde. Ici, nous produisons du cuivre. Sais-tu que le Chili est le plus grand producteur mondial de cuivre ? Ces ressources aident beaucoup à développer notre pays.

En effet, devant les mines, ce ne sont plus de pathétiques mineurs boliviens outillés d'un vétuste piolet, mais d'immenses tracteurs modernes qui grattent la roche.

Je passe plusieurs heures dans le pick-up, puis le pasteur me dépose dans la ville côtière d'Antofagasta, où la vision d'un lit me fait saliver de bonheur. J'évacue momentanément le souvenir de mes nuits glaciales boliviennes et je me fourre dans des draps propres.

C'est un luxe de chef d'État. Demain, je poursuis la célébration du retour aux commodités matérielles, car je vais laver mes affaires qui sentent toujours le feu de bois. Un parfum de lessive, vous n'imaginez pas la jouissance !

Je passe quelques jours récupérateurs à Antofagasta avant de me lancer sur la Panaméricaine (également appelée la *ruta* 5 au Chili). Comme elle est cette fois-ci parfaitement asphaltée, je ne m'inquiète pas sur les 600 kilomètres qu'il me faut parcourir pour atteindre ma prochaine destination. En effet, voyager à *dedo* (faire de l'auto-stop en chilien) est très facile au Chili, où les paysages de la partie septentrionale, accidentés, désertiques, sont similaires à la côte pacifique péruvienne. Il y a très peu de végétation en chemin. Seules quelques touffes vertes apparaissent graduellement à partir de Copiapo. Vers Vallenar, j'aurais pu troquer ce panorama aride pour un instant de verdure si j'étais arrivé plus tôt. D'août à septembre, un champ de fleurs violettes sort de terre pour égayer temporairement de ses couleurs vives l'immuable beige du désert.

Immuable, ce n'est par contre pas l'adjectif que j'utiliserais pour décrire la ville de La Serena, car, hier, j'y ai vécu ma première secousse sismique. Certes petite, mais cela m'a donné une idée de la sensation que les victimes de tremblement de terre peuvent éprouver. Occupé que j'étais à écrire sur mon ordinateur, soudainement tout ce qui m'entourait s'est mis à bouger. La table, les chaises, les murs, la lampe, le sol et moi-même. Tout. Comme si une dizaine de marteaux-piqueurs s'étaient postés autour de la maison et s'étaient tous activés au même moment. Cela surprend. Il faut dire que le Chili est situé en plein milieu d'une zone d'activité sismique. Le plus gros séisme enregistré dans l'histoire de ce monde eut lieu dans le sud du pays, à Valdivia. Une secousse de 9,5 sur l'échelle de Richter rasa en 1960 la totalité de la ville.

À l'image d'un peintre rajoutant des touches de vert à son tableau marron clair, le paysage chilien se vivifie alors que je descends vers le sud. La végétation réapparaît ainsi progressivement le long de la belle et sauvage côte pacifique, jusqu'à ce que je bifurque dans les terres et parvienne finalement à Santiago. Par sa géolocalisation sur une plaine immense entourée partiellement de montagnes, la capitale chilienne me rappelle un peu Bogota. Cependant, la comparaison s'arrête là, car Santiago me paraît à première vue aussi développé qu'une ville européenne. Je suis étonné par sa propreté.

Après la Bolivie, où des carcasses entières de voitures étaient négligemment délaissées au milieu des villes, c'est un véritable choc de ne pas voir, ou presque, de papier par terre. Quel bonheur de pouvoir s'asseoir dans le métro sans s'inquiéter de trouver un déchet quelconque sur son siège ! Les rames de Santiago me paraissent être les plus nettoyées que j'ai vues depuis longtemps.

Le Chili, 4300 kilomètres de long pour 180 kilomètres de large à son maximum, ne laisse pas beaucoup d'options lorsque l'on veut y voyager. C'est soit le nord, soit le sud. Pour ma part, je me dirige vers son extrémité australe. Allant progressivement dans cette direction, je vois le paysage verdir de plus en plus. Le désert du nord n'est plus qu'un lointain souvenir, car je vois maintenant apparaître les premiers lacs entre la chaîne de montagnes côtière à ma droite et la cordillère enneigée à ma gauche. Je traverse un de ces deux escarpements rocheux pour découvrir que la bande de terre limitant l'océan Pacifique est désormais composée d'une multitude de petites plages de sable noir. Je suis à Niebla. Face à moi, de nombreux imposants et magnifiques fjords me font penser à certains paysages norvégiens. Je comprends maintenant pourquoi une grande partie du saumon qui est produit au Chili provient directement de ce pays scandinave. Dans ce splendide environnement, ces poissons doivent se sentir comme à la maison.

Je retourne dans la vallée et je traverse une nouvelle région de lacs. La *ruta* 5 que j'emprunte permet d'admirer facilement le relief voisin de la cordillère des Andes. Ainsi, comme un cadeau offert par la *Pachamama* (terre mère pour les indigènes dans la région des Andes), je vois majestueusement apparaître le cône parfait de l'enneigé volcan Osorno.

Cette vision andine conclut ma dernière journée au Chili, car je me dirige vers Bariloche et l'Argentine. J'enchaîne quelques lifts dans un paysage de lacs et de chutes d'eau, puis je traverse la frontière chilienne. Là, grosse surprise, au moment où je cherche l'autre partie des régulations administratives, un officier chilien m'indique que le poste d'immigration argentin est à… 42 kilomètres !

Je n'ai donc pas le choix, il me faut marcher, longtemps. Et comme le soleil commence à annoncer son départ quotidien, je trouve que l'endroit n'est pas spécialement le plus adéquat pour y passer la nuit parce qu'en moins de 30 minutes, je viens de tomber sur quatre énormes tarentules. Heureusement, un routier argentin passe par là et me fait monter. Je laisse avec soulagement cette colonie de grosses araignées poilues derrière moi. Le paysage se modifie. L'humide forêt andine se transforme en steppe patagonienne, et la transition s'effectue par l'apparition de quelques incroyables lacs bleus surmontés par les dernières cimes blanches de la cordillère. J'ai l'impression de me retrouver subitement en paysage alpin suisse. La température qui se refroidit et les nombreux chalets en bois aperçus çà et là ne font que renforcer ce sentiment.

Pourtant, je suis bien en Argentine et je viens juste de sortir du Chili. Je note d'ailleurs une différence assez importante entre les deux peuples. Physiquement, tout d'abord, car les Chiliens possèdent des traits de visage qui témoignent plus de leur descendance indienne que les Argentins, qui, eux, sont en grande partie issus des mouvements migratoires (et colonisateurs) espagnols et italiens.

La cordillère des Andes paraît jouer le rôle de médiateur entre deux voisins qui ne s'aiment pas. Plusieurs conducteurs argentins m'ont déjà confié leur antipathie pour les Chiliens, les blâmant surtout d'avoir aidé les Anglais lors de la guerre des Malouines. Cette animosité semble être nourrie du côté argentin, car je ne me souviens pas d'avoir entendu un seul Chilien me communiquer sa haine du voisin. Peut-être aussi que la conscience politique de la population argentine est plus élevée que celle des habitants du Chili, qui manifestement se désintéressent des guéguerres politiques.

Toutefois, le gouvernement chilien, lui, ne manque pas à son devoir d'ennuyer les Argentins, et surtout ceux allant à Ushuaia. Les camions qui se rendent dans la ville la plus australe du monde doivent obligatoirement passer par la partie chilienne de la Terre de Feu. Contrairement à l'excellent réseau routier chilien que je viens de parcourir via la *ruta* 5, cette portion de route située entre les deux parties argentines de l'itinéraire est dans un état absolument lamentable. C'est d'ailleurs dans cette direction que je me dirige.

J'entre dans la Patagonie argentine. L'itinéraire que mon camionneur chilien emprunte n'est rien d'autre qu'une ligne droite, monotone et ennuyeuse. La seule distraction qui m'est apportée sur cette portion de steppe est l'apparition de quelques lapins qui décident de traverser la route devant nous. Heureusement que leurs petites pattes les font bondir comme des ressorts, car, la nuit, notre camion ne peut les voir qu'au dernier moment. Pour rompre le silence et l'ennui, je parle à mon conducteur. Notre discussion est agréable, mais, comme elle a plus une utilité fonctionnelle qu'une recherche de fond, nous n'émettons que des banalités qui n'ont pour mérite que d'animer un peu cette monotonie paysagère.

Pendant quelques milliers de kilomètres, je parcours une route plate, droite et extrêmement venteuse. Il arrive que le souffle du ciel soit tellement puissant qu'il fasse faire de dangereuses embardées à notre camion. Heureusement, il n'y a absolument rien au bord de la route : des champs, quelques moutons, des lamas, parfois des petites autruches et une longue clôture pour les empêcher de venir perturber le trafic, assez important à cette période. Jusqu'à Rio Gallegos, il n'y a presque pas de changement. Tout est plat, ennuyeux, monotone, sauvage et incroyable dans sa structure d'infinité. Cette surface plane et vierge me rappelle étrangement ma traversée de l'océan Atlantique. Mon conducteur chilien me dépose au croisement menant au détroit de Magellan. Nous avons voyagé ensemble pendant 1250 kilomètres. Là, record de distance battu avec un seul véhicule. Autre statistique : je viens de dépasser les 100 000 kilomètres parcourus pendant ce voyage. Joli chiffre tout rond, mais ma sobriété légendaire me défend de l'arroser pour le moment. Interdit de *hacer dedo* (faire du stop en Argentine) complètement ivre !

Depuis cette intersection, un nouveau camionneur m'amène au ferry qui me permet de traverser ce lieu mythique séparant la Patagonie de la Terre de Feu. Accoudé au pont du bateau, je prends un immense bol d'air frais et j'admire les pingouins de Magellan qui font la course avec nous. Après quelques minutes de navigation, je débarque enfin sur ces terres légendaires du bout du monde. Comme personne sur la berge ne souhaite me prendre en stop, je vais m'asseoir sur une plage de galets et je mange un sandwich au thon. Sans contrainte de temps et de mouvement, je respire à pleins poumons, car ce moment m'est précieux. J'observe ce détroit séparant deux étendues de terre plates et rases qui se font face. Au milieu, des cargos filent hâtivement sur une eau verte et glaciale qui leur permet de transiter entre les océans Atlantique et Pacifique. Le canal de Panama est loin, et je prends petit à petit la mesure physique de ce monde. Seul, sale, fatigué, mais serein, je profite du moment présent. Ce 25 novembre 2010, au bord du détroit de Magellan, je hume profondément, et les eaux abondantes de ce passage maritime me communiquent d'un amour sauvage leur parfum puissant de liberté.

Revigoré par la fraîcheur de ce sentiment, je m'apprête à rejoindre la berge pour atteindre le prochain ferry, quand quelqu'un se manifeste pour m'emmener jusqu'à Cerro Sombrero. Pas de doute, le type est propre à ce lieu. Avec ses bottes et son vieux pick-up, il sort tout juste de sa ferme. Il me laisse à une nouvelle intersection, alors que le cadran de sa montre indique 22 heures. Dans cette région proche de l'extrême sud de la planète, le spectacle du coucher de soleil se fait désirer durant la saison estivale. Mais quand l'instant attendu vient finalement, la magie commence à opérer.

Devant moi, une gigantesque boule de feu descend lentement vers l'horizon. Les teintes du ciel sont chaudes, brûlantes. Sûre de sa force, cette sphère enflammée se dirige doucement jusqu'au niveau du sol et, comme retenue par un dernier souffle, elle semble s'accrocher un instant à la ligne de l'horizon. Enfin, elle signe son adieu journalier en éclairant le ciel d'un sulfureux orange vif, prélude à son abandon définitif dans un dramatique final rouge flamboyant. C'est terminé, mais je n'éprouve aucune tristesse, car le spectacle recommencera demain.

Le soleil couché, c'est la nuit qui tombe désormais. M'abreuver de ce spectacle de la nature m'apporte certainement une paix intérieure, mais l'inconvénient est que je me retrouve une nouvelle fois au milieu de nulle part dans un noir total. Heureusement, cette fameuse piste chilienne défoncée ralentit tous les camions, et un Argentin a le temps de me voir agiter les bras. Il va jusqu'à Rio Grande, mais lui-même vient de beaucoup plus loin que le précédent fermier.

Mon chauffeur est *porteno* (surnom donné aux habitants de Buenos Aires) et il vient de parcourir les 3000 kilomètres nécessaires pour arriver ici.

Nous parlons football pendant la durée complète de ce trajet nocturne, qui est rythmé par les soubresauts inopinés dus aux imperfections de cette piste en terre. Passé la frontière, synonyme d'un retour en Argentine, l'asphalte nous accueille paisiblement. Je profite de cet écoulement linéaire et régulier de bitume jusqu'à l'ancienne base militaire utilisée pendant la guerre des Malouines. Mon conducteur m'y dépose. Nous sommes à Rio Grande et il a atteint sa destination. Par un vent terrible et glacé, je patiente en tremblant de tous mes membres jusqu'au lever du jour. À l'aube, un nouveau camion s'arrête et je repars. Après plusieurs heures de paysage toujours plat, de fières montagnes surgissent soudainement comme une ultime barrière avant le cap Horn. Surpris par cette évolution inattendue du relief, j'admire ces cimes enneigées qui contrastent avec les forêts de pins et les lacs qui l'entourent. L'inconnu semblant m'attendre derrière cette chaîne de montagnes, je m'imagine les deux océans, Pacifique et Atlantique, s'affronter vaillamment devant le regard impassible des hostiles terres glaciaires du continent antarctique.

De l'autre côté, je ne trouve toutefois rien de tout cela, car c'est le petit village d'Ushuaia qui m'accueille. Après 47 heures de stop sans interruption, ma première réaction est d'aller me coucher. Je m'écroule dans un dortoir quelconque et je laisse mon corps récupérer pendant de nombreuses heures de sommeil. Au matin, je découvre mon lieu d'arrivée de la veille. Je suis dans la ville la plus australe du monde. La visite est rapide, car l'attrait touristique de ce bourg réside essentiellement dans sa position géographique. Je comprends maintenant qu'Ushuaia n'était qu'une excuse pour vivre une nouvelle aventure. J'apprécie cependant cette atmosphère de bout du monde, cette sensation d'avoir atteint une extrémité, de ne pas pouvoir aller plus loin. Quoique… Ushuaia est le point de départ de croisières et d'expéditions scientifiques allant jusqu'au continent blanc. D'immenses brise-glaces et des petits voiliers se côtoient dans le canal de Beagle faisant face à la ville. Chacun se prépare à rejoindre l'Antarctique.

À l'opposé de ce port, d'abruptes montagnes aux pics enneigés semblent couvrir d'une main protectrice cette petite agglomération argentine. Demain, il va me falloir les traverser et faire face encore une fois aux vents patagoniens.

Ces terribles bourrasques m'empêchent de marcher avec sérénité, car elles soulèvent continuellement des sacs plastique et des morceaux de carton qui surgissent de nulle part pour m'arriver en pleine figure. Heureusement, un camion s'arrête et je mets un terme à cette folie venteuse en fermant simplement la portière. Mon conducteur va jusqu'à la frontière de San Sebastian. Il tourne juste avant d'y parvenir, car il se rend à une usine d'exploitation Total. Implantée jusqu'en Terre de Feu, cette compagnie pétrolière française est renommée « Total Austral » pour l'occasion. Je comprends maintenant pourquoi mon conducteur me montrait en chemin chaque extraction de pétrole et de gaz de la région.

Retour au Chili, puis de nouveau l'Argentine. Après un détour par le glacier Perito Moreno, où je fais une entrée remarquée à bord d'un camion-poubelle, je retourne dans l'immensité de la plaine avec pour objectif d'atteindre Mar del Plata et Buenos Aires. Dans l'oasis pétrolifère de Tres Rios, qui n'est en réalité qu'une simple station-service au milieu de la steppe, j'aborde Diego. Ce conducteur de camion argentin accepte sans sourciller de m'emmener jusqu'à Bahia Blanca.

La seule condition requise est que je participe au trajet en lui contant mes anecdotes de voyage. Assis sur le siège du passager, je passe deux jours et deux nuits à ses côtés, discutant du monde tout en préparant le fameux maté. Comme tout Argentin qui se respecte, Diego consomme en continu cette boisson amère. Il possède donc une bouteille de gaz à l'intérieur de sa cabine de camion, où il fait chauffer de l'eau grâce à sa vieille théière. Avant l'ébullition, il verse l'eau brûlante dans un récipient en bois, où des feuilles séchées de maté accueillent ce liquide incolore pour y donner toute leur saveur. Chacun notre tour, nous aspirons le breuvage ainsi créé à l'aide d'une petite paille en fer. Pendant que nous traversons cet interminable paysage plat, j'apprends que Diego possède une descendance italienne, car son nom de famille est Rossi.

Son faciès n'aurait d'ailleurs pas détonné dans une rue de Rome. Je verrai par la suite que les Argentins de la province de Buenos Aires ont souvent des ressemblances physiques avec les habitants des pays latins européens.

Ensemble, nous quittons finalement les steppes de Patagonie et entrons dans la pampa argentine. Le paysage est toujours plat, mais des champs de blé remplacent les précédentes étendues vierges. Cela signifie aussi que nous arrivons à Bahia Blanca. Je regarde le compteur. Mille quatre cent cinquante kilomètres. Pour la deuxième fois cette semaine, j'établis un nouveau record de distance. Merci, Diego. Ta compagnie et ton aide inestimable resteront à jamais gravés dans ce symbole.

Le vent a cessé depuis quelques jours. L'apparition de cette première périphérie urbaine annonce un retour à la complexité des interactions humaines, qui va s'amplifier jusqu'à atteindre son paroxysme à Buenos Aires. En un claquement de doigts, je passe des rafales glacées patagoniennes à un bord de piscine ensoleillé. Juan, mon hôte, me présente ses amies des quartiers riches. Consommant un maté les pieds dans l'eau, j'oublie les pingouins de Magellan devant le défilé de maillots de bain qui m'est proposé. Tangas, strings, bikinis, ces sous-vêtements étanches de dimensions réduites rivalisent d'indécence avec les minuscules pièces de tissu enfilées par leurs voisines brésiliennes. Aucun doute, les *cholitas* boliviennes appartiennent désormais à un autre monde.

Après avoir traversé toute une pampa aux airs de Midwest américain, j'arrive à Buenos Aires, monstre de béton. Je suis confus devant ces routes, ces ponts et ces édifices qui s'entremêlent devant moi. Il me faut plusieurs heures pour passer des allures parisiennes de son centre à la ville périphérique de La Plata, où je retrouve Aline. Grâce au miracle d'Internet, j'ai renoué contact avec cette amie de l'école primaire que je n'avais pas revue depuis une quinzaine d'années.

Dans cette quête de rencontre des peuples, je passe constamment d'une famille inconnue à une autre. Revoir un visage familier me permet l'espace d'un instant de retrouver mes racines et de ne pas oublier qui je suis ni d'où je viens.

Aline représente ma jeune enfance. Nous partagions le même groupe d'amis, et elle fait partie des premières personnes que j'ai rencontrées dans ma vie. Pour ainsi dire, nous avons grandi ensemble. Elle vient me chercher dans le centre de La Plata. Je la reconnais tout de suite. Ses traits n'ont pas changé, mais, de petite fille, elle est devenue femme. Quelle sensation étrange de voir quinze années de changement sans aucune transition ! J'ai l'impression d'arriver à la conclusion d'une histoire sans avoir suivi son déroulement. Aline me comble donc ce vide d'information. Nous évoquons l'existence de nos camarades de classe, ses études, et la raison de sa venue dans ce pays. Elle est aujourd'hui fiancée à un Argentin et elle l'a rejoint ici !

Quelques jours avant Noël, je décide de partir de Buenos Aires et de l'Argentine pour rallier Montevideo, en Uruguay. Quitter l'immense agglomération de la capitale argentine est tout sauf une balade de santé. Après six heures et demie à me faufiler dans cette jungle urbaine, je m'en extrais enfin.

À bord de quelques voitures, camions et pick-up, j'atteins la frontière uruguayenne. Mauvaise nouvelle : la moitié des véhicules me seront temporairement inaccessibles, car la douane pour les camions se dit fermée pour la période des fêtes de fin d'année. Tous les camionneurs grincent des dents, car ils doivent attendre le matin du 26 pour commencer à traverser.

La capitale Montevideo est encore à 300 kilomètres de là. J'éprouve quelques difficultés à décoller du pays du *che* (les Argentins prononcent le « ll » espagnol en « ch », d'où vient le surnom « Che » Guevara), car presque toutes les voitures qui passent sont occupées par des familles avec enfants.

Nous sommes en effet le 25 décembre, et le père Noël tarde à m'offrir un véhicule. Au milieu de la nuit, je trouve enfin une âme désintéressée et j'atteins Montevideo au matin, où une famille m'attend également.

Mon Noël en Uruguay n'est probablement pas le meilleur de mon voyage. Bien que Lucas et Agustina m'ouvrent leur porte, je sens tout de suite que je suis de trop. Le caractère de ces Uruguayens me paraît être dans la continuité de certains Argentins de la capitale, qui sont par moments un peu hautains. En ce jour de célébration, je trouve dommage de ne pas pouvoir partager une seule conversation. Déçu, je me demande quelle était la motivation réelle de leur invitation. Je clarifie mes pensées en jetant ce Noël aux oubliettes. Mon esprit s'oriente désormais vers le prochain pays qui se présente au bout de la route. L'immense Brésil s'annonce et je ne suis pas insatisfait de laisser derrière moi ce cercle social fermé.

15

« Tant que vous le pourrez, vivez ! »

Ce mardi 28 décembre 2010, un gaucho me dépose à la frontière avec sa camionnette.

Bem-vindo ao Brasil.

Au passage de ce panneau, je vis un petit choc culturel, car l'espagnol disparaît au profit du portugais. Le faciès et l'apparence des gens changent. Comme au Mozambique, j'ai l'impression de retrouver des bribes de colonisation portugaise implantées dans les gènes des habitants. Le Brésilien me semble être le fruit d'un grand mélange. Blancs du Portugal, Noirs d'Afrique… Le résultat est exotique.

Les premières paroles planent jusque dans mes oreilles. J'aime tout de suite l'accent. Chantant, festif, joyeux, même si les propos sont parfois crus, ils revêtent un aspect chaleureux. Je ne saisis pas le sens de ce qui se dit pour le moment, mais les vibrations sont bonnes.

Déjà, quelqu'un me sourit et me salue. Il faut dire que moi aussi je souris. Je suis arrivé au Brésil, et cela me rend heureux. Coup de chance : le premier camionneur à qui je m'adresse accepte de m'emmener. La situation est assez comique, car je me plante devant lui et lui lis à haute voix ma feuille d'explication du projet traduite en portugais :

— Bonjour ! Je m'appelle Jérémy, j'ai 26 ans, je suis français. Je fais un tour du monde en auto-stop... Pouvez-vous me donner un lift dans cette direction ? Merci beaucoup.

Mes multiples fautes de prononciation finissent par détendre mon camionneur qui me fait grimper à bord. L'Uruguay disparaît lentement derrière moi. Mon expérience dans ce pays n'a pas été convaincante, car j'y ai multiplié les mauvaises rencontres. Peut-être qu'un second passage sera nécessaire pour y déceler ses beautés cachées ?

Rapidement, je réalise que *pedir carona* (faire de l'auto-stop en brésilien) s'avère très difficile au Brésil. Il me faut convaincre les conducteurs de ma bonne foi, mais je ne parle pas un mot de portugais. Je ne comprends rien à ce que l'on me raconte, ce qui entraîne l'abandon rapide de mes interlocuteurs. Je redécouvre la frustration de se trouver dans un endroit où l'on ne maîtrise pas la langue. Je l'avais oublié, car cela fait un moment que l'espagnol ne me pose plus de problèmes. Il n'y a pas de secret : si je veux comprendre ce pays, il va falloir que je travaille sérieusement le portugais.

La communication. Outil obligatoire du voyageur et surtout de l'auto-stoppeur. J'ai appris à mes dépens que l'apprentissage d'une langue à l'étranger me plaçait temporairement dans une situation de vulnérabilité. Par manque d'éducation et de discernement, les personnes mal intentionnées me jugent rapidement lorsque je bute sur mes mots.

Ne m'exprimant pas clairement dans leur langue, ils attribuent mon manque de vocabulaire à une possible simplicité d'esprit. Je deviens pour eux une cible facile. À preuve, les trois fois où je me suis fait voler étaient dans des endroits où j'hésitais encore dans la langue (Mozambique, Honduras, Nicaragua).

À l'inverse, une fois que je m'exprime correctement dans la langue locale, je gagne le respect des habitants. Il m'est alors possible de répondre, d'expliquer, de réfuter, de débattre, d'argumenter et même de faire rire. N'ayant jamais porté d'arme (et je ne le ferai jamais), mes mots sont pour moi l'unique moyen de me protéger contre les interactions sociales douteuses.

Pour en arriver là, le chemin peut être assez exigeant. À Porto Alegre, puis à Florianopolis, mes premiers hôtes me rappellent toute la difficulté de l'entreprise. Quand l'assistance est majoritairement lusophone, il me faut augmenter au maximum ma concentration.

Mon entourage ne fait aucun effort pour ralentir ses mots, ni pour éviter l'argot local. Les trois quarts de la conversation m'échappent, et j'éprouve de nouveau la frustration d'être à l'écart du groupe. Comme je suis avide d'échanger, de découvrir et de comprendre, les premiers moments me paraissent toujours difficiles à vivre. Je dois prendre sur moi, oublier le manque d'intérêt de mes interlocuteurs, être à l'affût du nouveau vocabulaire, être attentif à sa prononciation et surtout l'utiliser juste derrière.

Comme c'est la troisième fois que j'apprends une langue de cette façon (après l'anglais au pays de Galles en 2005 et l'espagnol au Panama en 2008), je sais que c'est une manière efficace. En fonction de mes efforts et de ma concentration, l'assimilation peut aller très vite.

L'avantage d'apprendre une langue dans la rue est que mon vocabulaire sera adapté à ma situation d'itinérant. À l'inverse, je n'utiliserai pas l'argot devant une personne âgée respectable. Simple question d'adaptation et de bon sens.

Mes impressions du Brésilien s'approfondissent. Bien qu'il soit souriant, avenant, ouvert et fêtard, je décèle aussi une certaine nonchalance chez ce peuple. Rien n'est vraiment grave, et toute chose importante est relative. Sauf peut-être l'apparence. Impossible de ne pas noter le souci que chacun se fait pour son physique.

La femme brésilienne trouve les manières les plus élaborées pour se mettre en valeur. La préparation vestimentaire et les soins de beauté qui précèdent chacune de ses sorties s'élèvent au niveau de science reconnue tant elle arrive à se rendre attrayante. Une épaule dénudée, une partie du bas du dos dévoilée, un vernissage d'ongles aussi rouge vif que son rouge à lèvres, la Brésilienne semble connaître toutes les astuces pour pouvoir ensorceler les hommes. Au cas où le travail de préparation ne serait pas suffisant, elle peut toujours utiliser son arme fatale : ses yeux bruns. Mieux vaut être préparé quand la Brésilienne se met à vous fixer. Sans peur, elle braque dans vos yeux un regard torride, pénétrant et profond qui évoque le désir chaud de vous connaître un peu plus. Avec plaisir, je m'y accommoderai. Toutefois, la concurrence est rude. L'homme brésilien est un adepte féru du tatouage et de la musculation. Presque tous portent ces inscriptions corporelles tracées à l'encre indélébile. Parfois discrets, ces tatouages sont aussi parfois de véritables tableaux.

Sur les plages brésiliennes, je ne me sens vraiment pas à ma place. C'est le défilé. À côté des éphèbes musclés et des lolitas maquillées, ma vieille chemise froissée fait plutôt tache.

Puis, surtout, cet intérêt permanent à se séduire les uns les autres ne laisse pas beaucoup de place à la conversation. Contrairement à l'Argentin, le Brésilien n'est pas un grand débatteur. En général, il préfère danser le *forro* que refaire le monde autour d'une bouteille de vin rouge.

Je quitte donc les plages pour l'intérieur des terres. J'arrive à Curitiba, capitale de l'État du Parana. L'environnement est différent. J'ai le sentiment que je pourrai y comprendre un peu plus les us et coutumes du Brésil.

La famille de Carolina m'accueille. Pendant quelques jours, nous faisons connaissance. Sa tante, ancienne professeure, m'aide à perfectionner mes bases de portugais. Attablé dans la cuisine, j'apprends méticuleusement les conjugaisons des auxiliaires avoir et être. Roberta, la mère de Carolina, est très croyante. Elle commence chaque repas par une prière. Rapidement, je me sens adopté par la famille, car chacune me communique beaucoup de tendresse. En effet, je suis le seul homme à la maison. Mais la présence féminine que j'apprécie le plus est celle de Carolina.

Elle est souriante, épanouie, taquine, et je ressens sa joie de vivre latine. Je me plais à vouloir déclencher son sourire, car il avive ses yeux. De son côté, je sens qu'elle accueille avec chaleur mon intérêt pour elle. Nous sortons beaucoup. Au marché, au centre commercial, le temps que nous passons ensemble nous est précieux. À chaque sortie, nous devenons un peu plus familiers jusqu'à finalement nous donner la main. Cependant, cela ne peut se faire qu'un jour où nous sommes seuls dans la rue, car la famille catholique de Carolina est plutôt conservatrice. Impensable d'approcher de trop près mademoiselle à l'intérieur de la maison.

Nous nous embrassons finalement l'avant-veille de mon départ, toujours en cachette. Nous avons passé beaucoup de temps à échanger verbalement, et notre complicité s'achève de cette façon.

Dans ces derniers instants, nous trouvons de nombreux prétextes pour nous extraire du foyer familial. La promenade quotidienne du chien est une bonne excuse pour pouvoir la serrer une dernière fois dans mes bras. Je me sens bien avec elle, et je sais que c'est réciproque. Malheureusement, il est temps de partir.

J'avoue que cette séparation est certainement la plus brutale que je vis depuis mon départ. Sans bruit, le cœur serré, Carolina m'accompagne jusqu'à la station de bus. Le long véhicule numéroté qui va me sortir de la ville arrive. Les adieux sont difficiles. Quand je lui lâche finalement la main, elle en profite pour me donner une lettre qu'elle a écrite avant mon départ :

— Tu la liras une fois que tu seras parti.

Je trouve cela mignon et je suis touché. Cet ultime acte de tendresse ne m'aide pas à la quitter, mais il est temps de continuer. Ce n'est pas le moment de briser la promesse que je m'étais faite avant de partir. Il y a encore beaucoup de route à parcourir, de peuples à rencontrer et de cultures à comprendre. Je monte dans le bus. Une fois que Carolina disparaît définitivement de mon champ de vision, j'ouvre la lettre :

Oi Amorzinho ! tudo bem ?

J'espère bien, car tout va bien de mon côté. Encore une fois, merci d'être venu chez nous. J'espère que tu as apprécié les moments et les expériences que tu as vécus en notre compagnie.

Si, par hasard, j'ai dit ou fait quelque chose qui peut t'offenser ou te blesser, s'il te plaît, pardonne-moi, ce n'était pas intentionnel.
Je voudrais te souhaiter pour toujours beaucoup de paix et de santé. Aussi, je voulais te dire que j'admire vraiment ce que tu fais. Tu es détaché, tu n'attends rien des autres, bien que tu n'aies aucune possession. En même temps, je ne compte pas tes efforts pour nous offrir ta gentillesse et je t'en serai toujours reconnaissante. Quoi qu'il en soit, je pense que je n'aurais jamais le courage de faire ce que tu fais. Mais qui sait ?
Je suis désolée d'avoir retardé ton départ, mais je pensais que tu avais besoin d'un endroit où tu puisses te sentir chez toi.
Je t'envoie plus que du bonheur. Et ce que tu désires.
Avec amour, de ta récente et folle amie brésilienne

Carolina

PS - J'espère que tu as assez d'espace pour cette lettre. Si tu veux, tu pourras la jeter après l'avoir lue, tant que tu te rappelles mes mots.

Perturbé par la lettre, j'en oublie le panneau *Proibido carona*, « interdit de faire du stop ». Les quelques jours passés chez Carolina m'ont également permis d'améliorer la langue. Néanmoins, j'aurais peut-être préféré ignorer cette indication. Les responsables de la station-service me demandent de lever les voiles. Je suis indésirable ici. Je marche donc. Il fait chaud, très chaud. Et puis humide. Je me traîne... Ma tête va exploser... Je n'en peux plus... Non... Je ne peux plus avancer...

Alors, je jette mes sacs au sol et je me mets à pleurer. C'est parti tout seul. Pour la première fois de ce voyage, je craque. Je cherche dans mes souvenirs. Les dernières larmes que j'ai versées remontent à plus de dix ans. Là, impossible de les retenir. Je pleure, à grosses larmes de surcroît.

Oui, le voyage est difficile. Il semble qu'il le soit encore plus ces dernières semaines. Je n'ai jamais craqué ainsi. Après trois ans sur la route, les choses changent, moi le premier. Depuis longtemps, l'euphorie des premiers kilomètres m'a quitté. L'expérience sur le long terme me rend plus réfléchi, un peu moins fou. J'ai peut-être perdu un peu de capacité à m'émerveiller, mais je sais désormais apprécier les petits moments de bonheur que la vie me propose.

Le voyage est devenu normal ; il est mon quotidien. Je prends toujours du plaisir dans les rencontres et le souvenir des plus belles me rend joyeux. J'aime les bonnes discussions, les soirées d'anecdotes, et je m'épanouis à écouter les gens passionnés. Par contre, j'ai de plus en plus de mal à tolérer la bêtise humaine. Comme la bonté, je l'ai rencontrée partout. Les bons Samaritains, les idiots, les mécréants, les rebelles, les saints, les bandits, les bons vivants, il y en a partout.

Cette fois-ci, je tombe sur un bon Samaritain. En effet, un camionneur me prend gentiment en charge. Sans le savoir, il me remonte un peu le moral. Son énergie et sa bonne humeur réveillent en moi la faculté de faire rire et de plaisanter. La route continue plaisamment au milieu de paysages verts et tropicaux. Des escarpements rocheux apparaissent alors que nous sortons de l'État du Parana. Je trouve un autre conducteur qui va jusqu'à Rio de Janeiro.

Dans cette région, le paysage urbain et industriel se développe, les villes s'agrandissent. Nous traversons l'immense banlieue de São Paulo. Je suis impressionné par le nombre et la taille des favela*s* qui pullulent dans sa périphérie. Avec mon moral toujours un peu dans les chaussettes, je n'éprouve pas de difficulté à considérer ce gigantesque fossé entre les riches et les pauvres comme tout simplement révoltant.

Rio de Janeiro.

Voilà un nom de ville qui sonne comme un rythme de bossa-nova. Mine de rien, c'est un nouveau rêve qui se réalise. Le seul nom de Rio évoque pour beaucoup le carnaval, Copacabana, le Pain de Sucre, la statue du Christ, le Maracanã et dans l'ensemble un endroit magique. J'entre dans la ville par sa banlieue septentrionale. À première vue, le surnom carioca de *Cidade maravilhosa* (« ville merveilleuse ») a été attribué par quelqu'un qui a oublié de faire un tour dans les quartiers nord. Une véritable poubelle où s'entassent des millions de personnes. Pour que je prenne meilleure connaissance de l'endroit, mon conducteur ne trouve pas meilleure idée que de me déposer en plein milieu.

Le lendemain, j'apprends que ce quartier est le plus dangereux de la ville. Quelques semaines auparavant, l'armée a débarqué en tanks de guerre à l'entrée de ces favelas en réponse aux continuelles attaques des caïds locaux. Évidemment, il y a eu beaucoup de victimes des deux côtés. Je parviens à sortir la nuit tombée de ces quartiers populaires, croisant notamment un jeune occupé à sniffer de la colle dans son sac en papier. Cela me rappelle la scène entrevue à Durban.

Même à l'autre bout du monde, la misère urbaine infantile est similaire. Cela n'empêche pas que, quelques kilomètres plus loin, Rio offre aussi un paysage de carte postale qui fait fantasmer toute la planète. Je vais y jeter un œil. Botafogo, Leblon, Ipanema, les magnifiques plages de sable chaud entourées de pitons rocheux, de parcs immenses et de sa végétation ambiante apportent effectivement un charme paradisiaque à cette ville.

Dans ce décor de rêve, Carolina m'appelle. Je l'ai déjà eue au téléphone pendant plus d'une heure la veille. Toutefois, aujourd'hui, une teinte sombre enrobe ses propos :

— Tu es sûre que ça va ?

— À ton avis ?

— Je sais, c'est difficile. Mais ça passera avec le temps.

— Je ne te parle pas de ça. Tu n'as donc toujours pas compris ?

— Compris quoi ?

— Je croyais que tu savais lire entre les lignes. Je suis séropositive.

À cette nouvelle, le monde entier semble s'effondrer sur mes épaules. Cela me touche au plus profond de mon cœur. C'est horrible, je ne sais pas. Je ne sais pas quoi faire, il n'y a rien à faire. Je ne sais pas quoi dire non plus. Qu'est-ce que ça va changer de toute façon ?

Finalement, je lui envoie une lettre. Je ne sais pour le moment que dire, alors, j'y exprime ma compassion et ma tristesse pour elle. Elle me répond qu'elle est simplement heureuse de m'avoir rencontré. Dans ces premiers instants suivant ce choc moral, un souvenir lointain refait surface. Ce n'est pas la première fois que ce genre d'histoire m'arrive.

Vers 17 ans, une fille rencontrée en vacances m'avait envoyé une lettre. Elle stipulait qu'elle souhaitait me revoir. Elle était atteinte d'une maladie aux reins, et cela pouvait la faire mourir du jour au lendemain.

J'étais allé la voir pour tenter de lui apporter un peu de bonheur. Nous nous étions également embrassés et, comme avec Carolina, nous n'étions pas allés plus loin. Ce fut très difficile à gérer avant et après coup.

Je n'ai jamais reçu d'autres nouvelles. J'imagine qu'elle n'est plus en mesure de me répondre. La vie peut être dramatique quand elle touche à sa fin, et spécialement à un âge aussi peu avancé.

Voilà pourquoi il est essentiel de vivre la vie pleinement. Dans tous les cas, ce n'est pas négociable, nous sommes tous condamnés. Nous allons tous disparaître un jour ou l'autre, et la seule pensée de ce fait avéré en empêche beaucoup de vivre. Quel gâchis et quelle perte de temps ! L'instinct de survie nous amène à nous considérer comme éternels. Personne ne veut mourir. Pourtant, qu'on le veuille ou non, cela finira par arriver. Accepter au plus tôt cette inéluctable conclusion permet de remplir au maximum notre succinct passage sur Terre. De toute façon, je ne pense pas que le sens de notre vie soit définissable par le nombre d'années vécues, mais certainement plus par nos actes et l'impact qu'ils peuvent avoir sur notre entourage. Rencontrer, communiquer, sortir, lire, danser, sourire, rire, partager, aimer. Carolina, de ta rencontre émerge ma certitude sur le sens que nous devons donner à notre courte existence. Tu es comme un exemple pour toutes les personnes qui se sentent condamnées, et donc aussi pour toutes les personnes qui sont en bonne santé, de ne jamais rater une occasion d'exister.

Pour toi, pour ceux qui vont le faire, pour ceux qui le font déjà, je leur dis et leur répéterai :

— Tant que vous le pourrez, vivez !

Depuis le début du voyage, mes conducteurs, mes hôtes et les personnes que je rencontre sur mon chemin me demandent invariablement :

— Que fais-tu lorsque tu attends un véhicule ?

Cela dépend. Au bord de la route, j'essaye de m'occuper comme je peux. Selon le trafic, j'essaie d'attirer l'attention des conducteurs, j'élabore des techniques pour tenter de les arrêter. Si le flot de véhicules est intense, le temps passe très vite. Cela exige beaucoup d'attention et en conséquence je me sens rapidement épuisé. Si le trafic est faible, je profite du temps imparti pour réfléchir. Je revois avec nostalgie quelques événements du passé, j'envisage les possibilités de l'avenir proche et lointain, je fais le point.

Quand les véhicules me passent devant sans m'accorder d'attention, j'essaie de remettre en question mon apparence, tente d'offrir l'image de moi la plus correcte. Parfois, même souvent, je profite simplement de l'instant présent. Je regarde le paysage, j'observe la vie locale, j'apprécie une petite brise qui vient caresser mon visage...

Lorsque la nuit tombe, il me faut trouver un lieu stratégique afin de pouvoir parler aux conducteurs. Une station-service, un restaurant routier ou même un péage peuvent faire l'affaire. Quand il me faut trouver un endroit pour dormir, je ne suis pas difficile. Sous un camion, dans les toilettes, sur un banc, sous un pont, tant que je me sens en sécurité, j'arrive à prendre du repos.

Ce soir, je choisis le bas-côté de la route. M'enfonçant dans les herbes hautes, je constate que la nature est tellement vivifiante qu'elle en devient touffue et confuse. Au milieu des roseaux et des coassements de crapauds, des bestioles invisibles me passent entre les jambes. Je m'assois sur mon sac et j'envisage ma future couche. Non, pas moyen de dormir dans cette fourmilière. Trouver où dormir lorsque l'on est en mouvement est une gageure permanente. Au Brésil, peut-être encore plus qu'ailleurs.

Dans ce pays, j'ai besoin de considérer par deux fois les invitations faites par mes hôtes. Combien de fois ai-je attendu au point de rendez-vous sans que personne ne se manifeste ? Mes journées brésiliennes se concluent parfois par une solution à trouver dans l'urgence. Ces simples oublis viennent s'ajouter aux nombreuses nuits que je passe déjà dehors une fois sur la route.

Il me reste encore 950 kilomètres à parcourir avant d'atteindre Salvador de Bahia et le Nordeste brésilien. La veille, j'ai troqué les herbes touffues pour les murs d'un poste fiscal. Ce soir, la problématique se répète. Les étapes nocturnes sont toujours un paramètre important à prendre en compte lorsqu'on envisage d'effectuer une longue distance. L'idéal est d'arriver à se retrouver au calme en pleine campagne ou d'avoir un plan de secours en zone urbaine.

Cette fois, c'est raté. Il fait noir et je suis dans l'agglomération de Teixeira. Par expérience, je sais que ce n'est pas une bonne situation. Un touriste occidental avec deux sacs ne devraient pas se promener de nuit dans les banlieues. Pas au Brésil, et surtout pas un samedi soir.

J'accélère donc le pas pour sortir au plus vite de cette zone industrielle. Plus loin, j'arrive à un début de route de campagne. Des prostitués hommes et femmes tapinent le long de cet axe. Un transsexuel me sollicite :

—Si tu veux quelque chose, tu peux venir avec moi...

Tandis que je l'éconduis poliment, j'observe rapidement l'allure de cet homme de joie. Il est maquillé comme un clown triste, me faisant étrangement penser à Béatrice Dalle dans *37°2 le matin*. Je zigzague quelques minutes entre ces êtres à la dérive et je trouve enfin un arrêt de bus abandonné. Ce potentiel abri rivalise de sordidité avec le spectacle qui vient de m'être offert. Des herbes hautes recouvrent presque entièrement ce morceau de métal défraîchi, témoignant de sa manifeste inutilité. Pourtant, il va falloir que je m'en accommode. J'hésite un moment entre dormir sur le banc ou grimper sur le toit en tôle rouillée. J'opte finalement pour la première solution.

Je passe la nuit dans mon sac de couchage, essayant de me couvrir le plus possible, car je ne suis pas le seul à occuper ce refuge. Bourdonnant nerveusement, les moustiques locaux semblent y attendre un bus qui a cessé de passer depuis longtemps.

Au matin, je me réveille, poisseux, et je cours vers la station-service la plus proche. Après un brin de toilette, je prends mon *cafezinho* (café brésilien servi dans un petit verre en plastique) matinal. Il faut savoir que le café est offert dans presque toutes les stations-services du pays. Souvent, la gratuité s'étend même à la douche. Je pourrais presque y vivre. Cela tombe bien, je n'en suis pas loin.

Néanmoins, je n'irai pas jusque-là, car, comme je le découvre peu à peu, les stations-services brésiliennes sont aussi le repaire des alcooliques, des prostituées et des drogués. Loin, très loin de l'image souriante et bienheureuse du Brésilien qui nous est vendue dans les brochures touristiques, ces lieux de transit offrent une vision bien plus glauque du pays et de ses habitants.

Mon statut d'auto-stoppeur n'aide pas non plus à dérider la population locale. Comme aux États-Unis, je ressens que la vision d'un homme au pouce levé les effraie. Seulement, les raisons sont plus légitimes au Brésil. Je comprends assez tôt que ma présence éveille chez certains conducteurs le souvenir de nombreuses histoires d'agressions qu'ils ont pu entendre ou même dont ils ont été victimes.

Oui, le Brésil est un pays violent. Dans les zones urbaines, dans les favelas, inutile de se voiler la face, la violence et l'ultraviolence sont quotidiennes. Les zones de non-droit existent. Drogue, prostitution, misère sociale… La face cachée du cinquième plus grand pays au monde n'a rien de fantastique, et le danger y est presque permanent.

À preuve, une voiture vient à l'instant de surgir à toute vitesse et de me frôler. Je l'ai échappé belle. Depuis mon entrée dans cette terre lusophone, je note que la conduite des Brésiliens est souvent lamentable. J'ai déjà vu un nombre incalculable d'accidents, et certains furent même mortels. Près de Rio, le corps inanimé et désarticulé d'une femme gisait au bord de la route.

À peine cette vision choquante passée, mon conducteur reprenait sa dangereuse vitesse de croisière. Mais que leur faut-il donc ? Ces fous du volant se sentent-ils intouchables devant les nombreux panneaux DIEU TE PROTÈGE qu'ils aperçoivent un peu partout sur leur chemin ?

16

Braquage à la vénézuelienne

Ce sont donc les yeux grands ouverts et les oreilles à l'affût d'un bruit de moteur que je continue ma route. J'arrive à Salvador de Bahia. Loin des bords de route, des arrêts de bus et des cabines de camion, je suis accueilli par un couple vivant à Barra, un quartier touristique de la ville. Je ne nie pas le caractère rafraîchissant de leur condominium après ces journées passées à la dure. Ce couple me propose d'assister à une cérémonie religieuse d'un rite afro-brésilien. Ce 2 février 2011, c'est la fête d'Iemanja, la déesse de la mer, qui est célébrée par le culte candomblé.

Une fois sur place, je découvre quelques milliers de personnes affairées sur une des plages de la ville. Pour l'occasion, tous sont vêtus de blanc. Chacune leur tour, des *mamãe* en costumes traditionnels, amples robes blanches ornées de jaune, vert, bleu, rouge, effectuent des offrandes à la mer. D'abord des fleurs roses, blanches ou rouges, puis des pièces de monnaie et même des gâteaux entiers fraîchement sortis du four. Autant dire que ce n'est pas le moment de se baigner.

Lorsque la célébration religieuse se termine, je suis le mouvement de la foule qui passe de la plage à la rue. Là, l'environnement est pour le moins différent. C'est carnaval !

Samba à gogo, bières à un réal, stands à *caipirinha* (cocktail brésilien de citron vert, de *cachaça* et de sucre de canne), toutes les couches de la population brésilienne se réunissent pour une gigantesque fête. La rue entière siffle, danse, chante. Impossible de ne pas suivre l'ambiance. On ne m'avait pas menti : le Brésilien est un fêtard. Je commence tout juste à imaginer ce que peut être le vrai carnaval.

Je m'extrais finalement de cette masse en transe et poursuis mon itinérance au milieu d'autres couleurs, celles des anciennes bâtisses du quartier colonial du Pelourinho. Au détour de ses rues pavées qui me rappellent les vieux centres européens, j'admire les teintes rose vif, jaunes et bleues héritées du passage des Portugais.

Avant de quitter Salvador, il faut que j'organise ma sortie de cette immense zone urbaine. Je vais à un cybercafé pour scruter le plan de la ville plus en profondeur. Une fois ce devoir d'auto-stoppeur terminé, je décide de discuter avec Karanbir, que je vois connecté. Je n'ai eu aucune nouvelle de lui depuis mon expédition au Machu Picchu il y a cinq mois et je voudrais le remercier pour sa carte au trésor. Je prends donc de ses nouvelles :

— *Bonjour, mon ami indien, où en sont tes pérégrinations ?*

— *Salut, Jérémy ! Je suis à Salvador en ce moment.*

Me rappelant qu'il se dirigeait vers le nord, j'imagine qu'il doit être arrivé en Amérique centrale.

— *Tu es à El Salvador, tu veux dire ?*

— *Non, Salvador de Bahia, au Brésil.*

— *Mais, moi aussi ! Où es-tu exactement ?*

— *Je suis dans le quartier de Barra !*

Ce doit être une blague. Je suis également dans le quartier de Barra.

— *Incroyable ! Je suis dans un cybercafé près de la plage !*

Quelques secondes plus tard, je ressens le tapotement de quelqu'un sur mon épaule. Je tourne la tête. Karanbir était assis juste à côté de moi !!!

Pendant cinq minutes, nous nous regardons, tous deux pris d'un fou rire. Quelle probabilité y avait-il de se rencontrer dans cette agglomération de quatre millions d'habitants ? Et même, sur cette planète, puisque nous la parcourons simultanément dans deux directions différentes. Il est logé à une centaine de mètres de chez mon hôte et repart demain pour l'Inde. Quelle rationalité puis-je placer dans de tels signes du destin ? Je me rappelle le salar bolivien, avec le 4 x 4 occupé par les Françaises. D'autres rencontres fortuites de ce type se sont déroulées pendant ce voyage. Dans une rue du Cap en Afrique du Sud, un Norvégien était venu m'aborder :

— N'étais-tu pas à l'ambassade soudanaise du Caire il y a neuf mois ?

Le monde paraît certainement plus petit lorsqu'on le parcourt. Il n'empêche que tomber deux fois sur la même personne à deux endroits différents est assez surprenant.

Avant de repartir dans son pays, Karanbir me laisse avec une ultime information qui me sera précieuse. Le bateau-stop sur le fleuve Amazone est possible.

Après une rapide investigation sur la carte, je me donne comme objectif d'atteindre Santarem, situé en bordure de cet immense cours d'eau. Avec la distance, l'état des routes et les difficultés de l'auto-stop, je pense que cela me prendra au moins une semaine.

En ce mois de février, j'ai beau avoir 110 000 kilomètres dans les jambes, mon énergie s'évapore quand même avec le soleil. À une sortie de village sur la route B242, je m'assois à l'ombre pour apprendre un peu de portugais. Je progresse peu à peu.

Cela me donne confiance pour me lancer dans des discussions avec mes conducteurs. Il est vrai que je bute toujours sur mes mots et que certains débuts de conversation n'ont pas été concluants pour cette raison. Heureusement, le prochain camionneur est un bavard. Ce type de personne débitant un flot continuel de paroles est pour moi une bonne opportunité d'apprendre. Ce sont mes meilleurs professeurs. Bien que je ne comprenne d'ordinaire qu'un mot sur trois, j'arrive à capter le sens général des propos énoncés. Au milieu des innombrables plantations de soja, j'utilise mes nouvelles connaissances acquises et j'arrive à Luis Eduardo Magalhães.

Encore une fois, je suis bloqué. Cela fait cinq jours que je suis parti de Salvador et je n'avance pas. *Pedir carona* au Brésil me permet de tutoyer des sommets de frustration.

Dans les zones urbaines dangereuses, je peux encore comprendre le refus des gens, mais là..., au milieu de trois champs de soja et d'un troupeau de vaches, je voudrais qu'on m'explique ce que craignent les conducteurs ! Ont-ils tant peur de moi ? Ai-je l'air d'un épouvantail dans ce paysage ? Est-ce que j'effraie les chauffeurs comme on fait fuir les corbeaux ? Finalement, je trouve une pauvre station-service isolée. Je m'adresse à un conducteur :

— Bonjour, monsieur, je voya...

Je n'ai même pas terminé ma phrase que l'homme me tourne brusquement le dos et s'éloigne. Ce n'est pas la première fois dans ce pays que les gens m'ignorent lorsque je leur adresse la parole. Pourtant, chaque fois, je m'approche avec le sourire. Combien de temps puis-je encore garder ma patience ? À chacun de ces brusques refus, il me faut creuser plus profondément dans mon être pour trouver quelques gouttes de bonne humeur et sourire de nouveau.

Il va falloir que je m'y fasse. L'entraide au Brésil n'est plus aussi développée que dans les pays sud-américains qui l'entourent. Si le coup de main se conclut en tentative de *hijacking*, le jeu n'en vaut pas la chandelle. Alors, autant laisser les pèlerins de ma sorte entre trois champs de soja et un troupeau de vaches.

Au Brésil, le seul risque qui vaille la peine d'être pris concerne la séduction. La drague est l'activité favorite des Brésiliens. Une activité qui va presque jusqu'à définir leur mode de vie. Au bord de la route, ma présence de mâle non accompagné n'évoque pas vraiment cette possibilité et elle n'est donc pas productive. En conséquence, je poireaute. De longs cheveux, une peau douce et une allure un peu plus féminine m'apporteraient sans aucun doute de meilleurs résultats dans ce pays. Je ne suis pas en train d'expliquer que ma brève rencontre avec les transsexuels m'a donné des idées, mais je réalise simplement que je ne vivrais pas ces frustrations si j'étais une femme.

Comment sais-je donc que l'auto-stop au féminin est plus efficace au Brésil ? Parce que plusieurs fois j'ai vu, alors que j'attendais depuis quelques heures, des jeunes filles se poster le pouce en l'air devant moi. Deux, voire trois minutes étaient en général suffisantes pour qu'une voiture s'arrête et les fasse monter.

Le couchsurfing me permet également de noter ce fait. Sur des centaines de demandes que j'ai effectuées pendant un mois au Brésil, un seul homme m'a offert l'hospitalité. J'ai donc principalement découvert l'intérieur des maisons brésiliennes grâce à l'accueil des femmes de ce pays.

Je connais aussi beaucoup de filles auto-stoppeuses. Leurs témoignages me laissent penser qu'elles pratiquent un tout autre sport que le mien. Elles m'expliquent que la facilité avec laquelle elles arrêtent les véhicules n'est pas toujours une conséquence du désir des conducteurs à simplement converser. Bien souvent, elles doivent imposer dès le début des limites qu'elles ne veulent pas voir dépassées. Mon apparence masculine filtre donc naturellement certains de ces conducteurs avec qui je ne voudrais pas non plus avoir d'interaction.

Malheureusement, dans cette partie du Brésil, ma pomme d'Adam me condamne à une immuable solitude au bord de la route. En ce matin du sixième jour, seule une pluie persistante fait l'honneur de m'accompagner. Cette eau qui tombe du ciel ne provient pas d'une averse tropicale, mais d'une étrange reproduction de crachin normand, car elle semble partie pour ne pas s'arrêter...

Je fais étape à Palmas, capitale de l'État du Tocantins. Cette jeune ville planifiée, à l'image de Brasilia, me permet surtout de me laver et de me reposer. Il me reste la moitié du pays à parcourir, dont une partie du long fleuve Amazone à naviguer.

Je poursuis jusqu'à Sao Geraldo do Araguaia. Cette ville représente pour moi l'arrivée officielle dans l'État du Para, mais surtout l'entrée imminente et tant attendue dans la jungle amazonienne.

Le rythme frénétique de la côte brésilienne s'est progressivement évaporé pour laisser place à une torpeur tropicale. La pauvreté augmente et se généralise. Toutefois, l'auto-stop redevient facile, comme si le manque de biens à dérober rassurait les gens sur mes intentions.

Plus loin, c'est pourtant un joli camion rouge du Rio Grande do Sul qui s'arrête. Il vient de parcourir 4500 kilomètres depuis cet État du sud brésilien et m'emmène jusqu'à Maraba, une ville réputée dangereuse. Mais, dangereuse ou pas, il faut bien que je la traverse. Je découvre une zone urbaine amorphe et sale, où seuls les quelques passages de camions apportent un peu d'animation. Ils y soulèvent des nuages de poussière ocre quand le climat est sec, et s'embourbent profondément lorsque les averses tropicales commencent à tomber. Sans traîner une seconde, je quitte donc Maraba et m'enfonce sur cette route mythique qu'est la Transamazonienne.

Une vieille voiture me donne rapidement l'occasion de faire mes premiers kilomètres sur cette route de terre sèche. Je prie pour que ce sol brun-rouge sur lequel nous roulons ne subisse pas les torrents d'eau qui tombent parfois du ciel dans cette région. Quelques ondées pourraient facilement stopper le trafic vers Santarem, et ce, pour une durée indéterminée.

Il n'y a pas beaucoup de téméraires qui empruntent cet axe, mais les quelques véhicules qui passent s'arrêtent facilement. Comme à chaque portion de route un peu « extrême » que j'ai traversée, l'entraide y devient plus naturelle. Face aux dangers de la nature, les hommes réussiraient-ils à finalement s'unir ? Oui et non.

Un conducteur bienveillant, qui me permet de troquer momentanément la chaleur torride de cette forêt tropicale pour la relative fraîcheur de son habitacle, m'explique pourquoi :

— Jérémy, tu dois faire attention par ici.

— Pourquoi donc ?

— La région à proximité de cette route est également un repaire de bandits.

— Oui, enfin, n'y en a-t-il pas partout ?

— Peut-être, mais ici, c'est différent. Il n'y a pas de police, ou alors elle est très loin. Cela donne l'occasion à ces malfrats d'agir en toute impunité.

Jusqu'à présent, le seul danger que je perçois, c'est l'état de la route. Cette chaussée de terre qui était encore plate il y a quelques minutes se garnit soudainement d'énormes trous à droite, à gauche et au milieu. Le paysage n'est guère plus réjouissant. Les meilleurs termes qui me viennent à l'esprit pour le décrire proviennent de l'expression anglaise *rolling hills*, évoquant donc des collines qui succèdent à d'autres collines.

Cependant, ma déception n'est pas dans ce relief arrondi. Non, elle vient du fait que je suis dans la jungle amazonienne, et il n'y a presque pas d'arbre. Cette route en terre a été créée avant tout pour faciliter l'exploitation des ressources de cette région en cultivant le sol (principalement pour faire de l'élevage et du soja) et évidemment utiliser son bois précieux. J'étais parti pour ressentir l'oppression de cette mythique forêt tropicale, et l'unique verdure que je découvre est celle qui recouvre les courtes élévations du relief. De l'herbe. Les tracteurs et les tronçonneuses sont passés avant moi. Le long de cette route, il n'y a pas d'arbres, il n'y a *plus* d'arbres. Seulement de l'herbe.

Pour combler les intérêts de quelques hommes d'affaires véreux, un cinquième de cette immense forêt a déjà disparu. Tout le monde en parle, tout le monde le sait. Certains s'apitoient même sur le sort de la planète. Pauvre petite Terre, elle n'aura bientôt plus de forêt. À quoi bon tous ces mots ? Cette prise de conscience n'a aucune portée puisque cela continue. Tant que des actions fortes ne seront pas menées, l'Amazonie continuera d'être rasée à un train d'enfer. Mais, concrètement, que peut-il être fait ? Et pourquoi seulement les autres devraient-ils faire quelque chose ? Je fais aussi partie de cette planète ; cette déforestation me touchera certainement un jour. Quoi faire ? Ne pas consommer de soja amazonien ? Boycotter le bois qui provient de cette forêt ? Continuer à informer sur son sujet ? C'est un début, à mon échelle, et c'est peut-être le maximum que je peux faire. Mais ce n'est pas suffisant. À force de voyager et d'être témoin de toutes les injustices et les misères du monde, je me sens impuissant. Il est impossible et inhumain de tout faire soi-même, car c'est d'une conscience collective que nous avons besoin. Malheureusement, il me semble qu'il soit bien plus facile de détruire que de construire. Je suis parfois désespéré par les dégâts que peut réaliser un seul homme face à des milliers qui protestent. Ainsi, il suffit de quelques corrompus pour saccager une forêt entière.

Entre deux collines nues, le ciel m'envoie finalement ses averses tropicales. La terre sèche devient boue, les roues des camions patinent, et nombre d'entre eux restent bloqués. Certains glissent dans les montées, d'autres atterrissent dans le fossé, j'en vois même qui se retournent. Ce que je craignais le plus est en train de prendre forme. La pluie rend ce chemin inutilisable.

Cinquième jour de stop en continu depuis Palmas. Je m'arrête une journée dans une vieille cabane verte. Fortement altéré par la décomposition, cet amas de planches de bois fait office de chambre d'hôtel. Les relents de pourriture dévastent promptement toute construction humaine dans cette région. Les habitants eux-mêmes semblent être touchés par cette chaleur mouillée et étouffante qui stagne jusqu'à déclencher la folie. La sueur s'écoule amplement sans qu'on ait besoin de faire un mouvement. Marcher est un acte infâme dans un tel environnement.

Chaque jour, la transpiration se dégage de mon corps par litres. Ces gouttes de sueur salées m'irritent les yeux, mais surtout elles m'attaquent le cerveau. Plus je fais d'efforts, moins mes pensées sont cohérentes. J'ai vécu ces sensations désagréables dans toutes les zones tropicales que j'ai traversées. En Afrique subsaharienne et plus tard en Asie du Sud-Est. Le rythme de la population locale est toujours ralenti par ce climat abrutissant. Cette vapeur d'eau flottante qui répand les maladies, qui, parfois (souvent), encourage la misère. Loin désormais sont la fraîcheur de la côte et les bus climatisés.

Ici, on recycle des camions et on tasse tout le monde dedans. Comme en Afrique. En cinq jours, je sens que je deviens une larve. Faire des efforts me coûte énormément. Je ne peux plus utiliser mon énergie pour marcher et pour réfléchir en même temps.

Voilà pourquoi l'odeur âcre d'humidité qui règne à l'intérieur de ma chambre ne m'empêche pas de dormir. J'ai besoin d'une pause, car je suis fatigué aussi par cette boue uniforme dans laquelle je patauge et cette demi-douzaine d'averses tièdes que je me prends quotidiennement sur la tête. J'ai d'ailleurs la mauvaise surprise de voir qu'ici aussi, la pluie n'attendrit pas les conducteurs.

La vision d'un énergumène ruisselant au bord de la route les mène logiquement à penser que leurs sièges termineront mouillés. Plus le temps est maussade, plus c'est vrai. Faire de l'auto-stop en pleine saison des pluies amazonienne n'est peut-être pas la meilleure idée que j'ai eue jusqu'à présent. À force d'ignorer les périodes et les climats, il fallait bien que cela arrive.

Quelques jours d'auto-stop boueux plus tard, j'arrive à Santarem. La transamazonienne se termine et, comme l'avaient prédit de nombreuses personnes, j'ai souffert. Cependant, je note que, chaque fois où je me sens réellement voyager, j'arrive à garder le sourire. Et puis, la récompense est immense, car je me retrouve en face d'un des plus grands fleuves du monde. À l'image de ma traversée du Nil, en Égypte, je vais maintenant devoir faire du bateau-stop sur l'Amazone.

Le stop par voie fluviale ou maritime est bien plus compliqué que sur la route. Il ne suffit plus de tendre le pouce et d'attendre, mais de trouver la bonne personne et de la convaincre. Cela m'a pris deux semaines en Floride, trois semaines en Afrique du Sud, cinq semaines au Panama. Il n'y a donc pas de temps à perdre et je me dirige jusqu'au port en suivant les berges de l'Amazone. Des gens m'indiquent que deux bateaux sont en partance pour Manaus. Ce sont les embarcations à moteur que je peux voir au loin. Une fois là-bas, il me faut une heure pour persuader la sécurité de me laisser passer.

J'entre enfin dans le port. Je me dirige sur le premier ferry : personne. Alors, je continue ma recherche sur le deuxième ferry. Je convaincs deux individus avant de me retrouver face à celui qui me communiquera la réponse officielle : le capitaine Cristiano.

Son temps est précieux, je n'ai qu'une minute pour m'exprimer. Dans un portugais hésitant appris en à peine deux mois, je lui explique mon projet et lui propose de raconter ce périple amazonien sur mon site Internet, à la seule condition qu'il m'offre le trajet. Il écoute cette requête d'une oreille qui me paraît distraite, à laquelle il réfute :

— Hmm.

Sa décision a l'air prise, mais son moyen de la transmettre me laisse un peu perplexe. Est-ce « Hmm, oui » ou « Hmm, non » ? Il coupe court à mes pensées interprétatives en ajoutant :

— OK.

Puis, il charge un de ses assistants d'organiser mon ticket. Je n'y crois pas. Il m'a fallu moins de trois heures pour trouver une embarcation fluviale qui va 600 kilomètres plus loin sur l'Amazone. En trombe, je pars chercher mes sacs, j'obtiens un *bilhete de cortesia* (ticket gratuit) et je monte sur le bateau. C'est officiel : dans quelques minutes, je pars en ferry-stop pour Manaus à bord du *San Marino*.

Le *San Marino* est un ferry à trois étages. Le premier niveau reçoit des produits destinés au commerce. À l'avant se trouve la bruyante salle du moteur, à côté de laquelle les cuisiniers préparent les repas pour 300 passagers. Les deux autres étages reçoivent les voyageurs, qui se suspendent où ils peuvent dans leurs hamacs. La table qui fait office de salle à manger est au second. La cabine du capitaine également, et je croise ce dernier un peu plus loin à la manipulation de son gouvernail en bois. Au troisième niveau, l'assourdissant grésillement de la stéréo du bar diffuse une très répétitive musique traditionnelle. Tout en haut et à la poupe, des projecteurs sont installés pour éclairer la rivière pendant la nuit. L'Amazone est en effet jonchée de débris, de végétaux et de troncs d'arbre.

À l'arrivée sur le bateau, ce fut la cohue, car les passagers voulaient installer leurs hamacs au meilleur endroit. Je n'ai pas eu à courir : je n'en possède pas. Je m'allonge donc par terre, sur mon sac de couchage.

Ces sacs de toile multicolores sont bercés de droite à gauche, puis de gauche à droite, au fil des mouvements de l'eau. Il y a d'ailleurs une proximité amusante entre ces hamacs. Situés à moins de 50 centimètres les uns des autres, ce voisinage étroit créé inévitablement une promiscuité forcée entre chaque passager. Les enfants qui pleurent côtoient les couples d'amoureux qui, eux, côtoient les ivrognes du bar.

En contact direct avec le plancher, j'en profite pour admirer le débit massif et calme de l'Amazone. Cet immense fleuve possède une vie étonnante. Le trafic de pirogues, de bateaux de pêche, de ferrys, mais aussi de cargos est incessant. Sur les rives, je distingue également des maisons sur pilotis, uniquement accessibles par voie navigable. La vie de ces riverains est axée sur l'activité fluviale.

Quand le capitaine ralentit le moteur, cela signifie que certaines de ces personnes viennent nous vendre du poisson fraîchement pêché. Par moments, je peine à distinguer la berge et ses habitants. En effet, l'immense cours d'eau sur lequel nous naviguons s'agrandit parfois jusqu'à atteindre 40 kilomètres de largeur.

Le voyage dure de cette façon pendant deux jours entiers, à l'issue desquels j'atteins la capitale amazonienne, Manaus. Je visite rapidement cet ancien empire du caoutchouc, dont la gloire semble avoir été rattrapée par la jungle environnante, et je reprends la route en direction du Venezuela.

Pour arriver dans la république socialiste d'Hugo Chavez, il me faut parcourir encore mille kilomètres. La seule route qui y va me permet de traverser la réserve indigène Waimiri-Atroari, de m'enfoncer dans une forêt vierge, d'admirer des marécages et de croiser des nuées de moustiques paludiques. Je me rapproche également des Guyanes. La musique écoutée est caribéenne et les chauffeurs routiers deviennent polyglottes :

— Bonjour, tu vas à Boa Vista ?

N'ayant rien entendu d'autre que des termes lusitaniens au Brésil, je suis surpris quand un camionneur local m'apostrophe dans la langue de Molière. Créole français, anglais, néerlandais viennent s'ajouter à l'espagnol et au portugais déjà pratiqués dans la région. Je suis dans un carrefour de peuples colonisés.

Progressivement, la savane remplace la jungle, et le paysage se dessèche jusqu'à la frontière. Je quitte le Brésil. Ce pays fut difficile pour le voyageur que je suis. Choquant dans la misère et la violence, compliqué dans les interactions, dur dans le caractère des gens, l'ensemble s'est toutefois amélioré quand j'ai commencé à m'exprimer correctement en portugais. Dommage, peut-être, de ne pas pouvoir en profiter plus alors que les mots me viennent finalement naturellement.

Je découvre le côté vénézuélien de la frontière. La présence militaire y est bien plus forte que chez le voisin brésilien. J'entre en effet dans un pays militarisé, où les portraits d'Hugo Chavez sont omniprésents.

Dès mes premiers pas dans le bureau d'immigration, le rouge socialiste est bien visible et je vois le visage du révolutionnaire accompagné d'un slogan populaire : *La révolution du Peuple, avec le Peuple et pour le Peuple.*

Je trouve assez facilement mon premier conducteur. Un véhicule s'arrête tout de suite. C'est Nisvaldo, un policier en civil. Après avoir fait un plein à 2,53 bolivars (environ 20 centimes[1]), il me conduit jusqu'à Ciudad Guayana. Pendant 600 kilomètres, je traverse un paysage de savane, j'admire les ressemblances du mont Roraima avec la montagne de la Table sud-africaine, puis un noir d'encre tombe sur le pays.

Après une nuit entière de trajet ininterrompu, j'arrive à destination. Cristal m'accueille dans son appartement, où je peux enfin me reposer et réparer mon ordinateur qui a rendu l'âme sur la route.

1. Au Venezuela, le pétrole est nationalisé par le gouvernement. Un litre d'essence coûte l'équivalent de 0,0006 euro.

C'est ici que je célèbre mes 27 ans. Cristal organise une petite fête pour moi dans un bar en bord de rivière. Un de ses amis me dévoile un gâteau qu'il a réalisé :

— Ici, c'est la carte du monde, le petit drapeau représente notre position actuelle, et en bas, c'est ton prénom en espagnol. Bon anniversaire « Jeremias » !

Ce gâteau à l'effigie de mon voyage et aux couleurs du Venezuela me touche beaucoup. Aucun doute, ce premier accueil vénézuélien est très chaleureux. Néanmoins, il ne représente pas l'idée générale que je me fais du pays.

— Passeport !

Alors que je marche en plein centre financier de Caracas, une patrouille de police s'arrête à ma hauteur. Deux motards casqués s'adressent à moi d'une voix autoritaire. Je considère un instant leurs uniformes bleu marine et leurs gilets pare-balles. Aucun doute, ce sont bien des officiers de la police métropolitaine vénézuélienne ; je peux donc leur donner mes documents.

— Ouvre le sac.

Toujours sur le même ton, ils m'ordonnent de collaborer dans leur fouille. Ils semblent chercher quelque chose avec intérêt. Peut-être pensent-ils que je transporte de la drogue ? Ayant déjà vécu ce type de fouille des dizaines de fois, je reste calme et j'attends qu'ils terminent leur recherche. Ils plongent leurs mains dans mon sac, retirent le plus important objet de valeur et m'interrogent :

— Qu'est-ce que c'est ?

— Un ordinateur.

Ils trouvent mon portefeuille, l'ouvrent, comptent l'argent. Il y a 40 bolivars (environ 4 euros). Ce n'est pas beaucoup. Ils me fouillent les poches, examinent mon passeport, sortent leur pistolet, me visent les jambes et m'annoncent :

— C'est un vol !

Je ne bouge pas. Tout se passe trop vite. Ils agissent d'une manière tellement naturelle qu'il me faut un instant pour réaliser toute l'affaire. J'essaie de leur expliquer que je ne possède pas de drogue, que j'effectue un long voyage. En vain, pas une phrase n'atteint leurs oreilles. Au contraire, ils grimpent sur leur moto, démarrent et filent à toute allure. Je reste là, stupéfait, avec mes sacs ouverts par terre. Je viens juste de me faire racketter pistolet au poing par la police.

Depuis une fenêtre de l'immeuble d'en face, un homme a tout vu de la scène. Il semble totalement désintéressé par ce qui vient de se passer. Il ne me demande pas si je vais bien, si j'ai besoin de quelque chose. Ici, c'est normal. Cela fait partie du quotidien. Caracas, l'une des villes les plus dangereuses du monde, me souhaite la bienvenue à sa manière. Pourtant, la plupart des crimes sont perpétrés entre bandits, trafiquants de drogue et illuminés en tous genres. Non, moi, c'est la police qui m'a braqué. Je ne suis même pas en état de choc, mais simplement soulagé de m'en tirer à si bon compte. Ils auraient pu vider le barillet ; cela n'aurait pas eu moins de sens.

Le lendemain, mon calme est devenu colère. Je pars à l'aube, fougueux et l'esprit noir. Je n'ai presque plus d'argent et ma carte bleue est victime du taux de change aberrant des banques du pays[1]. C'est difficile et je n'ai pas le cœur à *pedir cola* (faire du stop en vénézuélien).

Logiquement, je deviens un peu paranoïaque avec la police vénézuélienne. D'innombrables Vénézuéliens, mais aussi d'autres voyageurs, me racontent des histoires personnelles similaires à propos de ce pays. Je regarde les statistiques sur Caracas. C'est la deuxième ville au monde, après Ciudad Juarez au Mexique, pour le plus grand nombre d'homicides. Il y a dans la capitale vénézuélienne 60 fois plus d'assassinats qu'à Paris. Je regarde désormais les affiches LA RÉVOLUTION CONTINUE et surtout SOCIALISME OU LA MORT d'un autre œil. Y a-t-il une relation entre la politique et l'insécurité ? Ou est-ce la haine du peuple vénézuélien contre les Occidentaux ? Je me rappelle le « Américains de merde ! » lancé devant la foule par un Hugo Chavez prêt à en découdre. Suis-je victime d'un dommage collatéral ? Ou bien est-ce la revanche des pauvres contre les riches ? La masse populaire au pouvoir veut-elle

1. Au Venezuela, en mars 2011, les banques donnaient 4,6 bolivars pour 1 dollar, alors que le taux accessible au marché noir allait jusqu'à 12 bolivars.

se venger de ce que l'élite lui a infligé ? En tant que Blanc européen, en suis-je la représentation ? Ou peut-être est-ce la trop grande circulation d'armes à feu dans ce pays ? Est-ce simplement la corruption, qui est encore moins contrôlée dans ce gouvernement que dans le précédent ?

Je ne sais pas. La seule chose évidente est que je ne suis pas en sécurité ici. Je ressens la peur, la violence, la haine. En somme, je ne devrais pas trop traîner sur ce territoire. Certes, il y a aussi des personnes admirables au Venezuela. Je cite Cristal qui m'a accueilli à Ciudad Guyana, ou le policier qui m'a pris en stop depuis la frontière brésilienne. Mais l'insécurité et la corruption sont encore trop visibles, trop élevées pour que l'ensemble de la masse bienveillante sorte de sa tanière.

Le sourire ne me revient qu'une fois en Colombie, et, comme lors de mon premier passage, il est généreusement partagé par la population locale. Un camion allant à Medellin s'arrête tout de suite.

Sympathique, cordial, avenant, le conducteur colombien, même s'il le voulait, ne pourrait pas contraster plus avec mes dernières rencontres vénézuéliennes. Il me dépose à Maicao, la première ville après la frontière. Je n'ai pas mangé depuis deux jours et presque pas dormi. Le vol, additionné aux problèmes bancaires, me fait réaliser qu'un voyage sans argent devient une dépendance aux autres, éprouvante et malsaine.

Mon pécule me permet d'obtenir une indépendance vis-à-vis de la nourriture, des visas, ou encore quelques petites dépenses quotidiennes qui me sont nécessaires. Je ne veux pas coûter aux autres. L'invitation doit être motivée par un échange et non pour me couper la faim. Je passe donc au distributeur de billets. Aucun problème en Colombie, ça fonctionne. Je décide de fêter mon arrivée par une journée de repos, un repas et une bonne douche. Demain, je vais à Carthagène des Indes, qui sera l'ultime étape pour ce continent.

Au matin, je reprends l'auto-stop. Au bon souvenir de ce pays, j'utilise les points de contrôle militaires. Les soldats, amusés par mon projet, me négocient la gratuité d'un bus malgré mes protestations. Refuser des invitations est parfois problématique. J'enchaîne avec un camion, puis une dernière voiture familiale qui conclut joyeusement cette boucle sud-américaine.

En effet, Carthagène des Indes est un point de passage pour les voiliers qui se dirigent vers Panama, et éventuellement un peu plus loin. Mon objectif à présent est de traverser l'océan Pacifique en stop. Autant dire que mon prochain lift devra être très long.

Je me rends donc au yacht-club de Carthagène. À première vue, la marina est dans un sale état. La porte d'entrée ressemble à une porte de prison.

Toc, toc, toc.

Le portier apparaît derrière une petite fenêtre à barreaux.

— Qu'est-ce que tu veux ?

— Entrer.

À ce moment, un marin arrive. Le portier défait le cadenas, ouvre la porte, la referme et remet le cadenas. Il doit sans doute répéter ce processus cent fois par jour. Nous reprenons notre conversation :

— Tu es sur un des bateaux ?

— Non, mais je viens pour en chercher un.

— OK. Tu pourras entrer quand tu auras trouvé un bateau.

— Mais... comment puis-je trouver un bateau si je ne peux pas entrer ?

— Ce n'est pas mon problème. Nous avons des ordres à respecter ici.

Les ordres. Me voilà face à un agent de sécurité zélé. Il va pourtant falloir que j'entre. J'essaye d'obtenir plus d'informations tout en caressant monsieur dans le sens du poil.

— À qui autorisez-vous l'entrée dans cette marina ?

— Je laisse entrer les capitaines, les équipiers et les amis du capitaine. Si tu ne connais personne, je ne te laisserai pas entrer.

Sur ce, il disparaît de la petite fenêtre à barreaux.

Il me faut donc connaître quelqu'un de la marina. Ce ne devrait pas être très difficile. J'attends une dizaine de minutes devant l'entrée et je rencontre un marin allemand, qui accepte de me laisser l'accompagner. Je suis maintenant à l'intérieur de la marina, et il me sera plus aisé de côtoyer les marins.

Au bout de quatre jours, je rencontre Rupert. C'est un capitaine anglais qui effectue un convoyage de Sainte-Lucie jusqu'en Nouvelle-Zélande. Il a déjà ses équipiers, mais il peut éventuellement me prendre jusqu'à Panama. Dans l'attente d'un possible départ, je viens apporter un peu d'aide à bord. Cela me permet d'être présent à la marina et aussi de prouver ma bonne volonté. Je vais aussi chercher des livres, fais le plein de musique, de films. En prévision d'une éventuelle traversée du Pacifique, je me rappelle toutes les bonnes astuces de mes semaines sur l'Atlantique.

Après avoir songé à abandonner, avoir douté de moi, je sens revenir l'excitation du voyage quand je mets un pied sur le voilier. Mentalement affaibli après cette remontée du Brésil et cette agression au Venezuela, je voulais en finir et rentrer en France par le premier avion. Mais, même fatigué, j'ai pu garder le rythme de persévérer pendant quelques jours. Ce fut suffisant. Hier, Rupert m'a donné le *yes* officiel et je suis en période de test pour cette première partie du voyage.

Une fois à Panama, Rupert m'invite à rester sur le bateau. Inutile de dire que cette bonne nouvelle agit comme un coup de fouet régénérateur. Si je parviens à traverser le Pacifique, je ne pourrai plus abandonner. En effet, je serai trop proche de réussir cet improbable défi de faire le tour du monde en stop. Improbable, car, avant de partir, je ne réalisais pas toutes les difficultés et contraintes que j'allais trouver sur mon chemin. Un globe terrestre ne dit pas tout.

Les impossibilités de visa, l'inconnu du stop, les problèmes de communication, l'insécurité, les climats, les barrières géographiques. Il y en a des surprises, mais l'avantage est que l'ennui disparaît totalement du voyage.

Rupert a maintenant réuni tout son équipage pour cette traversée du Pacifique. Nous sommes sept à bord.

Rupert me paraît être une bonne personne. En tant que capitaine, il sait se faire respecter naturellement et cela est bon signe sur un bateau. La quarantaine bien trempée, il a une tête d'Anglais et un humour bien british. Rupert aime parler avec tout le monde. Sur terre, il est donc facile de le trouver dans les bars. Cela se traduit par des tempêtes de bière. J'espère toutefois que ce ne sera pas un problème, car, hier, il a eu du mal à retrouver le bateau. Au milieu de la nuit, il est finalement tombé dessus, ce qui a réveillé tout l'équipage.

Rafa, surfeur brésilien de 34 ans, est, comme ses compatriotes, couvert de nombreux tatouages. Il a pris naturellement la place de cuisinier sur le bateau, car tout ce qu'il prépare est savoureux. Kate, sa petite amie australienne, a 27 ans.

Elle est très amoureuse de lui. Petite et fine, elle a le physique de son métier. Kate est en effet professeure de yoga. Lorsqu'elle se met à parler, chacun peut reconnaître son accent prononcé de la côte ouest australienne.

Michele est italien. Comme beaucoup d'hommes de sa nationalité, il est presque inutile de la mentionner, tant elle semble inscrite en lui. Barbe noire, yeux verts, il a l'air d'un roublard endormi. Apparemment, il a de bonnes connaissances en marine ; il sera le second à bord. Enfin, Nacho et Diana, un couple d'Espagnols. Nacho a la cinquantaine, tandis que Diana est plus jeune que moi de six jours.

Voilà l'équipage international du voilier monocoque *Khamsin*. Six nationalités, cinq langues, quatre jeunes de 27 ans, trois continents représentés, deux couples pour une seule destination : la Nouvelle-Zélande.

17

Un conte du Pacifique

Le 22 avril 2011, à 15 h 45, nous partons. Pour la troisième fois, je quitte la ville de Panama. Cet éloignement progressif des terres pour l'immensité océanique me rappelle beaucoup mon départ du Cap en catamaran. C'était déjà il y a plus de deux ans. J'ai l'impression de passer une étape, d'aller à la rencontre de nouvelles civilisations éloignées. La seule différence réside dans la durée de mes recherches. Il m'a fallu quatre jours en Colombie pour rencontrer mon capitaine anglais, alors que deux semaines avaient été nécessaires pour établir les premiers contacts en Afrique du Sud.

Néanmoins, entre le moment où j'ai approché Rupert et le départ de Panama, il s'est presque écoulé un mois. Une trentaine de jours où nous avons patienté pour passer le canal, préparé les vivres et organisé le bateau.

Mais maintenant, la traversée est bel et bien lancée. Notre première étape est décidée. Nous pointons l'avant de la poupe en direction des Galápagos. Il est dit qu'entre Panama et ces îles, le vent est généralement mauvais, voire inexistant. Nous vérifions rapidement ce fait, car, dès les premiers jours, le vent s'arrête complètement. Cette vitesse de zéro nœud est pour nous l'occasion de nous rafraîchir. L'équipage au complet, mais à tour de rôle, saute dans l'océan Pacifique. Pendant quelques instants, je brasse et je crawle dans le plus grand bassin salé du monde.

Rupert se montre très professionnel et semble totalement à l'aise dans son élément. Dans cette immensité bleue, j'arrive à ressentir sa plénitude et sa liberté. Autant à terre il aime chercher son nez dans son verre, autant sur la mer son ivresse ne vient que du vent marin. Il se rase la moitié de la barbe et m'ordonne de faire la même chose lorsque nous passons la ligne de l'équateur. Tradition oblige, je m'exécute. Rupert assume donc pleinement son rôle de chef d'équipe.

Il a facilement gagné le respect de tous, ce qui lui permet d'imposer sa discipline à bord. Ainsi, il instaure des équipes de deux pour chaque quart de surveillance. Comme lors de la traversée de l'Atlantique, je retrouve une routine rythmée par les gardes de trois heures. Cependant, à deux, cela me paraît beaucoup plus facile.

Je suis avec Rafa, tandis que Kate se retrouve avec Michele, et le couple espagnol Nacho-Diana forme la dernière paire.

Rafa est énergique, toujours prêt à aider tout le monde. Sa joie de vivre masque à peine un autre trait de caractère typiquement brésilien : c'est un coureur de jupons. Impardonnable Casanova, je crois rêver quand je l'entends énoncer la liste interminable des nationalités de filles qu'il a possédées, oubliant peut-être momentanément que sa petite amie australienne se trouve à bord. Aussi peu discrètes sont ses résonances intestinales qu'il libère sous un rythme de *batucada* (musique à percussions brésilienne) suite aux délicieuses feijoadas (plat brésilien épicé essentiellement composé de haricots) qu'il nous sert quotidiennement.

Kate, comme Rafa, est une surfeuse dans l'attitude et dans l'âme. Elle est détendue, douce et souhaite aider tout le monde à bord. Ce couple est facile à vivre, comme le reste de l'équipage, serais-je tenté de dire.

Michele l'Italien a déjà fait une traversée de l'Atlantique il y a deux ans. Peut-être aurions-nous pu nous croiser quelque part au large. Il est un pur produit de la mer. Un véritable passionné qui oriente la majorité de ses conversations sur la navigation. Il n'est pas vraiment bavard, sauf avec Rupert qui est un bien meilleur interlocuteur que moi sur ces sujets maritimes.

Puis, il y a Nacho et Diana. Pendant ce début de traversée, je ne les vois pas trop, ce qui est assez paradoxal sur un bateau de 45 pieds (environ 14 mètres). Peut-être veulent-ils profiter ensemble de cette incroyable expérience.

En somme, tout se passe très bien, la routine est huilée et au loin je vois déjà apparaître les premières îles. L'archipel d'origine volcanique des Galápagos, connu mondialement pour sa faune et sa flore exceptionnelles, nous envoie une patrouille pour s'assurer de nos bonnes intentions.

En effet, un groupe de tortues de mer nous accompagne lors de notre arrivée. Admiratif, je les regarde nager, remonter à la surface, sortir la tête de l'eau un instant, puis replonger quand notre voilier s'approche trop. Quelques secondes plus tard, je vois une gigantesque raie manta surgir hors de l'eau et retomber dans un immense SPLASH ! Peut-être deux mètres d'envergure. Incroyable.

« Huuuoooooooooo ! »

Alors qu'un gémissement lointain nous parvient, nous choisissons d'ancrer notre bateau dans la baie de Puerto Baquerizo, la capitale située sur l'île de San Cristobal. À peine le pied sur la berge, nous découvrons l'origine de cette plainte. Une immense colonie d'otaries à fourrure est avachie par terre.

Elles étalent leur corps mou et paresseux absolument partout. Sur la plage, sous les arbres, dans la rue, sur les bancs publics, dans les jeux pour enfants. Nous nous enfonçons un peu dans les terres et visitons des zones attribuées à la protection et à l'élevage des tortues géantes.

En pleine nature et aussi loin du continent, elles sont peu dérangées. La vue de ces reptiles endémiques presque bicentenaires est fascinante. Elles semblent chargées d'histoire, et les examiner me rappelle le temps qui passe. Les plus âgées sont immobiles, puis se meuvent très lentement, comme si le poids des années les en empêchait.

Plus tard, nous nous rendons à la plage de la Loberta. Des iguanes marins se confondent avec la noirceur des roches volcaniques. Ces reptiles de mer aux allures de petits dragons paraissent aussi préhistoriques que les tortues croisées précédemment. Nous rencontrons enfin quelques dauphins alors que nous reprenons l'océan pour la plus grosse partie du voyage. Notre GPS indique dorénavant notre nouvelle direction. En route pour les Marquises !

En ce mois de mai 2011, le vent est très bon, la pêche également. En moins de deux jours, nous sortons trois dorades et un thon. Cette nourriture fraîche stimule la compétition de cuisine que Rupert a initiée à bord.

Le meilleur repas se verra récompensé d'une bière offerte par chaque membre de l'équipage à notre prochaine escale. En conséquence, c'est un dîner de gala qui est servi chaque soir. Gnocchis italiens, tortilla de *patatas* espagnole, *fish and chips* anglais, crêpes béchamel françaises, sans oublier la désormais traditionnelle feijoada brésilienne.

La routine reprend forme. Trois heures de garde, puis six heures de repos. Cette fois-ci, je suis associé avec Michele. Rafa rejoint sa petite amie Kate, sous l'œil avisé de Rupert, qui les accompagne dans leur formation.

Pendant mon temps libre, je lis des livres, j'écoute un peu de musique. Les gardes de nuit sont souvent très calmes. Michele me laisse manœuvrer la barre, tandis qu'il s'exerce à calculer notre position grâce au sextant.

Nous avons dépassé la moitié du chemin entre les Galápagos et les Marquises. Si les conditions favorables se poursuivent, nous devrions arriver dans neuf jours. Néanmoins, le vent est déjà un peu retombé aujourd'hui. Mieux vaut ne placer aucune certitude sur les conditions climatiques.

Seule la nature décide, et nous nous adaptons. Ainsi, nous nous réjouissons simplement de pouvoir avancer grâce à la voile, car demain sera peut-être différent.

— Baleines-pilotes !

À cette annonce, tout le monde se retrouve sur le pont. Un groupe d'une vingtaine, voire d'une trentaine de ces cétacés nous entoure. À mi-chemin entre le dauphin et la baleine, elles sont gracieuses et massives, certaines mesurant jusqu'à cinq mètres de long. Comme leurs cousins les dauphins, ces anges noirs des mers sautent, jouent et s'amusent sans jamais toucher la coque.

Nous approchons lentement des Marquises. Poser le pied à terre sera sûrement apprécié de tous, car la route est longue et monotone. Même si les conditions nous ont été très favorables jusqu'à présent, cela ne réduit pas les proportions massives de cette étendue d'eau. Le surnom de « planète bleue » donné à la Terre est en grande partie dû à l'océan Pacifique. Pourtant, je ne peux remarquer l'immensité de ce bassin qu'en le parcourant. Pendant des mois et dans tous les angles possibles, la vue est la même. Un bleu liquide et vierge de tout.

Vierge d'embarcation également : nous n'en avons pas vu une seule depuis notre départ des Galápagos. J'imagine que le trafic reprendra avant notre entrée en Polynésie française.

Eh bien, non, il faut attendre notre arrivée pour que j'aperçoive notre premier mouvement maritime. Deux petits voiliers se dirigent en effet vers ces immenses cailloux volcaniques que constituent les Marquises. Je peux voir deux de ces îles à bâbord et une à tribord. Nous nous dirigeons vers la plus grande située à notre droite. Comme pour chaque longue traversée, la première vision d'un bout de terre est un événement. Le dévoilement progressif de la côte, puis les premiers bâtiments et enfin l'apparition de véhicules s'acheminant comme des fourmis annoncent, dans un sentiment d'approche permanent, la destination : Hiva Oa.

Après cette interminable platitude océanique, Hiva Oa offre un peu de relief. Et quel relief ! Des montagnes escarpées recouvertes d'une dense végétation semblent sortir de l'eau. L'air est humide. Des nuages gris et blancs stationnent au-dessus des pics de l'île. Des sommets montagneux jusqu'aux profondes fosses marines, le dénivelé paraît important. Ce sont des conditions difficiles pour trouver un point d'ancrage. L'idéal est de trouver une baie adéquate, ce qui nous mettra également à l'abri des puissantes vagues du Pacifique.

Nous arrivons donc dans la baie d'Atuona, située à environ trois kilomètres du village du même nom. Presque toute la population habite dans ce coin de l'île. En effet, 1800 des 2000 habitants de la commune d'Hiva Oa résident dans le chef-lieu d'Atuona.

J'allume la radio :

— Iaorana ! Bienvenue sur Polynésie Première !

Nous sommes aux Marquises, donc en Polynésie française, donc en France. Il est ainsi possible de parler français. J'écoute les intonations de voix prononcées dans mon petit récepteur mp3. Le Polynésien a tendance à rouler formidablement les « r », comme s'il s'exprimait dans un vieux patois du terroir. Les informations sont également données dans les langues locales. Il existe plusieurs dialectes. Le tahitien et le marquisien, bien que différents, semblent tous deux être une succession de courtes syllabes profondément inspirées et expirées.

L'arrivée aux Marquises marque le changement de continent (nous sommes désormais en Océanie), mais surtout la découverte de nouvelles civilisations. Mes premiers contacts avec les Polynésiens m'apportent quelques bonnes surprises. Ils sont gentils, calmes, souriants et, j'ose le dire, pacifiques. Le nom de l'océan proviendrait-il de ses habitants ?

À preuve, l'auto-stop est un véritable jeu d'enfant. Je fais de nombreux allers-retours entre la baie et le village. Il me suffit de lever le pouce pour arrêter le premier véhicule qui passe. Cela me permet de discuter avec la population locale. Tout d'abord d'apparence réservée et détachée, ils me prouvent qu'ils aiment parler, car ils relancent constamment la discussion.

Pourtant, je pourrais être apeuré par leur corpulence. Le Polynésien, homme comme femme, est loin d'être taillé dans une tige de *tiaré*, cet arbuste tropical dont la fleur blanche est portée derrière l'oreille des Polynésiennes. L'homme a l'air encore plus impressionnant quand il se lance dans une démonstration de chants guerriers. J'en admire un qui, muscles rétractés, émet des sons graves semblant provenir de son estomac. Simultanément, il entame une danse d'apparence agressive, prenant des postures et des expressions faciales menaçantes. L'origine du haka, qui n'est pas monopolisé par les Maoris, était destiné à effrayer l'ennemi.

À Hiva Oa, presque tous les habitants sont recouverts de tatouages dits marquisiens. J'apprends que le tatouage est une tradition ancestrale d'origine divine. Même si je ne suis pas féru de tatouages, je dois avouer que ceux-ci sont magnifiques. Si l'idée m'était venue de graver quelques dessins ineffaçables sur ma peau, j'aurais certainement choisi cet endroit.

Jacques Brel et Paul Gauguin ont également élu ce lieu pour entrer en communication avec les dieux. Je les comprends. En allant me recueillir sur leurs tombes, j'admire la vue qui surplombe le village et la baie d'Atuona. Certainement une source d'inspiration pour leurs ultimes œuvres. Il y a également une petite occupation de Français métropolitains, notamment dans la base militaire située près de la baie. Nous rencontrons un certain Bruno.

Après dix ans de Légion étrangère, il s'est implanté sur cette île avec son imposante femme polynésienne et ses enfants métissés. Leur maison donne sur la baie.

Le panorama rivalise de grandeur avec la dernière demeure du peintre français et du chanteur belge. Bruno utilise son domaine comme un hôtel-restaurant-bar. Son établissement n'est pas forcément légal, mais, comme tout le monde se connaît, les arrangements sont possibles.

Le temps est venu de reprendre la voile pour Tahiti, via l'archipel des Tuamotu. Je cours acheter quelques baguettes pour 64 francs du Pacifique (environ 0,50 euro), puis nous repartons. Pendant quelques jours, notre voilier glisse sur des flots toujours bleus, et la vie à bord continue calmement.

Depuis les Galápagos, je fais équipe avec Michele, tandis que les deux couples se retrouvent ensemble. Dans cette logique des choses, mon ami rital devrait m'accompagner pendant mes gardes jusqu'en Nouvelle-Zélande. Je suis amené à passer beaucoup de temps avec lui. Nos discussions sont assez rares. Je reconnais en lui l'homme de la mer, plutôt désintéressé de tout ce qui touche de près ou de loin à la civilisation. Ainsi, nous laissons l'océan guider nos pensées.

Dans un espace aussi confiné, tous les petits défauts ressortent au grand jour. Aucune vie privée ne peut exister. Le capitaine et moi-même n'avons pas de cabine. Nous occupons chacun un canapé du salon. Quand le voilier penche sur la gauche, je tombe par terre. Quand il s'incline sur la droite, c'est son tour. Mais comme le salon est le principal lieu de passage à bord, le reste de l'équipage peut nous ramasser. L'unique moment où je peux vraiment être seul, c'est lorsque je vais aux toilettes, ce qui est assez limité.

Voilà la grande difficulté de cette traversée : une promiscuité soutenue et à long terme avec des personnes que l'on n'a pas choisies. Néanmoins, passé le cap de la moitié de notre route, le défi semble amplement relevé. Personne n'a placé un mot plus haut que l'autre et j'espère que cela continuera jusqu'en Nouvelle-Zélande.

Auckland est encore loin, et pour l'instant, c'est Fakarava qui se présente devant nous. Je découvre pour la première fois de ma vie un atoll. Il m'a fallu aller jusqu'aux antipodes pour en trouver un. Dans l'archipel des Tuamotu, je suis servi, il y en a 76. Nous nous approchons et j'observe cette structure insulaire. Fakarava est une île corallienne circulaire et extrêmement plate, encerclant une calme lagune qui invite à vouloir se baigner. L'entrée dans ce havre de paix se fait par l'une des deux passes de l'île. Les courants contradictoires de ce chenal restreint nous apportent quelques difficultés, mais nous réussissons finalement à entrer au paradis.

Une fois dans la lagune, nous sommes totalement coupés de l'agitation océanique. Le silence nous accueille, seulement rythmé par un léger clapotis de l'eau sur notre coque. Quand le soleil perce les nuages, les couleurs éclatent au grand jour. L'eau transparente de la lagune prend des teintes bleu turquoise, les plages s'illuminent d'un blanc immaculé et les nombreux cocotiers avivent le tout d'un vert fruitier. Une fois l'ancre jetée, Rupert me confie la radio pour que je signale notre arrivée aux autorités :

— Gendarmerie, gendarmerie, ici le *Khamsin*. Je répète : ici le *Khamsin*.

Nous attendons quelques secondes, quand soudain :

— C'est toi, Froggy ?

L'équipage entier rit à gorge déployée, Rupert le premier. Ce surnom m'a été assigné par le capitaine, et il est évidemment fier que je sois connu sous ce sobriquet dans tout le Pacifique ! D'ailleurs, comment est-il possible que la gendarmerie connaisse déjà ce surnom ? La solidarité française en prend un coup. Mes camarades mangeurs de grenouilles ne me soutiennent même pas !

Quelques minutes plus tard, nous apprenons que cette réponse ne vient pas de la gendarmerie, mais d'un bateau ami rencontré au Panama. Il est ancré quelques centaines de mètres plus loin et nous ne l'avions pas vu. L'honneur est sauf, mais nos joyeux plaisantins nous inviteront tout de même à partager un barbecue sur leur embarcation.

Pendant les jours qui suivent, j'en profite pour plonger dans l'eau tiède et salée de cette lagune. Je m'y sens comme dans un aquarium tropical. Des poissons multicolores tournent autour de moi, et j'explore les coraux qui semblent pousser comme des champignons sur ce sol de sable blanc.

Quelques minutes me suffisent pour traverser à pied cette étroite bande de terre et me retrouver du côté océanique. Des coraux sont également en bordure de plage. Là, je trouve des huîtres à perles noires. Elles sont très recherchées dans le monde, et quelques bijoutiers ont même ouvert une boutique sur place. À peine sont-elles sorties de l'eau qu'elles sont vendues en parures diverses, en colliers, en bracelets.

L'île vit de la perle noire, mais aussi du tourisme. Je ne me rappelle pas avoir vu, en plus de trois ans de voyage, une plus belle plage que celle de cet atoll paradisiaque. Il n'est pas difficile de faire venir les vacanciers avec un tel décor de carte postale.

Quatre heures de voile plus tard, nous arrivons à Toau, l'atoll voisin de Fakarava. Une poignée de cabanes gardant des filets témoignent du récent passage de quelques pêcheurs. Pour le moment, Toau est inhabité, quoique des milliers de *kaveus* peuplent l'endroit. Sous chaque coquillage, je peux trouver un de ces bernard-l'ermite géants. L'eau est encore plus claire, plus turquoise, je vais donc nager. Tiens, voilà deux requins. Je ne bouge plus. Ils repartent.

À notre tour, nous reprenons l'océan. Cap sur Tahiti, et cette fois sans escale. Voilà déjà deux mois que nous sommes partis de Panama, et nous bénéficions encore et toujours de ce vent régulier favorable. Il nous pousse doucement jusqu'à l'île principale de la Polynésie française, que nous atteignons un mardi matin avant l'aube. Une île volcanique apparaît dans le noir, illuminée de tous feux. Tahiti, à première vue, offre plus de signes de vie que Toau. Nous attendons le lever du soleil, puis nous suivons doucement le balisage jusqu'à notre entrée dans la marina Taina. Là, nous jetons l'ancre au milieu d'une centaine d'autres voiliers. Heureusement, ce trafic important ne nous obstrue pas la vue qui est offerte dans ce pratique mouillage. Moorea, île voisine et petite sœur de Tahiti, possède une splendide ligne de reliefs. Les couchers de soleil seront certainement de grands moments.

Rrrrnnnioonnnnnnn !

Ce n'est pas une otarie des Galápagos, ni les pirogues polynésiennes, mais un jet-ski qui vient de passer à toute vitesse près du mouillage. Dès ma sortie de la marina, je suis surpris par le nombre de véhicules circulant sur la route. Bruits de moteur, gaz d'échappement, pollution. Une voiture klaxonne, un bus lui répond. À gauche un Carrefour, à droite un McDo. Tahiti est bel et bien l'île principale de la Polynésie.

Papeete, capitale de Tahiti, n'est pas aussi paradisiaque que son nom peut laisser imaginer. Le front de mer et le centre me ramènent avec fracas aux réalités urbaines. Nous sommes de retour dans la civilisation, avec ses avantages et ses inconvénients. Je suis surpris de tomber sur des alcooliques et des sans-abri. L'insécurité est même palpable, mais il serait excessif de décrire Papeete comme un cauchemar urbain. C'est juste une petite ville au milieu du Pacifique. L'avantage est que de nombreux biens sont disponibles, même si la distance d'importation leur confère des prix exorbitants. Nous recherchons des pièces pour réparer le moteur et d'autres parties du bateau. Cela nous permet de voir que la communauté chinoise est également bien implantée sur l'île.

Je décide de faire le tour de Tahiti le lendemain. Pour cette excursion en auto-stop, je suis accompagné de Misha, un équipier du *SV Backbeat* qui traverse également le Pacifique. Américano-Russe et diplômé de philosophie, Misha est le fruit d'un rare mélange de civilisations, quand on connaît les relations diplomatiques entre ces deux pays. Comme dans toute la Polynésie française, l'auto-stop est très facile. Les conducteurs se succèdent et presque tous fument de l'herbe devant nous. L'un d'eux s'arrête même pour passer chez son dealer. Autant dire que l'inhalation des vapeurs de chanvre est une pratique courante à Tahiti. Le délire que cette consommation entraîne semble rendre la population locale perspicace sur la politique corrompue de l'île. En effet, notre visite de l'île se transforme progressivement en une explication de toutes les arnaques et combines de l'ex-président Gaston Flosse.

Après être restés deux semaines sur l'île et avoir récupéré une pièce manquante du bateau, nous quittons Tahiti. Notre départ matinal nous permet d'approcher Moorea, que nous avons admiré pendant tout notre séjour à la marina Taina. Comme dans un dernier charme, la lumière chaude du soleil levant enrobe la totalité de cette île au relief si parfait.

Comme nous ne pouvons répondre positivement à cette ultime invitation, nous continuons. Une fois Moorea derrière nous, nous pouvons nous lancer dans cette seconde moitié de l'océan Pacifique.

Les premiers jours me paraissent calmes. Effectivement, nous ne sommes plus que cinq à bord. Kate et Rafa sont restés à Tahiti pour continuer de surfer sur les énormes rouleaux. Cette longue escale a brisé la routine, et il est difficile de s'y remettre. Cela ressemble au lundi de rentrée qui suit les vacances estivales. Les Espagnols, qui ont manifestement pris un bon bol d'air dans ce paradis perdu au milieu du Pacifique, semblent peu réjouis à l'idée de reprendre notre vie commune dans ce minuscule espace.

Cela signifie ramasser les outils de Rupert, les chaussettes de Michele et nettoyer la farine que notre ami rital a envoyé jusqu'au plafond. Nous réalisons tous, après trois mois d'intense promiscuité, que, pour vivre ensemble, nous devons accepter les défauts de chacun. Certes, ce serait plus facile si tout le monde y mettait du sien, mais notre mission d'équipier est aussi de rendre la vie à bord le plus agréable possible. C'est donc dans une atmosphère de labeur retrouvé que nous poursuivons notre route en direction de la Nouvelle-Zélande, qui se rapproche de jour en jour.

Un sentiment de grande délivrance m'envahit quand « elle » apparaît un matin pour la première fois de ma vie. C'est affecté à l'une de mes gardes quotidiennes que je l'entends tout d'abord. Juste derrière moi, une soudaine détonation me fait sursauter :

Pshhhhhhhhhh !

Ce bruit de propulsion est directement suivi d'un court son similaire à la pluie qui tombe sur l'océan. Je me retourne d'un trait et j'ai le temps d'apercevoir un aileron s'enfoncer dans l'eau. Je le sais, ce ne peut pas être un aileron de dauphin. Et puis, ces cétacés n'émettent pas de telles sonorités. Pendant quelques instants, je scrute les environs. Subitement, une gigantesque masse informe d'environ cinq mètres sort de l'océan juste à côté du bateau. Majestueuse, gracieuse, elle exhibe quelques secondes son proéminent ventre gris, puis disparaît de nouveau dans l'infini bleuté. Ce bébé confond certainement notre voilier avec sa maman. Quelle sensation formidable d'observer une baleine dans son milieu naturel !

Après un court passage sur l'île de Niue, nous continuons notre cheminement océanique vers les Tonga. Cette dernière escale avant la Nouvelle-Zélande mettra certainement un terme aux excellentes conditions météorologiques qui rythmèrent notre « croisière ». L'approche de la Nouvelle-Zélande est apparemment plus délicate sur ce plan. Avant de nous lancer dans la dernière ligne droite, il faudra être attentifs aux bulletins météo concernant cette partie du trajet.

L'arrivée aux Tonga est également synonyme d'un phénomène étrange. L'île située sur la ligne internationale de changement de date, les données du GPS s'affolent. La nuit du vendredi 15 juillet 2011 ne nous amène pas au matin du samedi 16, mais au dimanche 17 juillet. Que s'est-il passé durant mes heures de repos ? Ai-je le sommeil tellement lourd que j'ai dormi 24 heures sans m'en rendre compte ?

L'explication est tout autre. Le monde est divisé en 24 fuseaux horaires, parfaitement visibles sur un planisphère. Le point zéro représente le méridien de Greenwich, situé sur la même longitude que cette banlieue londonienne qui lui a donné son nom. Les fuseaux vont de -12 (hémisphère Ouest) à +12 (hémisphère Est).

Au début de mon voyage, j'ai choisi de m'orienter vers l'ouest. Au fur et à mesure des années, j'ai remonté le temps et le nombre d'heures de décalage par rapport à Greenwich (d'où la notion de décalage horaire). Quand il était midi à Londres, l'horloge affichait 7 heures à New York, puis 6 heures à Quito, et enfin 1 heure du matin à Tahiti (la Polynésie française est située à l'extrémité ouest de l'hémisphère Ouest).

En continuant vers l'ouest, je traverse cette ligne imaginaire de changement de date et j'arrive subitement à l'est de l'hémisphère Est. Dans le monde physique, cela ne représente rien, je ne perçois aucun changement, la mer est toujours la même et le voilier continue de voguer. Mais dans le monde organisé par les hommes, notre horloge passe de -12 à +12. De 23 h 59 le vendredi 15 juillet, donc samedi midi GMT (*Greenwich mean time*, soit l'heure standard à Greenwich), je suis instantanément propulsé à 0 h 00 le dimanche 17.

En étudiant ce changement d'hémisphère, je réalise qu'il détient aussi une information qui m'est symbolique. En effet, Caen est presque situé sur la même longitude que Greenwich. Dans ce cas, ma position actuelle sur le globe est à l'antipode absolu de ma ville de départ. D'une certaine façon, les prochains mouvements que je vais faire vont me rapprocher de la maison. J'arrête de m'éloigner. Maintenant, je rentre.

Aussi immenses que les baleines se réfugiant en ce moment dans la baie de Nuku'alofa, les Tongiens me renvoient au souvenir de ma petitesse.

Le rugby est le sport national dans ce pays, et j'imagine que la concurrence pour la place de pilier doit être sévère. Néanmoins, sous cette imposante stature se cachent des hommes et des femmes sincères, qui n'hésitent pas à me saluer d'un immense sourire si je pose mon regard sur eux.

Malheureusement, notre escale est cette fois très brève. Après seulement deux jours dans le Royaume des Tonga, il nous faut regagner le voilier. Nous avons une fenêtre météo qui nous annonce un temps assez calme sur la première moitié du chemin, puis des rafales à « seulement » 35 nœuds aux abords de la Nouvelle-Zélande. Nous reprenons donc la mer, laissant derrière nous la fanfare locale répéter pour le prochain anniversaire du roi.

Finalement, deux jours après notre départ, la météo change du tout au tout. Des bourrasques surviennent et se renforcent au fil des jours. La mer se déchaîne, la houle atteint dix mètres, des vagues se brisent avec force sur la coque, et personne ne bronche.

Chaque éclatement de vague résonne comme un bruit de tonnerre dans le cockpit. Il est difficile de dormir, mais j'y parviens... jusqu'à ce que le voilier se retrouve à la verticale et que je sois projeté par terre. Encore groggy par ce réveil brutal, je sors en vitesse sur le pont. Je trouve Rupert à la barre :

— Qu'est-ce qui se passe ?

L'air concentré, il regarde le ciel et me montre du doigt une direction. Noire comme la suie, une petite boule de nuages porteuse d'éclairs s'éloigne à toute vitesse.

— Je pense que nous venons d'avoir soixante nœuds de vent avec ce nuage. Voilà pourquoi il est très important de rester vigilant et d'enlever rapidement les voiles si ça se présente.

Durant la traversée, j'ai appris à connaître Rupert. C'est un capitaine que je respecte énormément. Il est autodidacte et il sait où trouver l'information. Autour de lui, dans les échanges verbaux, dans son expérience, dans les livres.

À preuve, en quatre mois de traversée, il a parcouru la bagatelle de cinquante ouvrages littéraires ! Sa manifeste assurance pourrait le mener à un excès de confiance. Mais non. Il sait très bien que, contre les éléments de la nature, mieux vaut faire le dos rond plutôt qu'y faire face orgueilleusement. Contrairement à d'autres capitaines qui placent leur ego au-dessus de tout, Rupert partage les informations qu'il a mis une vie entière à collecter. Depuis le début de ce convoyage, il a répondu à toutes mes questions et, grâce à lui, j'ai énormément appris. Voilà pourquoi, aujourd'hui, je n'hésite pas à lui donner toute ma confiance.

Toutefois, nous devons rester attentifs. Une bonne attitude face à la mer ne garantit pas l'absence de mauvaises surprises. Lors des gardes sur le pont, il est fortement conseillé de s'attacher grâce au harnais de sécurité. Sans lui, il serait bien difficile de résister aux déferlantes qui ne cessent de revenir, de tremper, d'humilier. Notre petit bateau semble minuscule au milieu de ces collines d'eau coléreuses que nous gravissons, descendons, puis gravissons de nouveau. Entre deux bassines d'eau salée qui me sont projetées en pleine figure, Rupert me tend, d'un œil empreint de complicité, un vrai cadeau de marin. C'est une flasque. Je la porte à mes lèvres. Du rhum ! Cela me réchauffe le gosier, certes, mais le cœur aussi. J'ai l'impression d'avoir reçu un encouragement de sa part. Les Espagnols sont en effet mal en point dans le cockpit, et je dois tenir la barre pendant huit heures d'affilée.

Être en mer dans une telle tempête permet de remettre un homme à sa place. À chaque éclatement de vague, je me demande si le bateau va se rompre. Combien de fracas du même acabit peut encore subir notre solide Bénéteau ? Le danger semble permanent, et la peur tente de se frayer un chemin dans mon esprit. BING, BANG, ZLING ! Tous les bruits du bateau deviennent suspects, comme si nous allions tomber en ruine au milieu de l'océan. J'ai parfois l'impression de ne rien pouvoir dompter, de ne pas savoir quoi faire, sinon d'attendre l'accalmie.

Le moral de l'équipage est intéressant à observer. Il est en adéquation avec la météo. Quand le vent nous amène à bonne vitesse et dans la bonne direction, quand le ciel est bleu et ensoleillé, les sourires et la bonne humeur apparaissent. Quand la tempête arrive, les zygomatiques se crispent et tout le monde devient exténué, irascible.

Mais c'est également dans l'adversité que se dévoilent les caractères et se forment les vraies amitiés. Pour me remercier de mon aide, les Espagnols prennent neuf heures de garde d'affilée. Ils m'invitent à désormais me reposer.

Cinq jours plus tard, l'océan s'est calmé, mais Nacho rameute quand même tout l'équipage :

— Regardez, regardez, regardez !

À mon arrivée sur le pont, je suis témoin d'une vision tout à fait extraordinaire. Une sorte d'immense bras noirâtre se débat dans tous les sens à la surface de l'eau. Tout le monde se tourne vers Rupert et l'interroge sur cette espèce d'animal non identifiée :

— Qu'est-ce que c'est ?

La fumée de sa pipe pourrait faire des points d'interrogation, tant son expression faciale est équivoque.

— Je n'en ai absolument aucune idée.

C'est la première fois que Rupert ne sait pas. Cela signifie également qu'en 18 ans de navigation, il n'a jamais vu ça.

Nous avons tous le regard fixé sur cette sorte d'anaconda marin géant, ou plutôt cette gigantesque pieuvre, ou disons alors cette immense méduse, mais pas un membre de l'équipage ne sait dire ce que c'est.

18

Stopover à Down Under

— Terre !

Quelques jours plus tard, c'est une autre raison qui nous fait tous sortir du cockpit. Les premiers reliefs de la Nouvelle-Zélande s'offrent à nos yeux. Nous longeons doucement la côte, découvrant d'abord d'abrupts rocs qui sortent de l'eau, puis nous approchons du territoire. Les nombreuses collines vertes et les petites maisons parfois isolées me font penser au pays de Galles, où j'ai vécu un an durant mon adolescence. Le ciel est exceptionnellement bleu pour nous accueillir, mais la pluie se fait juste attendre, car elle nous tombera dessus les jours suivants. Depuis les Tonga, nous accumulons les couches de vêtements, tant la température diminue un peu plus chaque jour. Nous ressemblons aujourd'hui à des pêcheurs de crabes s'aventurant dans le détroit de Béring. En effet, nous avons quitté les tropiques pour atteindre le froid hiver de l'hémisphère Sud.

Le samedi 6 août 2011, plus de quatre mois après avoir quitté Carthagène, en Colombie, après avoir parcouru 7928 miles nautiques (14 682 kilomètres) en 66 jours de navigation, nous arrivons à notre destination, Auckland, en Nouvelle-Zélande !

Quelques jours plus tard, un *Khamsin* nettoyé est rendu intact à son propriétaire, Michele est reparti en Italie, Nacho et Diana ont trouvé une place de chef dans un restaurant espagnol, Rupert, que je n'oublierai pas, est parti socialiser dans un pub et, pour ma part, je reprends la route – en auto-stop évidemment.

Je réalise que cette forme de voyage m'a manqué. Je vais pouvoir dormir là, sous cet abri, dans cette montagne, faire un feu au bord du lac, m'asseoir sur ce tronc d'arbre, regarder la nature... Oui, je retrouve la liberté totale que j'ai cherchée, que j'ai voulue. Plus de contraintes, plus d'engagements.

C'est la source de mon bonheur actuel, et pouvoir la retrouver intacte est un véritable luxe. Je suis à la sortie d'Auckland et je me laisse envahir par ce sentiment puissant. Je sais maintenant ce qu'il me reste à faire. Pour invoquer l'inconnu, c'est tout simple : je lève le pouce.

À vrai dire, c'est même beaucoup plus simple que je ne le pensais, car le premier véhicule s'arrête. C'est un couple germano-néo-zélandais. Je partage la banquette arrière avec leur progéniture. Ce jeune enfant, qui a à peine l'âge de parler, trouve le moyen de tourner en dérision mon absence totale de connaissance en matière de rugby.

Plus tard, ce sont deux sympathiques Maoris qui me prennent. Eux sont assez âgés pour communiquer verbalement, mais le mélange entre leur prononciation polynésienne et leur accent kiwi (surnom donné aux Néo-Zélandais) produit un résultat qui m'est encore difficile à déchiffrer.

Direction Wellington, la capitale. Cette étape est importante, car je dois fournir des empreintes digitales dans le but de renouveler mon passeport. Après quatre ans sur la route, les pages sont finalement pleines. Wellington est une ville agréable.

Perchées sur des collines, de nombreuses maisons victoriennes font face à une plaisante baie. Je parcours tranquillement cette ville d'inspiration anglo-saxonne, toutefois préoccupé par la manière dont je pourrais atteindre l'île du Sud. Je visite une marina. Une dame m'informe que le détroit de Cook est aussi navigable que le cap Horn. Je raye donc l'éventualité de le traverser à la nage. Pour traverser ces vingt kilomètres de courants maritimes puissants, j'envoie un simple courriel aux deux compagnies de ferry qui assurent le service entre les îles principales du pays.

Quelques heures plus tard, la compagnie Interislander m'envoie un ticket aller-retour gratuit. Merci de m'aider à accomplir mon rêve. Je monte donc le lendemain sur le pont de cet immeuble flottant. Les sirènes retentissent, annonçant un départ imminent. Derrière moi disparaît progressivement la baie profonde de la ville de Wellington.

Le sillon créé par les hélices disparaît dans le détroit de Cook, tandis que nous pénétrons l'île du Sud par le Marlborough Sound. Ce bras de mer bleu azur s'enfonce dans les terres en zigzaguant entre des collines vertes, jaunes et violettes.

Au loin, les premiers pics enneigés apparaissent au milieu d'un ciel bleu et ensoleillé. Ils dominent un paysage qui me rappelle les fjords du sud chilien. Alors que j'admire ces berges arrondies et recouvertes de pinèdes, j'aperçois des phoques et des dauphins qui s'amusent à nager le long de notre insubmersible édifice navigable. Ils nous suivent jusque dans le port de Picton, où nous accostons.

Je reprends la route. Après avoir longé la côte est, je m'arrête succinctement à Christchurch, où je découvre les nombreux dégâts causés par le récent séisme. Puis, je continue mon chemin afin d'entrer dans ces élévations rocheuses qui font la renommée du pays. Des élevages de truites annoncent l'arrivée prochaine au lac turquoise Tekapo, lui-même rivalisant de majesté avec le mont Cook qui le borde. Le paysage devient fantasmagorique.

L'herbe marron, partiellement enneigée, recouvre les élévations abruptes du relief. La route se faufile entre les passes, et de nombreuses caravanes de touristes s'arrêtent pour prendre des photos. Mon conducteur, John, fait de même sous ma requête. En effet, je reconnais à mon tour ces paysages qui furent utilisés pour reproduire cinématographiquement l'univers pensé par Tolkien dans *Le Seigneur des anneaux*. Ces terres évoquent l'aventure. Je voudrais les immortaliser.

À Queenstown, je retrouve Nathan Proux dans son échoppe Small Planet. Je l'ai rencontré il y a presque deux ans à Miami, à l'issue d'un de ses périples en auto-stop. En tant que citoyen du monde, je ne suis pas surpris de trouver chez lui une véritable communauté internationale. Irlandais, Canadienne, Australien, Suédoise, Écossais. Tous sont saisonniers, et une grande partie sont passionnés de la balle ovale. Hasard ou pas, le lancement de la Coupe du monde de rugby approche à grandes enjambées.

Je prends un véritable plaisir à évoluer en stop sur ces îles. Il est assez rare pour le noter, mais le sentiment d'insécurité est tellement inexistant dans ce pays, que des femmes seules n'hésitent pas à me ramasser au bord de la route. À la sortie de Queenstown, rebelote, une demoiselle non accompagnée, puis, plus tard, c'est une cow-girl.

En fin de journée, ce sont littéralement, et d'affilée, trois jeunes mères avec leur bébé qui se succèdent pour me faire monter dans leur véhicule. En comparaison avec les pays précédemment visités, la méfiance me paraît absente de la vie des Néo-Zélandais. L'auto-stop est un bon moyen de le constater.

Je tends le pouce au milieu de la nuit désormais et, même dans ces conditions, je n'attends guère plus de dix minutes. Ai-je donc trouvé le paradis sur terre ? Comment ne pas le croire, quand je suis témoin d'attitudes qui représentent le but à atteindre dans de nombreuses organisations sociétaires. Les habitants laissent sans crainte leur porte de maison ouverte lorsqu'ils s'absentent.

Ils n'ont pas plus peur de se faire dérober leurs bottes sales, alors, ils les déposent à l'entrée des supermarchés pour ne pas salir le carrelage. Cette somme de bon sens et de considérations pour son prochain me réconcilie avec le genre humain.

Dans ce tour de Nouvelle-Zélande. Le prochain conducteur est un fermier kiwi, puis voilà un Australien implanté au pays des moutons[1] qui prend le relais. Dans un paysage formidable de montagnes, de lacs et de rivières multicolores, je prends la direction de la côte ouest et je multiplie les rencontres. Un psychologue me fait avancer jusqu'à Wanaka, j'accompagne un saisonnier à Lake Hawea, puis, petit clin d'œil à mes parents, un véhicule jaune et rouge s'arrête.

Mon père a effectué la majorité de sa carrière à La Poste, tandis que ma mère travaille pour DHL. C'est un van de cette compagnie qui s'arrête, mais celui-ci est conduit par un facteur. La photo que nous prenons ensemble évoquera certainement quelques souvenirs autant à mon père qu'à ma mère. Avant de leur envoyer cet amusant cliché, je discute allègrement avec mon généreux conducteur :

— Y a-t-il beaucoup d'auto-stoppeurs sur cette route ?

— Oh oui ! assez souvent. En fait, je les ramasse tous !

— Super ! Vous devez rencontrer beaucoup de personnes, du coup.

— Ah ça, c'est sûr ! J'ai même rencontré ma petite amie galloise de cette façon. Je vais bientôt déménager au Royaume-Uni pour que nous puissions vivre ensemble.

Ce pays est tout de même incroyable. Dans le reste du monde, les seules histoires d'auto-stop que l'on me rapporte sont scrupuleusement choisies dans le domaine du glauque. La Nouvelle-Zélande est-elle géographiquement trop éloignée pour que ces déprimants récits l'atteignent ? Force est de dire que la mentalité est différente. Même le facteur me parle d'amour trouvé sur la route !

Retour à Picton. Je récupère le second ticket gratuit et grimpe à bord du ferry pour Wellington. J'y termine *Bel-Ami* de Maupassant.

Les vents forts du large m'amènent aussi à me remémorer la pureté de la nature que j'ai découverte dans cette île du Sud, moins peuplée et plus sauvage que l'île du Nord. Voilà un territoire où il fait bon vivre. Des vignes de la région de Marlborough aux fjords du Milford Sound, en passant par la

1. Il est estimé qu'il y a 30 millions de moutons en Nouvelle-Zélande, soit environ 7 fois plus que d'habitants.

dynamique et organisée ville universitaire de Dunedin, les Kiwis du Sud semblent avoir constitué un équilibre parfait entre la gestion de leurs besoins naturels et le respect d'un environnement spectaculaire.

L'île du Nord n'est pas en reste. De Wellington à Masterton, je traverse des montagnes, des vallées et des collines. Comme un jeu où l'issue est toujours certaine, je lève le pouce et une voiture s'arrête.

Jusqu'à Hamilton, je partage les habitacles des gens du pays sans aucune difficulté. Je bats même mon record de rapidité pour l'arrêt d'un véhicule à la sortie de cette ville. Alors que j'ai encore la main sur la portière de mon précédent conducteur, une camionnette de supporters All Blacks s'arrête à ma hauteur. Déjà certain de leur destination, je leur demande confirmation :

— Vous allez à Auckland ?

— Oui ! Tu peux monter !

En effet, ce 24 septembre 2011 se joue un match très important entre les All Blacks et la France. La Coupe du monde de rugby a déjà commencé !

Je monte donc à bord du *All Black Bus*. Cet ancien bus scolaire de 1956 a été aménagé en bus de supporters par les joyeux drilles qui l'occupent. Comme il est totalement repeint en noir et affublé de sa fameuse fougère argentée, je pourrais avoir l'impression d'entrer en plein territoire ennemi. Pourtant, l'ambiance est au beau fixe avant cette grande rencontre de rugby. Elle le sera encore plus quelques heures plus tard quand les tricolores s'inclineront 37-17 à Eden Park.

À Auckland, la *City of sails*[1], je me mets en quête de trouver un bateau pour l'Australie. En ce qui concerne les voiliers, la majorité des skippers me conseillent de patienter jusqu'à avril. Personne n'osera se lancer au milieu de la saison des ouragans, qui sévit manifestement en ce moment.

Je focalise donc mes recherches sur le démarchage de compagnies de cargos. J'épluche minutieusement les mouve-

1. La « Ville des voiles », baptisée ainsi en raison du nombre impressionnant de voiliers qui s'y trouvent.

ments de chaque port du pays, envoie près de 500 e-mails personnalisés, mais je ne reçois aucune réponse favorable. Pour avoir bonne conscience, je décide de jeter un œil dans les marinas du nord de l'île. Je pose des annonces dans les yacht-clubs de Nelson, de Whangarei, puis d'Opua. Les quelques capitaines que je rencontre me répètent la même chose que les skippers d'Auckland :

— Attends jusqu'à avril.

L'inquiétude me gagne. Mon visa se termine dans deux semaines et je n'ai absolument aucune solution qui se présente à moi. J'ai l'impression d'avoir creusé toutes les pistes. Que puis-je faire de plus ? Pousser mes recherches dans l'aviation privée ? Attendre avril ou mai ? Construire une barque, fabriquer un sous-marin, attendre le gel de la mer pour marcher, faire un immense saut à la perche ?

Au plus profond de ma réflexion sur les moyens de transport utilisables pour traverser cette étendue d'eau, un nouvel e-mail arrive dans ma boîte aux lettres. Certainement une autre réponse négative, ou peut-être une plainte à mon égard d'un employé qui trouverait ma requête trop déplacée. Je l'ouvre quand même :

Bonjour, Jérémy,
La compagnie Sofrana et moi-même serions très heureux de pouvoir vous accueillir sur notre porte-conteneurs en direction de Brisbane. Nous voudrions pouvoir vous aider dans votre projet. Toutefois, nous devrons faire un détour par Nouméa, en Nouvelle-Calédonie. La traversée durera sept jours.
Sincèrement,
B. M.

À la lecture de ce mail, une joie immense me submerge. En voilà, une bonne nouvelle ! Et puis, ce détour en Nouvelle-Calédonie, quelle aubaine ! Plus longue sera l'escale et mieux ce sera ! Je me délecte déjà d'avoir un aperçu de ce morceau de terre francophone.

Le cargo partira trois jours avant la fin de mon visa. Je prends le risque d'attendre et reviens à Auckland, où la France doit affronter le pays de Galles en demi-finale de la Coupe du monde. C'est la fête parmi la colonie française. La France s'impose 9-8 et se mesurera en finale au vainqueur du match entre la Nouvelle-Zélande et l'Australie.

Durant l'attente de cet imminent départ, je croise aussi les doigts pour que mon visa *maritime crew*, nécessaire pour toute approche maritime des côtes australiennes, soit accepté. D'autres bonnes surprises se greffent à cette promesse de traversée en cargo. Je rencontre à Auckland mon cousin Charles. Il est venu expressément de Sydney, où il vit et travaille, pour voir la victoire française en demi-finale.

Avant de retourner en Australie, il me remet une petite enveloppe. Je l'ouvre. Il y a deux tickets pour assister au match de troisième place à Eden Park. Valeur du ticket, 358 dollars néo-zélandais (224 euros). J'en profite pour inviter Chris, mon hôte couchsurfing dans cette ville. Lui qui croule déjà sous les requêtes des passionnés de rugby, il m'héberge depuis deux semaines et s'est promis de m'aider jusqu'au départ de mon porte-conteneurs.

Nous découvrons donc ensemble un Eden Park étrangement vêtu de rouge (il est dit que les Néo-Zélandais supportent quiconque affronte les Wallabies), mais l'Australie bat le pays de Galles 21-18.

Le jour du départ arrive. Je ne peux cependant manquer la finale opposant la France à la Nouvelle-Zélande. Les rues d'Auckland sont noires de monde et de maillots All Blacks. De nombreuses animations sont installées pour cette ultime journée dédiée au rugby à XV. Au détour de l'une d'entre elles, je me retrouve subitement sur une scène, faisant face à 200 têtes de Kiwis qui m'observent. Un Maori me tend un micro :

— Comme vous êtes le seul Français dans les parages, auriez-vous l'amabilité de nous chanter votre hymne national ?

L'ensemble de la communauté française se trouve quelques rues plus loin en train de faire la queue leu leu sur un son de biniou. Impossible de me dégonfler, c'est l'honneur de la patrie qui est en jeu ! Je prends le micro, remplit d'air mes poumons et me lance dans les premiers versets de *La Marseillaise* :

— ALLONS Z'ENFANTS DE LA PATRIIII...IIII... EUUUUU...

L'assemblée entière me regarde, éberluée, puis commence à sourire. Elle se prend même à battre des mains en rythme, de plus en plus fort, avant de finalement m'acclamer dans un brouhaha infernal. Bien que je massacre totalement cette source de fierté nationale, n'ayant jamais été doué pour le chant, on apprécie mon entrain et ma bonne humeur. J'ai relevé le défi à gorge déployée. Néanmoins, cet élan patriotique n'est pas suffisant pour aider les tricolores à s'imposer. Devant l'écran géant de la zone des supporters, j'assiste à leur défaite (8-7). Malgré moi, je suis dépité. Annoncé en grande pompe comme futur ingrédient d'une chair à pâté néo-zélandaise, le XV de France s'est rebiffé et a presque failli l'emporter.

À Auckland, par contre, c'est la grosse fête. Toute la ville, soit un quart de la population néo-zélandaise[1], est descendue dans le CBD (Central Business District, le centre financier). Inutile de dire qu'avec mon drapeau bleu, blanc, rouge, je ne passe pas inaperçu dans cette masse euphorique. Mais bravo au gagnant, bravo à la Nouvelle-Zélande. Cette victoire est amplement méritée.

La conclusion de cette compétition sportive me rappelle subitement le début de mon voyage. Il y a maintenant quatre ans, en octobre 2007, je partais au milieu de la Coupe du monde de rugby organisée en France. N'ayant jamais été un franc passionné de ce sport, me voilà de nouveau mêlé avec les plus fidèles supporters du XV tricolore. Pour savoir où je serai dans quatre ans, devrais-je leur demander où est organisée la prochaine Coupe du monde ?

L'heure est venue pour moi de quitter la Nouvelle-Zélande. Pas par l'avion des joueurs qui s'apprête à parcourir d'un trait les 18 000 kilomètres les séparant de la France, mais par la mer,

1. Auckland compte un million d'habitants, la Nouvelle-Zélande, quatre millions.

encore une fois. En effet, le porte-conteneurs *Sofrana Surville V176* m'attend au port d'Auckland. Les dirigeants tiennent leurs promesses et m'invitent à faire du cargo-stop jusqu'en Australie. Je découvre la « bête » amarrée au dock. Peinte en vert foncé, sa coque permet de transporter une centaine de conteneurs multicolores, transférés à bord par deux grues jaunes installées sur le pont.

Je découvre l'équipage, qui est un mélange d'Ukrainiens, de Russes, de Lituaniens, de Philippins et de Birmans. Comme ces derniers sont condamnés à se côtoyer mutuellement et sans discontinuer, mon arrivée leur procure une occasion de diversifier leur routine sociale. Voilà pourquoi ils m'accueillent. Mais ils m'accueillent chaleureusement. Le capitaine russe m'invite à le suivre dans la tour centrale du cargo. J'arrive au *deck D* (quatrième étage) et il ouvre une porte sur laquelle je peux lire CABINE DU PROPRIÉTAIRE.

— Bienvenue dans ta cabine. Tu peux t'installer.

Je n'en reviens pas. En plus de m'inviter sur son cargo, la compagnie m'offre le passage dans la plus belle cabine qui se trouve à bord. Il y a trois pièces. La salle de bain, la chambre et le salon.

L'ensemble est boisé et de très bon goût. Un bureau, un canapé, un frigidaire… Il ne manque plus que la télé ! Seule la présence de deux hublots m'indique que je ne suis pas à la maison. Ces ouvertures étanches m'offrent d'ailleurs une vue immanquable sur l'océan. *Spasibo, captain*[1] *!*

Les repas sont servis chaque jour à heure fixe. À 8 h, midi et 18 h, je sors de ma cabine et descends au *poop deck* (dunette, rez-de-chaussée). J'arrive en face de la cuisine. Elle est occupée par un chef russe qui voltige de tous les côtés pour apprêter les mets. En effet, il doit composer selon les désirs internationaux de chacun. Les Philippins veulent absolument du riz et les Ukrainiens ne jurent que par le bortsch (potage aux légumes fameux en Europe de l'Est).

— S'il te plaît, viens par ici !

1. « Merci, capitaine » (russe).

Le capitaine met fin à mon hésitation. Il y a deux salles à manger. À ma gauche, l'équipage, à ma droite, les officiers. Je rejoins donc les ingénieurs, le capitaine et ses invités, enfin, *son* invité. Il y a 17 personnes à bord ; je suis donc la 18e.

À condition de ne pas déranger l'équipage, j'ai la possibilité de visiter et de photographier le cargo. La timonerie est le lieu que je préfère. Tout en haut de la tour centrale, c'est l'endroit d'où le navire est piloté. J'observe les différents instruments de navigation. GPS, cartes, météo, vitesse, etc. La passerelle offre également le meilleur point de vue du bateau pour observer l'horizon. De cet espace surélevé, j'admire l'océan, qui me paraît bien plus plat que depuis la barre d'un voilier.

La traversée sur la mer de Corail se déroule agréablement. Je me repose dans ma cabine, organisant les prochaines étapes de mon voyage. Nous faisons également une courte escale à Nouméa, en Nouvelle-Calédonie. Pendant quelques heures, je fais un petit tour dans le centre, qui est complètement déserté pour ce jour de la Toussaint. Puis, j'entre dans le port de Brisbane. Cette arrivée conclut officiellement ma traversée de l'océan Pacifique. Voilà donc l'Australie.

Pour ses kangourous, pour la terre rouge de l'*outback* (arrière-pays), pour son immensité, ce pays grand comme 14 fois la France me fait rêver. Je l'ai scruté pendant des semaines, des mois, sur ma carte du monde et c'est une réelle satisfaction que d'enfin pouvoir y mettre le pied.

Brisbane, capitale de l'État du Queensland, m'apparaît comme une ville à rallonge. Étendue comme ses consœurs américaines, elle me fait hésiter à la parcourir à pied tant la chaleur m'accable déjà. La fraîcheur hivernale d'Auckland est déjà loin, mais le climat subtropical de cette région australienne a au moins un avantage. En effet, je pourrai dormir à la fraîche sans m'inquiéter une fois hors de la ville. Pour l'instant, je la visite. Brisbane est très propre, très politiquement correcte, sauf quand la nuit s'installe. C'est le moment que choisit la jeunesse australienne pour sortir de sa torpeur. Les garçons braillent ivres morts, pendant que les filles maquillées à la truelle abandonnent quelques visions peu engageantes de leurs sous-vêtements. Toutefois, ce qui me choque le plus est un panneau que je découvre au panorama de Brisbane. Il décrit succinctement la création de la ville :

> LA VUE AUTOUR DE VOUS A BEAUCOUP CHANGÉ DURANT CES 180 DERNIÈRES ANNÉES. ELLE EST PASSÉE D'UNE FORÊT, SEULEMENT HABITÉE PAR DES ABORIGÈNES, À UNE VILLE COSMOPOLITE, AUJOURD'HUI PEUPLÉE DE GENS ORIGINAIRES DE PARTOUT DANS LE MONDE.

Incroyable. Ce panneau aurait pu remplacer « aborigènes » par *wombats* (marsupial australien) ou « autruches », que cela n'aurait fait aucune différence.

Le Queensland, « pays de la Reine », me brise rapidement l'envie de faire des courbettes à Sa Majesté. Les Blancs australiens, dit-on, sont les descendants de bagnards britanniques. Ils furent envoyés sur cette île-continent et condamnés aux travaux forcés.

J'envisage donc de faire comme les plus *outdoorsy* (personnes aimant les activités de plein air) d'entre eux et décide de m'extraire de toutes ces zones urbaines pour le moins superficielles. Sur ma liste des « endroits de rêve » à traverser au plus vite, il y a Gold Coast et Surfer Paradise. Ainsi, le 18 novembre 2011, je lève le pouce avec entrain, car c'est ma journée d'inauguration de *hitchhiking* (faire de l'auto-stop en australien) *en Down Under* (surnom donné à l'Australie).

L'auto-stop fonctionne très bien. Je n'attends qu'une quinzaine de minutes sous un soleil de plomb, quand une voiture un peu délabrée s'arrête. Un conducteur bavard me dépose à Byron Bay, le Santa Barbara australien avec ses surfeurs et ses hippies. Il me conte au passage quelques anecdotes d'auto-stoppeurs :

— Tu connais Ivan Milat ?

— Non, devrais-je ?

— Euh... Peut-être pas, en fait. Il est connu pour avoir assassiné de nombreux auto-stoppeurs il y a quelques années. Tu devrais faire attention quand tu es sur la route.

J'ai l'impression d'avoir traversé plus qu'une mer depuis la Nouvelle-Zélande.

Je longe la côte au rythme des rencontres. Un professeur, un surfeur en short, un journaliste. Je dépasse 140 000 kilomètres d'auto-stop quand un *road train* s'immobilise. Ces immenses camions peuvent traîner un nombre impressionnant de remorques.

Une fois qu'ils sont lancés, il est bien difficile de les arrêter. Voilà pourquoi ils sont protégés d'un immense pare-buffle. La faune locale n'a qu'à bien se tenir. Kangourous, wallabies, émeus, voire aborigènes puisqu'ils sont apparemment considérés comme de simples mammifères, explosent sans aucune forme de procès sous le contact de ces trains de la route.

Vincenzo, un Italien de Calabria, se traîne comme son chargement. Sa *mamma* l'a trop nourri : il pèse 200 kilos. Sur la route de Sydney, il allume une pipe, dont il surnomme le contenu *ice*. Je suis curieux :

— Qu'est-ce que c'est exactement ?

— M'pose pas c'te question, et j'te dis pas d'mensonge.

J'apprendrai plus tard que ce fameux *ice* est un dérivatif de crack, donc de cocaïne. Il m'informe toutefois sur les « avantages » de cette « confiserie pour hommes » :

— Ça m'aide à rester éveillé. Une fois, j'ai pas dormi pendant sept jours avec c'te merde. Un bon ami à moi, l'a réussi jusqu'à treize jours sans fermer l'œil. Good shit !

À le voir, je n'ai pas peur qu'il s'endorme, mais les raccourcis qu'il prend autant dans ses phrases que sur la route m'inquiètent. Je décide de le faire parler ; cela semble le ralentir :

— Ça fait longtemps que tu es routier ?

— Ben, pas trop. J'sors juste de taule. J'suis resté un an. Un d'mes amis m'volait d'l'argent. Alors, j'me suis pointé chez lui, pis j'ai défoncé sa caisse avec mon gun. J'l'ai tellment fait flipper qu'il a maintnant un garde du corps jour et nuit. Ha ! ha ! ha !

Je me demande vraiment si je devrais faire parler Vincenzo. Pendant plus de 400 kilomètres, il enchaîne des histoires toutes plus surprenantes les unes que les autres, puis il ralentit enfin son train de la mort. Ouf, terminus, tout le monde descend.

Sydney. Je retrouve mon cousin Charles entrevu à Auckland. Moi qui lui disais arriver au mois de juillet, je n'ai finalement que cinq mois de retard. Je me repose chez lui pendant quelques jours, profitant pleinement de sa présence familière. Je connais Charles depuis mon plus jeune âge.

Nous faisions partie de la génération junior et partagions la même table lors des dîners de famille. (« Pour les enfants, c'est la petite table ronde là-bas. ») Aujourd'hui, Charles est un adulte. Il est responsable chez la marque française Le coq sportif, qu'il a contribué à exporter jusqu'en Australie. Son bureau est à Sydney.

Je découvre la ville à ses côtés. Il me montre les nuits australiennes des *sydneysiders*, où les surfeurs branchés côtoient les yuppies locaux. Tous se réunissent autour d'un baril de houblon. Pourtant, au-delà de l'évidente fratrie qui se crée au rythme des bières écumées, je remarque que chacun se soucie de son apparence. Muscles contractés, tatouages débordant amplement des zones vêtues, ces images me rappellent beaucoup ma découverte de la côte brésilienne.

Le jour, ce constat est aussi amer que de la Vegemite (pâte à tartiner australienne à base de levure de bière). C'est le défilé dans les rues de Sydney. Je suis de retour dans une société de pays développé, et j'observe simplement le bonheur illusoire dont chacun se vante d'être le possesseur. Heureusement, Charles s'occupe de moi.

Il m'emmène à droite, à gauche, me présente ses amis. Le dimanche, nous allons à la plage. Avant de partir, il m'offre un sac. Dedans, des tee-shirts, un pull-over, une casquette, des chaussures neuves.

Frais comme un gardon, je reprends la route. Mes réserves financières s'évaporent et il faut que je trouve un job. Grâce à mon visa « vacances-travail », j'espère économiser assez d'argent pour continuer mon périple vers l'Asie. Néanmoins, je ne pense pas trouver chaussure à mon pied à Sydney, quoique, littéralement, ce soit déjà fait.

Direction Melbourne. Je suis accompagné cette fois d'une Australienne. Ann est une couchsurfeuse qui souhaite faire un peu de stop jusque dans l'État de Victoria.

Après quelques jours passés sur la route et un détour chez sa sœur à Canberra, nous arrivons dans la périphérie de Melbourne. Comme dans une série américaine ou plutôt comme dans la réalité américaine, une voiture de la Police Highway Patrol s'arrête en catastrophe à notre hauteur :

— Il est interdit de marcher le long de l'autoroute et d'y faire du stop !

Nous échappons de peu à l'amende, puis les officiers trouvent une solution qui nous convient à tous. Ils nous déposent à une station de tramway, d'où nous pouvons facilement gagner le centre-ville. Mentalement au chômage depuis Sydney, j'arpente les rues de Melbourne avec pour seul objectif de trouver du travail. J'arrive devant le Tusk Cafe, un lieu apparemment populaire et branché pour les affamés. Je tombe directement sur le patron. Après une brève introspection sur mon passé dans la restauration, il conclut :

— Apprends les menus, l'emplacement des tables et reviens lundi à onze heures trente.

Bingo !

J'arrive en avance pour cet essai. Bien que je connaisse le métier, j'ai l'impression d'être aussi stressé que lors de mon premier boulot. Le fait de ne pas avoir officiellement travaillé pendant quatre ans me fait peut-être peur. Avoir un patron, des collègues, des clients ?

— *Hamburger for the 13, wine for the 21, double cappuccino for the 6 ! Let's go, go, go !*

Ma boule au ventre disparaît très rapidement devant ce tourbillon de commandes. Cet essai, que j'ai décroché en seulement deux heures de recherche, est concluant. Cerise sur le gâteau, c'est un plein temps, payé vingt dollars de l'heure (environ 16 euros).

Après un mois et demi au Tusk, j'ai déjà économisé 3400 dollars. L'Australie est bel et bien le *lucky country* (pays chanceux, car l'économie est souvent en bonne santé) annoncé. Je partage une chambre en collocation avec Vincent. C'est un Parisien venu chercher le rêve australien. Il n'a cependant pas l'air si émerveillé. Nous n'avons pas d'affinités spéciales. À vrai dire, la seule chose que je partage avec lui, c'est son ennui. Pour certaines personnes, passer un an en Australie est le voyage d'une vie.

Pour moi, c'est un retour à une vie normale et sans imprévus. J'ai l'impression de perdre mon temps, de ne rien apprendre, de n'avoir aucune discussion intéressante et constructive. Mon unique but est d'économiser assez pour ensuite voyager en Asie et de recommencer à « vivre ».

La seule chose que j'aime à Melbourne, c'est mon travail. Simple serveur, mais qui me permet toutefois d'avoir quelques interactions sociales. J'aime la simplicité, j'aime les gens, c'est d'ailleurs pourquoi j'aime l'auto-stop. Grâce à ce moyen de transport, je peux me nourrir de rencontres chaque jour que je passe sur la route.

En attendant, c'est un steak de kangourou que j'ingère pour le déjeuner. Au moins une expérience originale de vécue en Australie.

Allez, plus que deux semaines et je retourne sur la route. Mon immobilité me pèse ici. Déjà trois mois que je stagne et l'envie de détaler vers l'*outback* me démange fortement.

19

Douceur indonésienne

Je choisis le 12 mars, un lundi, pour quitter Melbourne. C'est le jour de mon anniversaire et je m'offre ce cadeau. La route, qui mène à la découverte de nouvelles choses, la route, semée d'imprévus, d'embûches, de peines et de joies.

Mon expédition sociale en terre australe se révèle assez décevante. Quelques bonnes rencontres, mais beaucoup, trop, de discussions stériles. En conséquence, je réduis les étapes et file à vive allure vers Portland, puis Adélaïde. Je visite cette ville assez rapidement le lendemain. Le centre est entouré de jardins, lui donnant l'allure d'une grosse ville de campagne. J'ai l'impression d'avoir subitement atterri dans le Midwest américain. Les rues sont rectilignes, sans style, monotones. Je profite surtout de cette escale pour préparer ma future traversée de l'arrière-pays jusqu'à Darwin. Beaucoup d'eau et quelques vivres devraient être suffisants pour parcourir ces 3000 kilomètres de désert rouge. Cela me rappelle la façon dont je m'étais préparé lors de mon départ de Vancouver pour me rendre en Alaska. Avec l'eau en plus.

Zzzzz. Paf ! Zzzzz.

Les mouches m'envahissent le visage. Si ce n'est pas le soleil, ce sont les claques que je m'inflige pour les éloigner qui vont me faire rougir. La route est poussiéreuse, le climat, chaud et sec. Il y a très peu de trafic dans cet immense désert de l'*outback*, et je n'ai aucune difficulté à me sentir seul au monde. Le silence est brisé par un 4 x 4, puis une voiture qui m'amènent un peu plus loin au milieu de rien. Dans ce désert, les rencontres que je fais sont logiquement plus intéressantes. Mes sessions de stop mènent à de longues conversations, tant les distances s'étirent.

Hier, c'était un médecin, ce matin, un mineur, ce soir, c'est Nigel, un Anglais d'une cinquantaine d'années. Nous apercevons quelques émeus sur ce trajet d'environ mille kilomètres. Le paysage désertique est plat et linéaire.

Seuls quelques plantes et arbustes parviennent à survivre dans cette terre aride. La lumière tombe peu à peu. Comme en Patagonie, le coucher de soleil propose des couleurs intenses et chaudes. Chaudes comme l'air, qui ne se rafraîchit qu'une fois la nuit tombée.

Je me réjouis un peu trop vite, pensant que les mouches disparaîtraient avec l'arrivée de la lune. Un simple faisceau de lumière attire toute la population d'insectes de l'arrière-pays. Ils sont énormes et viennent se heurter violemment à nos phares. Mais qu'abrite donc cette savane ? Je me souviens à ce moment que le désert australien possède les espèces de serpents les plus venimeux du monde, mais aussi quelques scorpions, quelques dingos (chiens sauvages)...

Nigel me raconte quelques anecdotes de son ancienne vie, lui qui travaillait dans les aéroports. Nous parlons toute la nuit pour rester éveiller. Le lever du soleil nous rallume un peu, et j'admire le retour de cet astre lumineux qui réapparaît dans une symphonie de couleurs roses et rougeoyantes incroyables. Les insectes vont se coucher, les mouches se réveillent, et Nigel me dépose à Erldunda.

Quelques heures plus tard, Beni le Suisse arrête son camping-car. Je voyage avec lui dans les terres rouges et brûlées du centre australien. Nous admirons Uluru au coucher du soleil. Ce gigantesque monolithe rouge posé au milieu d'un désert plat semble s'éclairer d'une lumière interne lorsque le soleil se trouve à l'horizon. Comme si on activait un interrupteur et on diminuait la densité du faisceau lumineux, les mouvements du soleil modifient graduellement la teinte de ce colossal bloc rocheux. Orange clair, orange foncé, rouge, violet, puis, à la disparition du soleil, le monolithe s'éteint.

Le lendemain, nous effectuons une randonnée autour du Kata Tjuta. Les immenses rocs sont de la même consistance qu'Uluru, mais plus petits et dispersés. Des touffes de plantes vertes sortent vivement du sol entre ces roches rouges à la façade si glissante. Le contraste est détonnant et la balade fluctue entre le *bush* et des paysages martiens. À la sortie d'Alice Springs, un couple d'Allemands s'arrête. Je réalise que je parcours l'*outback* essentiellement grâce à l'aide des touristes et expatriés. Christian et Julia me déposent à Tennant Creek.

Le paysage n'a pas changé depuis mon entrée dans ce désert. Plat, avec quelques arbustes qui poussent au milieu de rares herbes sèches et sur une terre rouge vif. Les villages sont très éloignés les uns des autres et, quand il y en a un, il est minuscule.

La seule attraction de cette portion de route est une station-service, où le gérant est un passionné des ovnis. Il a redécoré toute sa station à l'effigie de Roswell et de ses soucoupes volantes. Plus loin, quelques roches me rappellent ma récente visite d'Uluru. Les Devils Marbels ou Billes du Diable sont de grosses pierres rouges arrondies qui semblent sortir de nulle part au milieu de cette terre stérile. Puis, nous arrivons en fin d'après-midi à notre destination.

BAM ! BAM ! BAM ! HÉÉÉÉ !

Je suis extrait de ma somnolence par un vacarme. N'ayant pu trouver un véhicule avant la tombée de la nuit, je suis allé me réfugier sur un banc de la petite station de bus Greyhound de Tennant Creek. Je pensais être au calme dans ce village de 3000 habitants, mais il est dit que, cette nuit, je continuerai mon apprentissage du monde et de ses problèmes.

Je découvre la source de ce tapage. Plusieurs aborigènes sont attroupés devant le *bottle shop* et matraquent la porte en fer. Ils semblent impatients de voir le magasin s'ouvrir pour dépenser leurs deniers gouvernementaux dans les différentes liqueurs disponibles.

Je me rendors.

Quelques heures plus tard, les effets de l'alcool sont montés à la tête de ces aborigènes et ils viennent me rendre une petite visite. J'ouvre l'œil et en trouve une en train de me caresser la tête :

— Ça va ?

De sa bouche émanent de fortes vapeurs d'alcool. J'ai sommeil et je ne désire pas partager sa débauche :

— J'ai sommeil.

Elle éclate de rire et lance à ses amis :

— Il dit qu'il est heureux ! Ha ! ha ! ha ! Il est marrant.

Suite à ce malentendu – elle a entendu *happy* au lieu de *sleepy* –, elle me fait un énorme bisou baveux sur le front, puis rejoint la masse ambulante qui titube ivre morte dans la rue principale. Je les observe. Déjà, la vue d'un aborigène habillé en Occidental me choque. Comme s'ils se déguisaient grossièrement pour se confondre dans un environnement qui n'est pas le leur. Le résultat est tragi-comique, mais l'envie de rire me passe quand je comprends l'origine du problème.

J'en ai déjà été témoin en Amérique du Nord avec les Amérindiens, en Amérique latine avec les Quechuas. L'homme blanc colonisateur adapte et perfectionne ses techniques pour se débarrasser des autochtones. Il sait que partager ses vices avec les indigènes les mène à leur propre destruction. L'alcool, la drogue, entre autres. Évidemment, les désagréments créés par cette débauche ont d'ennuyeuses répercussions sensorielles pour les Blancs australiens, qui ne se gênent pas pour s'en plaindre :

— Ils sont sales, ils puent, ils ne font rien à part utiliser l'argent de nos impôts pour s'enivrer jusqu'à la mort.

Pourtant, qui est l'envahisseur ? Qui a apporté l'alcool ? Qui a apporté la drogue ? Qui donne l'argent en dédommagement ? Qui fournit tout cela aux aborigènes ?

Ce peuple, qui vivait en parfaite harmonie avec la terre, a subi de plein fouet l'arrivée de ces Blancs qui ne souhaitent utiliser le sol que pour son « propre progrès ». Aujourd'hui, la vision des aborigènes est apocalyptique. J'ai l'impression d'être témoin des derniers moments d'existence d'un peuple et d'une culture. Demain, ils ne seront sans doute plus. Quelle tristesse !

Au réveil, un Indien me fait avancer de 700 kilomètres jusqu'à Katherine. Toujours pas d'Australien. Pritpal est un sikh du Penjab. Nous parlons de l'Inde pendant une bonne partie du chemin. Le paysage commence finalement à changer. Un climat tropical s'installe, le vert remplace le rouge, les arbres s'agrandissent.

Le dernier véhicule pour Darwin, le *top end* de l'Australie, m'est offert par une aborigène assimilée, c'est-à-dire occidentalisée. Nous arrivons de nuit, et Alicia, une Argentine, m'héberge. Elle me cache dans sa voiture quand nous entrons dans le garage. En effet, elle est logée dans un hôtel cinq étoiles que son employeur lui fournit, et il lui est logiquement interdit d'y offrir l'hospitalité. Après avoir passé mes nuits d'*outback* dans un camping-car, sur un banc, dans une station de bus, je conclus cette traversée du désert par une nuit régénératrice dans le luxueux hôtel Mantra.

Je suis à la frontière de l'Asie.

Il me tarde de découvrir de nouvelles cultures, de goûter de nouveaux plats, d'entendre de nouvelles langues, de sentir de nouvelles odeurs, d'apprendre et d'expérimenter, tout simplement. Mais, avant cela, il me faut trouver un moyen de traverser la mer du Timor pour atteindre l'Indonésie. Une fois seulement cette condition remplie, je pourrai enfin découvrir le dernier continent qu'il me reste à parcourir. La fin approche, l'Asie sera-t-elle l'apothéose du voyage ?

Je reprends mon quotidien de bateau-stoppeur en fouinant dans les marinas et les mouillages de Darwin, où je ne trouve qu'un seul catamaran qui flotte tout penaud au milieu d'un mouillage. La saison des cyclones n'est pas terminée, et peu de marins se risquent à exposer leur embarcation. Pourtant, que j'aimerais filer à l'instant pour rejoindre l'Asie. Il m'est de plus en plus difficile de regarder la carte du continent sans pouvoir faire autre chose que de l'imaginer.

L'Asie signifie également une indépendance financière. Pour un simple auto-stoppeur, l'Australie est absolument hors de prix. Je vois mes économies fondre trop rapidement à chaque repas que je prends, à chaque nuit que je passe en dortoir. Les rares rencontres que je fais ne me font pas beaucoup avancer. Keith, un ancien militaire, policier et gardien de prison, m'invite chez lui. Comme il voudrait bien stopper l'hémorragie alcoolisée des aborigènes, il distribue une feuille de discussion au parlement du Territoire du Nord. Seulement, Keith est alcoolique lui-même. Pendant quelques jours, j'observe sa colère et sa violence, puis je m'en vais.

Je ne tiens plus en place. J'étends ma recherche aux paquebots et aux avions, que je n'ai jamais pris en stop jusqu'à présent. N'importe quel véhicule me conviendrait, tant qu'il traverse cette agitée mer du Timor. Malheureusement, j'ai la vague impression qu'il va me falloir attendre la belle saison pour pouvoir prendre la mer. Combien de temps devrai-je attendre ? Un mois, deux mois ? Pour ne pas patienter vainement, je pars à la recherche d'un nouveau job.

Le jour même où je trouve un emploi, je reçois simultanément un e-mail d'un certain Tony :

C'est pour quand ? Dharmadi est le responsable de la filiale Indonésie. Vous devriez lui parler.

Qui m'offre donc son aide ? Et en quoi cela consiste-t-il ? Je parcours le fil de la discussion et réalise que mon interlocuteur n'est ni plus ni moins que Tony Fernandes, le PDG d'AirAsia en personne. Il répond à l'une des centaines de requêtes que j'avais adressées aux compagnies aériennes ayant des vols vers l'Indonésie.

Il faut savoir que Tony Fernandes est l'un des hommes les plus riches du monde. Sa compagnie low cost a déjà fait voler plus de 100 millions de passagers. Je crois tout d'abord à une blague, car cet homme d'affaires doit sûrement avoir d'autres choses à faire que de répondre à une demande d'avion-stop. Eh bien, non. Tony Fernandes transfère ma requête à M. Dharmadi, le PDG de la filiale Indonésie de la compagnie, qui, lui, la transfère à son assistante, Mme Audrey Petriny, laquelle confirme la bonne nouvelle dès le lendemain. C'est officiel : AirAsia m'offre généreusement un vol gratuit Darwin-Denpasar. Et, petit plus de la compagnie, si j'écris un article sur mon histoire pour le magazine de bord AirAsia, on m'offre tous les vols internes pendant un ou deux mois.

Voulant avant tout rester au contact des populations locales, je décline cette offre, mais leur envoie quand même un récit de mon voyage.

Le 6 avril 2012, à 15 h 20, me voilà dans l'avion. C'est bien l'une des rares fois où je connais l'heure exacte de départ de mon prochain véhicule. L'Airbus se dirige vers la piste, nous décollons. Impossible de faire machine arrière maintenant : je m'envole vraiment vers de nouveaux horizons. Je ressens un début d'euphorie. Ma forte envie de découverte va pouvoir se matérialiser. Parallèlement, je quitte l'Australie sans regret, car ce pays m'a globalement déçu. Ce que je désire le plus se trouve devant moi à présent, et je savoure le moment. Toutefois, je n'ai que peu de temps pour apprécier le confort de l'appareil, car 2 heures et 15 minutes plus tard, j'arrive à l'aéroport de Denpasar, sur l'île de Bali.

Selamat Datang di Indonesia !

Dès le passage du panneau me souhaitant la bienvenue dans le pays, c'est la cohue. Des gens partout, une activité incessante, on me pousse, on me bouscule, d'innombrables chauffeurs de taxi me sollicitent. Quel contraste avec le puritanisme anglo-saxon ! Ici, on n'utilise aucune pincette pour m'aborder. Simple et direct, pas de prélude froufroutant composé de compliments hypocrites à l'interlocuteur, l'Indonésien entre directement dans le vif du sujet. Il n'a pas peur d'interagir, ni de s'adresser à un inconnu. De fait, je ressens un potentiel immense d'interactions sociales à réaliser. Quel bonheur ! Je sens la vie renaître autour de moi. La vie, oui, car voilà la définition que j'aime lui donner.

C'est l'éveil des sens. Je me jette sur toutes les données sensorielles qui m'entourent. Le sourire systématique qui irradie le visage des Indonésiens m'enchante, une musique lancinante aux tonalités méditatives me charme, et même la senteur de clou de girofle des *kreteks* (cigarettes indonésiennes) me chatouille délicatement le nez. Ce flot d'informations papillonne de toutes parts et marque un accueil raffiné sur ce nouveau continent.

Impossible de décrocher autre chose qu'un sourire. Il restera figé jusqu'à la dernière minute de cette journée. J'éprouve de la joie, car je me sens dans mon environnement. Je ne connais peut-être rien de la langue, encore moins de la culture, mais cet hymne à la vie ravive instantanément mon désir de rencontrer et d'échanger.

À la sortie de l'aérogare, je me dirige dans les rues de Kuta. Les commerçants prennent le relais des chauffeurs de taxi et me déclament la totalité de leurs services :

— Souvenirs, hôtel, restaurant, excursions, massage ?

Puis, plus loin, des offres étrangement malsaines :

— Marijuana, Viagra, filles, sexe ?

Je réalise rapidement que ce foyer de culture hindoue a été souillé par le tourisme de masse. Je vois un vieux *bule* (Occidental blanc en indonésien) se trimbaler, fier comme un général, avec une jeunette quatre fois moins âgée que lui. C'est une vision commune et elle me dégoûte. Comment ces jeunes Indonésiennes encore adolescentes peuvent-elles être attirées par ces vieux Blancs ventripotents ?

Kuta, Legian, Seminyak. La partie la plus touristique de l'île est un véritable cauchemar. Ces bandes d'Australiens torse nu et bière à la main, braillant comme s'ils étaient à la maison, m'inspirent un profond mépris.

Leur proximité géographique avec cette enclave hindouiste leur permet de profiter facilement de ce sublime morceau de terre volcanique. Pourtant, une fois de retour chez les kangourous, ils n'hésitent pas à qualifier les Indonésiens de sous-hommes, de larbins et de sauvages.

Je décide de m'extirper au plus vite de cette zone de débauche. J'appelle Herdiwati, ma couchsurfeuse, pour déterminer notre lieu de rencontre. Où pourrai-je la retrouver ? Je regarde autour de moi. Les temples hindous ont depuis longtemps cédé la place aux commerces plébiscités par les Blancs en tongs. Un grand M jaune dénature totalement un paysage de plage qui devait être paradisiaque il y a quelques dizaines d'années. Le seul avantage est que sa remarquable laideur acidulée crée un point de rendez-vous pratique : le McDonald's de Kuta Beach.

Elle arrive et je découvre une petite Asiatique à la peau dorée. Elle est calme, silencieuse, et ses jolis yeux en amande ne trahissent aucune de ses pensées. Il est temps d'y aller, et elle me fait grimper sur son scooter. Nous défilons à toute allure dans les rues de cette partie de l'île. Je m'accroche sérieusement, notant au passage une nouvelle caractéristique de ce pays : la proximité des choses.

Toutes les rues sont très étroites. Il n'y a pas ou peu de trottoirs. Je n'aperçois presque aucun piéton, et, de toute façon, je ne vois pas comment ils pourraient déambuler dans ces lieux. Chaque axe, aussi minuscule soit-il, est occupé par un flot ininterrompu de scooters qui se croisent dangereusement dans une circulation chaotique, mais organisée.

Le chemin qui mène à Canggu nous fait passer au milieu d'une zone urbaine surpeuplée. La densité de population est hallucinante. Chaque espace est utilisé. Entre deux bâtiments abritant dix familles, il est possible de voir une rizière. Béton, champ, béton.

Wati habite dans une maison sans ornement qu'elle loue. Il n'y a pas de meuble, tout est posé à même le sol. La télé, le matelas, le ventilateur. Me voici aux antipodes d'une société consumériste, car ici règne la simplicité. Le manque d'intérêt à rester enfermé chez soi mène les Indonésiens à sortir et à socialiser. Pour un voyageur comme moi, c'est une superbe occasion d'aller à leur rencontre.

Je commence à apprendre la langue indonésienne. L'Indonésie compte 17 000 îles, où s'éparpillent 250 millions d'habitants. Au fil des siècles, de nombreux dialectes surgirent à droite et à gauche du quatrième pays le plus peuplé du monde. Par souci d'unifier son peuple, le gouvernement indonésien introduisit en 1945 une langue facile à apprendre et accessible : le *bahasa indonesia*.

Un peu comme les langues bantoues d'Afrique, le *bahasa* est très simple. Pas de conjugaison, pas de temps, pas de genre, pas de pluriel, pas de tonalité. Juste une grosse masse de vocabulaire à intégrer. Au bout de quelques jours, les premiers résultats se font sentir. L'attitude des gens passe de l'aimable au chaleureux. Qui est donc ce Blanc qui essaie d'apprendre notre langue ? Avec plaisir, ils m'expliquent les traits de leur culture qui me semblent curieux.

J'élis pour école de *bahasa* les *warungs*. Ces petites gargotes populaires de bord de route proposent des plats indonésiens délicieux et peu onéreux. *Nasi ou mie goreng* (riz ou nouilles frits), *bakso* (boulettes de viande en soupe), *pempek* (gâteau de poisson), l'ensemble est un pur bonheur pour les papilles. À moins de 10 000 roupies (environ 0,80 euro) par repas, je sais que je pourrai découvrir à mon aise l'aspect culinaire du pays.

Il y a tout de même quelque chose qui m'inquiète en Indonésie. Comment vais-je réussir à me déplacer en stop ? Les routes sont très étroites, le trafic est insensé, trouver un bon spot est difficile et dangereux. Est-il utile d'ajouter que le concept d'auto-stop est ici totalement inconnu ? Au premier abord, voilà déjà quelques promesses qui annoncent la grande aventure !

Pour mieux appréhender les difficultés du trafic, Wati s'assoit un jour à l'arrière du scooter et m'annonce :

— Tu conduis.

M'entourant d'abord délicieusement de ses bras, Wati finit par s'agripper fermement à mes vêtements alors que j'effectue mes premiers kilomètres en deux roues. Elle a l'air plus effrayée que moi lors de mon premier jour à Kuta. Néanmoins, elle me guide brillamment dans les méandres de la circulation balinaise, et nous prenons la direction du temple d'Uluwatu, à une vingtaine de kilomètres plus loin.

« Examen de conduite réussi », me dis-je, confiant alors que nous sommes à cinq minutes d'arriver à la maison.

« Ou presque », dois-je ajouter quand je me vautre dans l'un des derniers virages. Heureusement, pas de casse, juste quelques petites frayeurs et une Wati arborant le sourire du vainqueur :

— Je te l'avais bien dit de faire attention.

Voilà deux semaines que je suis chez Wati, moi qui devais rester seulement trois jours. Elle est la première personne que je rencontre en Asie et, à vrai dire, nous nous rapprochons. Le coup de foudre que j'attendais avec ce continent s'est finalement personnalisé en elle. Chaque jour, nous faisons un tour sur l'île avec le scooter.

Chaque soir, nous allons à la plage pour admirer le coucher de soleil. Le temps semble ralentir en sa présence, puis, un jour, il s'arrête complètement. Tous deux assis sur le sable blanc de l'île des dieux, le soleil est parti depuis bien longtemps, mais nous continuons de fixer l'horizon. Puis, nous nous regardons. Pour une fois, j'arrive à atteindre ses pensées. Nous éprouvons désormais des sentiments l'un pour l'autre ; alors, doucement, je lui prends la main, et je goûte ses lèvres parfumées à la poussière de riz.

Cela fait maintenant quatre ans et demi que je suis sur la route. Je sens intérieurement que cette période de ma vie faite d'imprévus et de brèves rencontres est proche de sa conclusion. L'envie de découvrir et d'apprendre est toujours là, mais je suis las de toujours partir.

J'approche également de la trentaine. Conséquence génétique ou pas, le désir de partager les petits bonheurs de la vie avec quelqu'un émerge. Je réalise cela en compagnie de Wati. Elle est une femme avec qui je serais heureux de vivre. Sérieuse, simple, honnête, volontaire, le tout saupoudré d'un brin de folie et d'humour qui ne me laisse pas insensible.

Seulement, je dois mener ce projet à terme. Je suis trop près de la fin pour abandonner et, si je le faisais, je m'en voudrais à vie. Je lui demande de m'attendre, un an tout au plus, la durée que j'estime pour achever ce voyage.

Wati comprend mon besoin de terminer ce projet. Mais la vision commune de toute cette lie occidentale qui se dandine avec arrogance au bras des Indonésiennes les plus vénales ne l'aide pas à me faire confiance. Comment ne pas la comprendre ? J'ai moi-même été choqué lors de mon arrivée. Alors, je souffre de la réputation logiquement méritée des Occidentaux à Bali.

Puisqu'ils sont tous odieux ici, en quoi serais-je différent ?

Et puis, un an, seul, en liberté totale et en mouvement constant. Comment est-ce possible ? Beaucoup d'interrogations et d'incertitudes, mais je suis une nouvelle fois mes intuitions. Si mon avenir n'est pas à Bali, je l'accepterai. Mais si mon destin se révèle être lié à Wati, alors, je reviendrai. Seul l'avenir nous le dira.

20

Au Royaume Khmer de la débrouille

Le moment est venu de nous dire adieu, temporairement, j'espère. Après trois semaines passées chez Wati, je reprends la route. Il me reste toute l'Asie à découvrir, et j'ai décidé de commencer ma visite par Yogyakarta, prévoyant au passage une escale au volcan Bromo. Il est temps de voir comment fonctionne l'auto-stop en Indonésie.

Wati me dépose dans le village de Tabanan, où la densité urbaine commence à décroître. Au moment où elle repart, elle me manque déjà. J'éprouve un immense sentiment de culpabilité. Combien de fois ai-je laissé derrière moi des personnes qui comptaient à mes yeux ?

Mieux vaut rentrer au plus vite dans le vif du sujet, si je ne veux pas que le courage m'abandonne. Je me positionne donc à la sortie d'un virage et j'observe le trafic. Les véhicules arrivent lentement et en masse. Je regarde les conducteurs tout en souriant, une technique que j'ai utilisée dans tous les pays que j'ai traversés jusqu'à présent.

Toutefois, je n'utilise pas mon pouce ici. C'est inutile puisque cela ne veut rien dire. À la place, je mime le geste des gens d'ici lorsqu'ils veulent arrêter un transport public. La main à mi-hauteur, paume tournée vers le sol, je l'agite doucement de haut en bas, comme si j'indiquais à chaque conducteur de ralentir. Ainsi, pour la première fois en Indonésie, je requiers *menumpang* (mot indonésien signifiant « invitation gratuite »).

Après seulement cinq minutes d'attente, j'ai la chance qu'un camion s'arrête. Il va vers Malang en empruntant la route côtière balinaise. Pendant trois heures, nous longeons un paysage de rizières, de temples hindous, de cocotiers et de plages.

Mon premier conducteur n'est pas très loquace. Il est vrai que mon niveau d'indonésien ne permet pas des conversations élaborées. Nous arrivons à l'entrée du port de Gilimanuk, et mon camionneur me dépose :

— *Mau tidur.*

Il veut dormir.

Depuis le parking, j'assiste au ballet incessant des ferrys qui transitent entre Bali et Java. Pour accéder en stop à l'île la plus peuplée d'Indonésie, il me faut grimper auparavant dans un nouveau camion. Ce type de véhicule peut transporter gratuitement un certain nombre de passagers.

Cette première expérience de ferry-camion-stop se révèle concluante, car, quelques minutes plus tard, je vogue avec douceur entre ces deux îles volcaniques. Après une heure passée sur le ferry, je débarque sur l'île de Java et je note immédiatement une différence religieuse.

La foi passe du polythéisme au monothéisme, et les mosquées remplacent les temples hindous. L'Indonésie est en effet le plus grand pays musulman au monde, car 85 % de sa population est convertie à l'Islam.

Je progresse très tranquillement sur cette île de 120 millions d'habitants. Encore un camion, puis quelques voitures. Le relief s'élève alors que j'entre à l'intérieur des terres. La saison des pluies se fait sentir. Des trombes d'eau me tombent régulièrement dessus. Heureusement, l'urbanisation à outrance me permet de trouver rapidement refuge. À chaque arrêt d'un véhicule, il me faut expliquer au conducteur le concept de l'auto-stop. Mes quelques notions d'indonésien étant parfois insuffisantes, j'utilise la feuille traduite par Wati. La faire lire aux conducteurs permet de clarifier mes intentions.

Un camion transportant des tuiles me fait progresser encore, puis une dame dans son 4 x 4 noir, et enfin une jeep qui me dépose près du parc national Bromo-Tengger-Semeru.

Je me lève au milieu de la nuit pour escalader une colline escarpée. J'arrive au sommet juste pour l'heure du lever du soleil. Devant moi s'étend un panorama que je ne suis pas près d'oublier. Disons-le simplement : je suis en train d'admirer le plus beau spectacle que dame Nature m'ait offert depuis le jour de ma naissance.

Les teintes orangées de l'aube éclairent quatre cônes volcaniques. Deux d'entre eux, le Bromo et le Semeru, laissent échapper un dense filet de fumée. Une mer de sable constituée de cendres volcaniques entoure ces subites élévations du relief. Les parois de chaque volcan exhibent d'imposantes rainures vertes végétales, comme si la main du Créateur les avait intentionnellement froissées.

Seul le Bromo se différencie des autres. Je décide d'aller le voir de plus près. Quelques dizaines de minutes et un pick-up de *Polhut* (*Polisi Kehutanan,* rangers du parc national) plus tard, j'arrive au sommet de ce volcan rebelle.

Telle une immense bassine brunâtre, son cratère est extrêmement large et profond. Le dénivelé de la bouche volcanique me fait penser aux plus abruptes des pistes noires. J'aperçois au fond de cette cuvette de nombreuses pierres jaunies par la présence de soufre. Un nuage continu de fumée en émane et s'élève lentement vers le ciel, désormais devenu bleu azur.

Ce paysage céleste est un cadeau pour la contemplation humaine. Je suis loin d'être le seul à être époustouflé par tant de beauté. À mes côtés, de nombreux touristes emplissent prestement la carte mémoire de leurs appareils numériques. Il y a ici des gens de toutes les nationalités. Je remarque deux Français dans la masse. Une fois que nous sommes descendus de notre nuage cendré, ils m'invitent à déjeuner. Je leur parle de mon tour du monde et ils m'annoncent la prochaine tenue des élections présidentielles en France. François Hollande va débattre dans quelques jours avec Nicolas Sarkozy. Que le temps passe vite ! À mon départ, en 2007, Jacques Chirac venait juste de quitter l'Élysée.

Je reprends la route. La température augmente alors que je redescends vers la côte. De nombreux scooters veulent s'improviser taxis en me proposant leurs services, mais je monte finalement dans le coffre d'une voiture, assis sur un tas de copeaux de bois.

Une fois de retour sur la *jalan besar* (grand-route en indonésien) menant à Surabaya, je retrouve une circulation dense, où les scooters slaloment entre les camions, les voitures et des véhicules non identifiés. En voilà un, d'ailleurs. Une bande de jeunes déboule sur une vespa customisée en side-car. Pour conjurer le mauvais sort, ou pour impressionner la foule, ils ont installé une tête de bélier à l'avant. Je regarde de plus près. Mais c'est un vrai crâne d'ovin ! On se croirait dans *Mad Max* !

Avancer en sollicitant *menumpang* se révèle rapidement éreintant. La forte densité de population me freine dans ma démarche. Chaque mètre carré de l'île est habité. Quand je m'immobilise une seconde, une personne curieuse de ma présence s'intéresse à mon cas. Je dois alors expliquer mon projet, le pourquoi et le comment, les tenants et les aboutissants. Ces rencontres sont certes très sympathiques, mais, je l'avoue, peu productives pour attirer l'attention des véhicules. Alors, je marche, beaucoup et longtemps. La chaleur humide, la poussière et le trafic abrutissant contribuent à la destruction lente de mes chemises. Des trous aèrent mes manches, des boutons sautent et des lambeaux apparaissent. Ce voyage ressemble de plus en plus à un remake de la vie de Jésus.

Près de Madiun, ne trouvant pas de véhicule, j'entre dans un poste de *polisi* pour requérir un peu d'aide. Parmi les quelques hommes en uniforme beige, je reconnais facilement le chef. C'est celui qui a une allure de coq. Il est accompagné d'un jeune aux dents longues et d'un officier à l'apparence sympathique. Celui-ci m'offre un *kopi Jawa* (café javanais). Je me retrouve sans délai au milieu d'une brigade, à qui j'expose et je commente mes photos de voyage. On me garde ainsi pendant une heure, puis le policier sympathique m'invite à monter dans sa voiture bleu, blanc, rouge à gyrophares. Après avoir pris sa fille à l'école, il me dépose devant un camion qui va à Yogyakarta, où je dois être hébergé chez Alif.

Jogja (Yogyakarta), Tasikmalaya, puis Jakarta, surnommé le « gros dourian » La pestilence de ce fameux fruit est encore élogieuse pour surnommer la capitale indonésienne. L'immense nuage de pollution qui stagne au-dessus de cette ville ne m'aide pas à me rétablir. Cette traversée de Java m'a exténué et je suis arrivé sur les rotules à Jakarta. Un gros rhume contracté à Yogyakarta finit de m'achever et m'immobilise quelques jours. Je n'en peux plus.

Après un court passage chez le coiffeur, qui me nettoie littéralement la tête avec un aspirateur, je quitte cette immonde mégapole de Jakarta en suffoquant. Il me reste quelques semaines de visa pour atteindre Sumatra, la traverser en partie, puis trouver un moyen d'atteindre en bateau-stop la péninsule malaise.

Pour cela, je me rends à la ville portuaire de Merak, d'où part le ferry pour Sumatra. Je réédite facilement la performance de ferry-camion-stop, cette fois grâce à un camionneur indonésien parlant parfaitement l'anglais. Après quatre heures de traversée, nous arrivons à destination.

Sur cette île, la route qui passe au milieu de la jungle est désastreuse. D'un coup d'œil, je sais déjà ce qui m'attend : Sumatra va être très longue à traverser en stop.

À Kotabumi, je suis invité par un couple à dormir chez eux. Je ne compte plus le nombre d'invitations reçues dans ce pays. Mes hôtes habitent en bordure d'un chemin de fer. Au milieu de la nuit, le passage d'un convoi ferroviaire me réveille en sursaut. Le vacarme est tellement assourdissant que la maison entière semble prête à s'effondrer comme un château de cartes. Cela donne toutefois une idée à mon hôte.

— Tu as le droit de faire du train-stop ?

L'expérience est tentante. J'évite d'utiliser les transports publics pour faire du stop, mais quand je vois l'allure cahotante du convoi, l'envie me vient de monter dedans.

—Oui, oui, je peux.

Mon hôte trouve le conducteur du train, qui, lui, m'accepte avec grand plaisir. Pendant neuf heures, les voitures se traînent lourdement jusqu'à Palembang.

Le trajet est épuisant. Le train est bondé, il fait chaud, et les hommes enfument peu à peu l'intérieur avec leurs cigarettes au clou de girofle. Cependant, l'occasion est bonne pour faire de nombreuses rencontres. Je suis élu « curiosité de la voiture », et chacun vient me voir, me parler, puis m'offrir *lemang* (riz gluant), *es teh* (thé glacé) et *kopi* (café).

J'arrive finalement à Palembang en début de soirée. Je trouve un *losmen* (hôtel économique) pour la nuit. J'ai besoin de souffler un peu avant de reprendre la route vers Dumai. Le lendemain, j'accepte l'invitation d'Intana et de son mari en couchsurfing. Avant de repartir, ils m'offrent un *batik*, qui est une chemise portée pendant les cérémonies importantes de la vie indonésienne. Ce genre de cadeau ne peut pas me faire plus plaisir.

Ma prochaine destination est encore très loin. Il ne me reste que 12 jours de visa pour l'atteindre et trouver un ferry allant vers la Malaisie. Par chance, je rencontre à la sortie de Palembang un conducteur qui s'y rend. Après une courte réflexion, il m'accepte à son bord.

Ainsi débute un séjour de 64 heures de camion à travers la jungle tropicale de Sumatra.

Pendant trois jours et trois nuits, à une vitesse oscillant entre 10 et 15 km/h, nous tournons à droite, à gauche, zigzaguons entre des nids-de-poule aux allures de forages pétroliers, sommes arrêtés de temps à autre par la maréchaussée locale. Elle fait office de péage, bien que les fonds obtenus soient loin d'être réutilisés pour aménager la piste. Chaque fois, Udin, mon conducteur, s'exclame :

— *Korupsi, Jérémy. Korupsi !*

Certains mots de vocabulaire se passent parfois de traduction.

Une fois cette folle traversée terminée, je suis vidé. La distance parcourue depuis Jakarta et le stress d'arriver à temps me coupent les jambes. Pourtant, j'en ai encore besoin pour obtenir mon lift final qui doit me sortir d'Indonésie.

Je vais à l'agence de ferry qui relie Dumai, où je suis, à Malacca, en Malaisie. Ce n'est pas compliqué : il n'y a qu'une seule compagnie qui assure la liaison entre les deux pays. Je n'ai pas le droit à l'erreur.

Je me pose au guichet comme un papillon sur une fleur. Je demande simplement à parler au responsable, tandis que j'ouvre simultanément mon livre de voyage sur le comptoir. Tout en me présentant, je cherche déjà le mot clé qui peut faire la différence. Néanmoins, personne ne parle anglais, et mes efforts d'articulation restent vains. Je n'ai pas le choix, j'abats ma dernière carte. Grâce à toutes les rencontres effectuées avec mes hôtes et mes conducteurs, je suis maintenant en mesure d'expliquer mon projet en indonésien. Le mot clé est aujourd'hui en langue *bahasa*, car je me retrouve propulsé dans le bureau du patron, qui, lui, m'offre un ticket gratuit pour la Malaisie. *Terima Kasih baniak !* (Merci beaucoup !)

En ce début de juin 2012, j'effectue mes premiers pas en Malaisie, à Malacca. Quel contraste avec l'Indonésie ! Les routes sont parfaitement asphaltées, accueillant paisiblement des véhicules neufs qui symbolisent la réussite économique actuelle du pays.

À la sortie de la ville, je me place sur la bande d'arrêt d'urgence d'un de ces fleuves de bitume. Je sors mon pouce, et une voiture s'arrête immédiatement.

Quelques heures plus tard, je retrouve Rupert à la marina de Sendosa, à Singapour. Le surnom de *Fine City* ne peut pas mieux annoncer cette plate-forme de transit. *Fine,* qui veut aussi bien dire « amende » que « bien », possède le double sens idéal pour décrire Singapour. Tout est réglé comme du papier à musique. Le métro arrive à l'heure, les voyageurs laissent descendre avant de monter, des ventilateurs aèrent sur commande les arrêts de bus, les poubelles sont adaptées au triage des déchets, chaque bâtiment possède l'air conditionné et au final tout est propre, aseptisé.

Mais dériver un peu de la loi en vigueur signifie s'exposer à de forts préjudices. Trois cents euros d'amende pour traverser la rue en dehors du passage pour piétons, 1500 euros pour les colleurs de chewing-gum récidivistes, et la peine de mort pour ceux qui se risquent au trafic de drogue.

Le Fonds monétaire international (FMI) catalogue Singapour comme un pays économiquement développé. La « Cité du Lion » est devenue au fil des années le premier port du monde avec Shanghai. Tout y transite, tout y commerce, et beaucoup y est importé. Effectivement, il serait bien difficile de nourrir quatre millions d'habitants si l'on comptait sur les rendements agricoles du pays. Avez-vous déjà essayé de faire pousser des carottes sur du béton ?

Même Rupert, qui a vu quelques ports, me fait part de son étonnement lors de son arrivée initiale au pays. Il m'explique avoir zigzagué entre des centaines et des centaines de cargos qui s'agglutinaient dans le détroit de Singapour.

Dans une telle ville portuaire, Rupert n'a eu aucun mal à trouver du travail. Il vit actuellement sur un bateau à moteur qu'il a pour mission de retaper.

Cela me fait plaisir de le revoir. Il n'a pas changé : toujours aussi énergique et fin d'esprit.

Mon esprit, lui, est également tourné vers Bali, car je pense souvent à Wati. Nous parvenons à garder contact et nous communiquons régulièrement. Presque chaque jour, par Skype ou par téléphone, je lui fais part de la progression de mon voyage, des rencontres que je fais, et nous faisons mûrir ensemble des projets à court et à long terme. Pour renforcer notre relation, Wati décide de venir me voir à Phnom Penh, au Cambodge.

Elle m'avoue qu'elle a vendu son ordinateur pour se payer le billet d'avion. Tout d'abord estomaqué par la nouvelle de ce sacrifice financier, je réalise ensuite que ce geste est très significatif : Wati m'aime vraiment.

Avant de la retrouver au Cambodge dans quelques semaines, il y a encore de la route à parcourir. Je commence ma remontée de la péninsule malaise en faisant escale à Kuala Lumpur.

Pendant une semaine, je découvre la capitale malaisienne. La répartition de la population de KL est un savoureux mélange de Malais, d'Indiens et de Chinois. Je passe de Kampung Baru à Chinatown, puis Little India, dégustant aussi bien un *nasi lemak* (plat malais de riz bouilli à la noix de coco, œuf, poisson séché et *sambal*, un condiment épicé), qu'une soupe de nouilles ou une assiette de *dahl* (purée de lentilles indienne). Plus loin, j'arrive dans le quartier des affaires, où les Petronas Towers s'élèvent majestueusement, rendant hommage à la toute-puissante compagnie nationale pétrolière et gazière. L'architecture de ces tours jumelles est moderne. Son assemblage clinquant d'acier, de béton et de verre traduit sans mot son objectif : en mettre plein la vue au reste du monde.

L'auto-stop fonctionne toujours aussi bien, et je traverse des champs de palmiers à huile pour arriver à Georgetown, sur l'île de Penang. Comme dans presque tous les pays du globe, la Malaisie est passionnée de football.

Des écrans géants sont installés un peu partout pour suivre l'Euro 2012, qui se déroule en ce moment. Je joins la masse populaire au milieu de la nuit pour suivre le dernier match de groupe qui oppose la France à la Suède. Tous se lèvent pour saluer une volée exceptionnelle d'Ibrahimović. Il est 5 h du matin, la France perd 2-0, et je commence ma journée d'auto-stop par une défaite de la mère patrie.

Heureusement, les Malaisiens sont aussi généreux que les attaquants scandinaves et, en quelques coups de pouce, j'arrive à la frontière thaïlandaise. La Thaïlande, ce nom magique évoque pour moi depuis longtemps les temples bouddhistes, les marchés fluviaux, les éléphants... Et elle est maintenant là, à quelques mètres devant moi.

D'un pas déterminé, j'avance vers l'ancien royaume du Siam. Sitôt réglées les contraintes administratives, les premières impressions se font ressentir. C'est un pays un poil plus poussiéreux et un peu moins développé que la Malaisie. J'aperçois des poulets et des canards pendus sur des étals ; les salons de massage sont impossibles à manquer, par la taille de leur devanture, certes, mais aussi par les rabatteurs qui tentent de traîner tous les passants à l'intérieur. Puis, je découvre un alphabet qui a des allures lointaines de sanskrit. Des formes ondulatoires ornées de multiples cercles informent les gens sur ce que proposent les échoppes. En ce qui me concerne, il me faudra entrer pour savoir. J'arrive dans une boutique de téléphonie. J'en profite pour acheter une nouvelle carte SIM. Cela me permettra de contacter Wati plus tard.

Je tente l'auto-stop. Comme en Indonésie, j'arrête les voitures en imitant le dribble du basketteur avec la main. L'environnement est tellement riche d'informations nouvelles que j'en oublie un peu ma fatigue.

Le premier pick-up s'arrête. C'est un couple de Thaïs musulmans, facilement reconnaissables par le voile porté par la femme. La région frontalière avec la Malaisie accueille une importante communauté islamique. Les temples bouddhistes y côtoient les mosquées musulmanes.

Le deuxième pick-up est occupé par un couple de Chinois. Cette fois, je monte dans la remorque. Ce contact direct avec l'air frais m'avait manqué. Que j'aime ce vent qui caresse mon visage, tandis que je profite de la meilleure vue panoramique possible sur un quatre-roues !... Et dire que je vais parcourir la majorité de la Thaïlande de cette façon.

D'un véhicule à un autre, je ne comprends rien à ce qui se dit. Même si je pouvais lire, les cinq tonalités de la langue apparaîtraient comme une nouvelle barrière bien difficile à surmonter. Je doute que le thaï pratiqué avec un accent français soit très productif. Alors, j'utilise la feuille explicative de mon projet que j'ai fait traduire une nouvelle fois dans la langue locale.

De cette façon, mon compteur dépasse 154 000 kilomètres et j'arrive à Phuket. Sept ans après, je découvre ce paradis pour touristes qui semble s'être complètement remis du terrible tsunami de 2004.

Seuls quelques panneaux indiquent la marche à suivre en cas de nouvelle catastrophe naturelle. Tout a été reconstruit à l'identique : hôtels, restaurants, villas, bars, clubs. Les touristes sont revenus, et les groupes d'Australiens ivres côtoient de nouveau les familles russes et les *farangs* (Blancs occidentaux en thaï) sexuellement frustrés. Bali n'était qu'un amuse-gueule ; ici, d'innombrables groupes de masseuses aux intentions manifestes jouent au coude-à-coude avec les danseuses des *titties-bars* (clubs de strip-tease) et avec les rabatteurs proposant du bon temps avec des enfants de l'école primaire. Bref, la vie a repris son cours du côté de Phuket.

L'Asie tropicale m'offre toujours son climat chaud et humide, alors que je remonte l'isthme de Kra vers Bangkok. Me mouvoir dans un sauna n'ayant jamais été mon fort, je m'arrête. Le fait de marcher montre généralement l'envie d'atteindre la destination tout en indiquant la direction désirée, ce qui motive les conducteurs à s'arrêter plus facilement. Pas en Thaïlande, toutefois ; alors, autant rester à l'ombre.

Je réalise que ma condition d'auto-stoppeur interpelle les Thaïs. Ils ne savent pas comment réagir. Je vois beaucoup de conducteurs hésiter, puis ralentir à mon approche, comme s'ils allaient s'arrêter, avant de finalement se reprendre et de réaccélérer pour continuer la route. Les camions, eux, tracent tout droit. Je n'en ai pas eu un seul depuis mon arrivée dans le pays.

J'arrive tout de même à Bangkok. Je découvre une ville énorme, assise entre tradition et modernité. Des portraits du roi Rama IX, depuis déjà 62 ans au pouvoir, sont omniprésents. Même au cinéma, tout le monde se lève pour regarder un court documentaire sur sa vie qui est diffusé avant chaque film. Les écrans IMAX des *malls* (centres commerciaux) ultramodernes de la ville voisinent les temples bouddhistes. De fait, la population locale passe sans transition d'une session de shopping exubérante à un recueillement sur l'importance d'une vie simple et immatérielle.

Le bouddhisme est fortement ancré dans la société thaïe. Chaque matin vers 6 heures, je vois une armée de moinillons en toge orange réclamer l'aumône pour les prochains repas de la communauté. De toutes les religions que j'ai croisées, le bouddhisme me semble le plus à même d'apporter l'équilibre dans une société. Elle prône la tolérance et l'ouverture d'esprit, comme chaque autre foi, mais le message me paraît être plus perçu qu'ailleurs. Est-ce la mentalité thaïe ou le message de Bouddha qui facilite l'accès au bon sens ?

Pour m'éviter de traverser la moitié des canaux de la ville en bateau-bus, puis de passer une demi-journée de plus à m'extirper de Bangkok, un ami de longue date me propose son aide. Jack, ce cher Thaï avec qui j'ai fait du stop en Colombie, vient me chercher. Quelques heures plus tard, il dépose sa voiture à Saraburi, en périphérie, puis il me fait une proposition :

— J'ai quelques jours de libres. Que dirais-tu de parcourir le nord de la Thaïlande avec moi ?

Déjà impatient à l'idée de redonner naissance à ce duo, j'ajoute tout de même :

— D'accord, mais à une condition.

— Laquelle ?

— Nous la parcourrons en stop !

Voyager avec Jack me permet de comprendre beaucoup mieux la Thaïlande. En sa compagnie, je déguste le *pad thaï* (nouilles frites), la *tom yam soup.* Parfois aussi, il s'amuse à mes dépens. À Sukhothai, il me mène devant un vendeur d'insectes frits. Pour 20 baths (0,50 euro), Jack me tend une assiette pleine ! Sauterelles, vers énormes, grenouilles séchées, blattes et cafards. J'en ai pour mon argent. Le goût n'est pas vraiment atroce, mais je ne peux m'empêcher d'éprouver un sentiment de répulsion. Il est étrange de voir que mon palais exprime moins clairement le goût à percevoir que mon esprit, qui, lui, me dicte d'un ton sûr et vindicatif : c'est immangeable !

Nous continuons vers le nord, sautons d'une remorque de pick-up à une autre. En chemin, Jack corrige une de mes mauvaises conceptions :

— Tu sais ce que c'est, là, devant la maison ? me dit-il en me pointant du doigt une petite construction perchée sur un poteau.

— À première vue, je dirais... une boîte aux lettres élaborée ?

— Ha ! ha ! ha ! Non, pas du tout. C'est une maison pour les *pra phum*, les esprits du lieu. Les Thaïs, en plus d'être bouddhistes, ont quelques croyances animistes. Chaque jour, ils viennent déposer des offrandes à ces « fantômes », dans l'espoir de favoriser leur bénédiction.

Nous arrivons à Mae Sot, où nous sommes accueillis par un Indonésien. Freddy est un ancien collègue de Wati. Après le tsunami, ils ont travaillé ensemble pour la Croix-Rouge à Banda Aceh. Freddy nous invite à découvrir ce qui fait de Mae Sot une ville si particulière tout en nous situant dans l'histoire :

— Depuis le début de la dictature en Birmanie, en 1962, et plus particulièrement de la junte militaire en 1988, les minorités ethniques birmanes sont persécutées et massacrées. Beaucoup d'entre elles tentent de se réfugier en Thaïlande. À Mae Sot, 80 % de la population est birmane, et une bonne partie est originaire de l'ethnie karen...

Conséquence de cela, je ne me sens plus du tout en Thaïlande, mais plutôt en Birmanie. De nombreux Birmans portent le sarong, contrairement aux Thaïs qui paraissent plus occidentalisés. J'aperçois de nombreux chapeaux coniques sur la tête des femmes, tandis que chacun se décore le visage de *thanaka*. Cette pâte d'origine végétale a un peu la même texture que la sciure de bois. Sa fonction première est cosmétique.

Nous allons au marché. Entre les enseignes écrites en alphabet birman, j'observe les étals. Anguilles, insectes, souris, crapauds sont proposés par de vieilles dames au sourire rougi par la mastication de bétel (préparation de feuille de bétel, de chaux et de noix d'arec). Plus loin, des fruits, des épices. Autour du marché, je découvre un gros trafic de pierres précieuses, notamment de jade.

Pour comprendre un peu mieux le problème birman, je me rends à la frontière. Une rivière et ses berges séparent les deux pays et officient en tant que zone tampon. Ce supposé no man's land sans droit ni loi accueille une population birmane qui préfère l'insalubrité de cette terre boueuse à la persécution dans son propre pays. Avec un peu de bambou et du matériel récupéré, ils y construisent des espèces de cabanes qui me rappellent les bidonvilles sud-africains. Le long de la rive thaïe, de nombreuses plates-formes de bambou s'élèvent au-dessus des barbelés. Là, des réfugiés vendent des cartouches de cigarettes et des films pornographiques pour subsister. L'atmosphère est lourde, difficile, et ça fait plus de quarante ans que ça dure.

Les plus chanceux obtiennent des papiers thaïs et sont parqués dans des camps légaux. Là-bas, ils attendent d'être transférés à l'autre bout du monde sous le statut de réfugié politique. Je vois une longue file de Birmans faisant la queue à l'immigration pour passer officiellement en Thaïlande.

Les autres entrent illégalement.

Freddy nous emmène visiter un camp de ces réfugiés illégaux. Le confort est minimal. J'ai l'impression de retourner dans les plus isolées des campagnes éthiopiennes. Pourtant, la Thaïlande est un pays qui se développe. Pas pour ces réfugiés, manifestement.

Certains des murs de ces baraques sont en feuilles d'arbre séchées. Je n'ose même pas imaginer ce qui se passe quand c'est la période de la mousson.

Plus tard, nous allons donner un peu de nourriture à un groupe de personnes infectées par le virus du sida. Il y a des Birmans et des Thaïs. Totalement rejetés de leurs sociétés respectives à cause de leurs maladies, ils terminent ensemble et seuls au milieu des champs.

Nous quittons Mae Sot pour Chiangmai, où nous assistons au *Ram Muay*. Cette danse rythmée par la musique continue d'un orchestre précède les combats de *muay thaï*. Suite à cela, les combattants de cette boxe populaire enchaînent les coups de coude et de genou, toujours sous le son lancinant des musiciens qui ne se sont pas arrêtés.

Il est temps de redescendre tout le pays. Nous prenons un *tuk-tuk* pour sortir de Chiangmai et trouvons un pick-up pour Lampang. Toujours assis dans la remorque, nous regardons le paysage défiler, et je prends au passage quelques coups de soleil sur les jambes. En périphérie de Bangkok, je me sépare de Jack, puis je continue en direction du Cambodge.

Je m'arrête brièvement à Aranya Prathet pour mon visa. Je demande ce service dans un restaurant-hôtel-agence de voyages, remplis un formulaire, on me remet la carte d'entrée-sortie, je paye 1000 baths (25 euros), j'attends une heure et j'obtiens légalement mon visa avec le coup de tampon officiel d'un hypothétique consul. Je suis prêt pour le Cambodge.

La frontière de Poipet est un incroyable capharnaüm. Je traverse ce chaos, alpagué par les échangeurs d'argent, hélé par les vendeurs, accroché par les chauffeurs de taxi, puis j'arrive de l'autre côté. Comment vais-je progresser en stop dans ce nouveau pays ? Observer le trafic de la frontière m'annonce d'ores et déjà la couleur. En effet, les taxis pullulent sur la route et... c'est à peu près tout.

Il y a très peu de véhicules privés, et les quelques privilégiés ne font pas de demi-mesure. Soit le Cambodgien se déplace à vélo, soit il possède un immense SUV de marque Lexus. Le fossé qui sépare les riches et les pauvres me rappelle le Brésil.

C'est d'ailleurs un de ces véhicules utilitaires qui s'arrête. Nous arrivons en pleine nuit à Battambang. L'absence du soleil est un handicap pour un nouvel arrivant, car la seconde ville du pays est dépourvue de lampadaires. Quel contraste avec les néons flamboyants du voisin thaï ! Ici, les seuls éclairages proviennent de l'intérieur des foyers, et les plus petites rues se perdent dans l'obscurité.

— *Hellloooooo ! What's your name ?* Comment ça va ?

Des voix d'enfants surgissent de toutes parts, et chaque fois un fou rire s'ensuit. Mon inquiétude de la veille se dissipe au fur et à mesure des rencontres. Les Khmers sont souriants, ouverts, sociaux et ils partagent leur envie de vivre sans rien attendre en retour.

Seuls les taxis et les *tuk-tuks* rappellent continuellement la possibilité d'utiliser leurs services. Tous les moyens sont bons pour compléter un salaire au royaume de la débrouille. La population est jeune et je ne croise presque pas de personnes âgées. Voilà sans doute une des conséquences du régime sanguinaire des Khmers rouges. Deux millions de morts. Cela fait un trou dans une population de huit millions d'habitants. Les victimes des armées de Pol Pot étaient souvent choisies par leur niveau d'éducation élevé, ce qui limitait le risque d'une opposition réfléchie contre le régime. Reconstruire ensuite sans l'aide de ces professionnels qualifiés est un problème qui n'est toujours pas résolu.

Je passe quelques jours à Battambang et j'en profite pour visiter l'orphelinat Hope of Children. Dès mon arrivée, une flopée de gamins me saute dessus. Ils se bousculent pour me prendre la main et me réclamer des câlins. Pauvres gosses ; certains portent des brûlures de cigarette sur le corps, preuves affligeantes d'une vie antérieure passée dans la rue.

Dans ce petit orphelinat cambodgien, les jeunes survivent en quasi-autonomie. La rareté des dons les amène à vendre les champignons qu'ils font pousser et à se nourrir du riz qu'ils cultivent eux-mêmes. Il y a bien des fonds disponibles destinés à aider ces pauvres enfants, mais les éminents membres du gouvernement n'hésitent pas à les bloquer et à se remplir les poches pour devenir multimillionnaires. Certains s'achètent des Lexus, d'autres, des diplômes. Oui, il y en a qui s'octroient des connaissances universitaires à coups de billets. Le premier ministre actuel du Cambodge, par exemple, possède au moins 11 doctorats. Un vrai surdoué !

De Battambang à Phnom Penh, le paysage est très plat et la route nationale, toute droite, traverse les rizières, les champs de lotus et les quatre à six millions de mines qui subsistent de l'époque communiste. Traverser la campagne cambodgienne me permet d'observer la vie des agriculteurs si chère aux Khmers rouges. La plupart vivent dans des cabanes en bambou au milieu des champs de riz, dont chaque tige est délicatement plantée à la main.

L'auto-stop est difficile. Les taxis et les *tuk-tuks* constituent toujours l'essentiel du trafic, les rares riches SUV détalent à toute allure, et une vieille moto tirant une remorque s'arrête. Mon panneau TOUR DU MONDE écrit en khmer fait bien rire son conducteur, qui me fait avancer de quelques kilomètres. Je continue jusqu'à la capitale cambodgienne, jonglant entre la cabine de vieux camions et la remorque de quelques pick-up.

J'arrive à Phnom Penh. Bien que ce soit la plus grande ville du pays, le chaos est largement moins présent qu'à Bangkok. Pourtant, aucun bus ou transport en commun n'assure les déplacements interurbains des habitants de la capitale. J'emprunte donc un *tuk-tuk* pour arriver chez mon hôte, qui m'explique passer son temps à chercher des fonds dans un but humanitaire, alors qu'il exhibe devant chez lui sa toute nouvelle Lexus. Sceptique quant aux énigmatiques motivations de ce personnage, je quitte l'endroit et vais chercher Wati à l'aéroport.

Il s'est passé trois mois depuis que je l'ai quittée à Bali.

Elle n'a pas changé et il est amusant de voir la population locale la prendre pour une des leurs. Les Indonésiens ressemblent un peu aux Cambodgiens, et je me délecte chaque fois de la voir confuse quand on l'aborde tout naturellement en khmer. Évidemment, elle ne comprend pas plus que moi ce qu'on lui dit. Nous passons une semaine ensemble. Nous visitons le musée S21, une vieille école où Pol Pot et les Khmers rouges torturaient les opposants au régime. Tous les jours, nous nous promenons sur les vastes avenues aux larges trottoirs de la ville. Elles semblent avoir été inspirées par les boulevards haussmanniens de Paris. Ces restes de la colonisation française s'ajoutent à la baguette, au vin de Bordeaux, à La vache qui rit et aux cigarettes de marque Alain Delon, qui sont des produits toujours proposés dans les commerces.

Un soir, au bord du Mékong, nous évoquons ce sujet de la colonisation, et Wati m'en apprend un peu plus sur son peuple. Elle appartient aux Bataks, groupe ethnique résidant principalement autour du lac Toba, sur l'île de Sumatra :

— La première fois que mon peuple a vu un Blanc, c'était dans les années 1830. Deux missionnaires américains vinrent nous apporter la Bonne Nouvelle dans le but de nous convertir au protestantisme. Seulement, ils parlaient uniquement en anglais, et personne ne les comprenait. Notre roi, les voyant s'agiter dans tous les sens en déblatérant des phrases incomprises de tous, les trouva appétissants. Il les fit enfermer, et les deux anglophones terminèrent dans la marmite. Les Bataks étaient encore cannibales à cette époque-là, et notre première expérience avec les Américains fut une dégustation de tout premier choix !

Wati conclut l'histoire par un fou rire. Je la regarde avec de grands yeux. Cannibale ? Manger des moralisateurs américains ? Et ça la fait rire ? Si je ne l'étais pas déjà, je crois que je tomberais amoureux à ce moment même. Heureusement, la coutume a disparu, et le café robusta, les soupes de nouilles, les sandwichs khmers et le riz au porc cambodgien suffisent à remplir le ventre de Wati.

Nous faisons peu de rencontres, passons notre temps ensemble et tentons de voir si notre histoire peut déboucher un jour sur une vie commune. Nous nous chamaillons parfois sur des choses infimes, nous extasions ensemble sur la splendeur des temples d'Angkor, et, bien que nous soyons originaires de deux hémisphères différents, notre couple doit certainement ressembler à beaucoup d'autres.

Ces six jours passent très vite en sa compagnie, et je dois déjà la raccompagner à l'aéroport. Nul doute, je me sens bien avec elle. Nous nous donnons rendez-vous dans trois mois, certainement en Chine cette fois. En attendant, nous devrons nous réhabituer à ce frustrant quotidien de Skype et de téléphone.

Une fois encore, je reprends la route. Comme il me reste quatre jours avant de pouvoir entrer au Vietnam, je fais un petit détour par Kep, dans le sud du Cambodge, puis je traverse la frontière à Ha Tien.

21

Convoité Vietnam

Mon arrivée au Vietnam me rappelle mes premiers pas sur l'île de Java, en Indonésie. La densité de population dans ce pays est certainement plus élevée que chez le voisin cambodgien, où les rescapés de la dictature de Pol Pot ne peuplent qu'une infime partie du territoire khmer. Les axes routiers sont bordés par un continuel alignement de huttes, d'échoppes et de bâtiments en tous genres.

D'innombrables canaux et rivières longent ces chemins asphaltés. Comme si le flot continu de motos, de voitures et de camions n'était pas suffisant, le trafic fluvial s'est développé intensément. Péniches et barques à moteur transportent bambous, briques, gravier, paniers en osier et même tracteurs. Certains s'arrêtent aux marchés flottants qui animent gracieusement cette région du delta du Mékong.

Mes marches sont longues. Bien que le trafic soit très important, l'auto-stop est loin d'être aussi aisé qu'en Malaisie. La chaleur et l'humidité agissent sur moi comme une grosse pompe qui aspirerait mes forces au fil des kilomètres parcourus. Progresser à pied devient physiquement difficile. Je réussis à trouver successivement deux camions. Ils m'emmènent jusqu'à Rach Gia.

La communication est très limitée. Le vietnamien est certes retranscrit en alphabet romain, mais je suis incapable de le prononcer. Comme les autres langues d'Asie du Sud-Est, l'importance des tonalités m'isole plus que je ne le voudrais. Je n'ai jamais eu l'oreille musicale, ni de talents d'imitateur. Alors, je communique par gestes, par images.

Mon livre de voyage me sauve plusieurs fois la mise, m'évitant d'être confiné à un silence qui serait pour le moins malvenu. Je me présente donc de cette façon, partageant mes histoires de route via cartes, planisphères et photographies. Grâce à cela, je découvre un peuple chaleureux, prêt à faire des rencontres et à échanger. En observant les Vietnamiens dans leur quotidien, je remarque que leur faciès est différent de celui des Thaï, des Khmers ou des Malais. La peau est plus claire, les yeux, plus bridés. Ils ressemblent un peu aux Chinois, à qui ils vouent d'ailleurs une certaine antipathie. Leur cohabitation conflictuelle depuis des lustres n'est certainement pas étrangère à cela.

À mon arrivée à Rach Gia, je suis surpris par quelques visions peu orthodoxes aux yeux d'un Occidental. Je découvre un groupe de masseuses affairé sur un trottoir longeant une grande avenue. Quelques clients s'y relaxent, allongés à même le sol entre caniveau et crottes de chien. C'est ici que je décide de passer ma première nuit dans un petit hôtel. J'y découvre qu'Internet subit la censure du gouvernement.

Les géants américains de la Toile sont indésirables au pays de Ho Chi Minh. Pas de Facebook, pas de Google Map. Pour le Parti communiste vietnamien, l'important est de réguler la propagation d'informations pour rester au pouvoir. La myriade de drapeaux rouges étoilés, les faucilles et marteaux russes, ou encore les statues de Lénine prouvent bien que le parti affirme toujours sa présence aux quatre coins du pays.

Au fil de ma progression vers Saigon, je me rends compte que je n'ai jamais vu autant de motos et de scooters. Ce véhicule est un bon moyen de se faufiler rapidement au milieu du trafic, mais il possède également d'autres utilités insoupçonnées. Certains de ces engins pétaradants transportent des baies vitrées, des frigidaires ou d'immenses tiges de fer. J'ai parfois l'impression de participer à une joute équestre, tant je crains de me faire embrocher.

Malheureusement, c'est ce qui est arrivé aux nombreuses victimes de la guerre du Vietnam, voire pire. Je découvre ce glauque chapitre de l'histoire du pays dans le Musée des vestiges de guerre, anciennement nommé « Musée des crimes de guerre de l'impérialisme américain et du gouvernement fantoche ».

D'une pièce à l'autre, je réalise la boucherie qu'a été ce conflit. Quelques dizaines de milliers de morts, pour l'armée américaine, et plus de deux millions de civils assassinés, pour les Vietnamiens. Les techniques d'extermination utilisées par les militaires du pays de l'Oncle Sam vont au-delà de l'imagination. Défoliant, bombes au phosphore, « agent orange ».

Ces noms ne me disent rien jusqu'au moment où je découvre les conséquences en images. Ces produits chimiques créent des monstres. Un fœtus est exposé dans du formol. Il ressemble à une hydre avec ses deux têtes.

Les clichés en disent long. Certains des touristes se plaignent parfois des images trop dures. Ils doivent détourner les yeux pour ne pas avoir de haut-le-cœur. Pour moi, c'est un magnifique témoignage. Il détruit complètement les idées de gloire héroïque que la guerre et les armes inspirent à beaucoup.

Ce musée exprime, pour une fois, la réalité de la guerre.

Eh oui, on peut mourir, être déchiqueté, déformé en monstre, traîné jusqu'à la mort, avoir les ongles arrachés, être rempli d'essence jusqu'à exploser, brûlé vif, gardé en cage pendant des années, décapité, chimiquement contaminé pour des générations...

Je quitte cette interminable zone urbaine le lendemain. Je fais signe à un camion. Face à ces mastodontes de la route, je me sens comme une fourmi défiant le méchant dragon. Le rapport de forces est inégal, car c'est bien de cela qu'il s'agit. Ma situation de piéton est tout en bas de l'échelle de la virilité. Mieux vaut ne pas trop m'approcher du trafic, car ce flot agressif de véhicules m'enverrait valdinguer illico sur le bas-côté de la route. Pourtant, même avec une attention particulière sur cet environnement tournoyant, j'en suis victime. Marchant sur le trottoir d'un pont à la sortie de Saigon, je ne vois pas un scooter m'arriver dessus à contresens. Oui, je suis sur le trottoir, oui, il y a une voie réservée pour les deux-roues, et, non, la conductrice ne s'arrête pas.

BAM !

Son rétroviseur me heurte violemment et m'envoie au tapis. Knock-out direct. Et encore, je suis heureux de terminer dans les cordes, car la balustrade du pont me sauve d'une chute de 10 mètres dans un des affluents boueux du Mékong. La dangereuse motocycliste s'arrête :

— *You OK ? You OK ?*

Tout va bien, mis à part mon bras, où une grosse rougeur témoigne de la forme rectangulaire de son rétroviseur.

Le trafic vietnamien est absurde. Encore plus absurde est de vouloir faire du stop au milieu de tout ça. Je suis sur le bas-côté et je tente d'arrêter les voitures et les camions. Seulement, entre moi et ces quatre-roues, il y a un afflux constant de motos et de scooters. J'ai le sentiment de devoir progresser au milieu d'un champ de bataille.

Pas de scooter, en avant ! Je m'approche des voitures et sors mon pouce. Une moto au loin, couverture ! Je fais demi-tour et repars dans ma tranchée. Finalement, un camion s'arrête et m'éloigne de cette folie urbaine.

Nous prenons la direction des hauts plateaux. Cette route ne possède qu'une seule voie pour chaque véhicule. Les camions croisent les autocars et tous se frôlent de quelques centimètres sans ralentir. Tout un art. La chaleur se dissipe progressivement avec l'élévation de l'altitude. Quelques collines, des petites montagnes. La fraîcheur envahit l'habitacle et le contraste soudain de températures m'apporte un petit rhume. Il serait presque le bienvenu après la lourde moiteur du delta !

Avec ces quelques degrés de moins, mon esprit s'ouvre plus facilement aux petits détails qui m'entourent. Je n'avais pas remarqué les nombreuses églises insérées dans le paysage urbain de cette partie méridionale du Vietnam. Certaines semblent avoir été récemment construites, et je suis surpris de découvrir cette foi catholique dans un pays qui n'est censé adorer que le seul parti. Je ne doute pas de découvrir là des restes de la colonisation française du temps de l'Indochine. Les Français, les Américains, les Chinois. Les colonisations, les protectorats, les invasions. À croire que toutes les grandes puissances veulent piller ce pays tout en bazardant à droite et à gauche des morceaux de leur culture.

Je quitte Dalat en laissant derrière moi des mâts radiophoniques en forme de tour Eiffel...

Pourtant, la vie continue chez les Vietnamiens. Seul le présent compte, alors, autant l'apprécier. Sur cette route peu touristique, je vois de nombreux sourires et suis accueilli par les « hello » des tout-petits. Un 4 x 4 s'arrête. Nous avançons. Le conducteur tente de me dire quelque chose :

— Cabanon.

Je ne comprends pas. La communication est toujours aussi difficile. Alors, il attend quelques minutes et me désigne des champs de couleur vert sombre. Mon esprit s'allume tout d'un coup. *Cà phê nong*, soit « café chaud » en vietnamien. Il essayait simplement de me décrire les subtilités de l'environnement local. Les champs de café recouvrent le paysage. Cela m'évoque l'*eje cafetero*, près de Manizales, en Colombie. Cependant, les graines de café vietnamiennes ne sont pas arabica, mais robusta.

Plus loin, je traverse des vallées aménagées en rizières géantes. J'observe le mouvement ancestral de ces paysans à chapeaux coniques. D'un coup de poignet vif et assuré, ils enchaînent la plantation de tiges de riz. Une ligne, deux lignes. Quand ils terminent une parcelle, ils en commencent une autre un peu plus loin, toujours les pieds dans l'eau.

Sur la route, des femmes adoptent une démarche athlétique pour transporter leur balancier. J'observe ce curieux instrument. Deux charges de poids égal sont installées à chaque extrémité d'une longue tige de bambou aplatie que les Vietnamiennes installent courageusement sur leurs épaules.

Notre 4 x 4 défile, et des buffles d'eau nous regardent. Par la fenêtre, je vois une vieille femme, certainement d'un village reculé des montagnes. Elle maintient un bébé sur son ventre avec une couverture. Le bambin est plus couvert que sa porteuse, puisqu'elle se promène les seins à l'air.

Cela me rappelle les vieilles dames des campagnes balinaises. Sur l'île des Dieux, les plus anciennes paysannes exposent à nue leur poitrine tombante, comme une fierté d'avoir pu traverser la vie jusqu'à un âge avancé. Tandis que les hauts plateaux m'amènent de nouveau vers la côte, je croise quelques personnes portant un masque antipollution. Ces filtres respiratoires sont très populaires au Vietnam. Je peux comprendre leur utilité dans les zones urbaines, tant l'atmosphère est saturée de gaz d'échappement et d'autres nuages chimiques tout aussi nocifs. Mais là, l'air pur de la montagne rafraîchit encore les villages. Ne feraient-ils pas un peu de zèle ?

Hanoi est encore loin, les distances sont longues, et les autoroutes, inexistantes. Je persévère chaque jour en auto-stop tout en m'octroyant quelques pauses-café entre deux longues marches. Le café vietnamien est une boisson crémeuse qui prend des allures de liqueur Baileys sans alcool quand il est mélangé à du lait concentré. Pour dégraisser cette solution, une minithéière remplie d'eau chaude est disponible. Les Vietnamiens, eux, considèrent le coupage comme futile. Alors, ils gobent devant moi leur liqueur de robusta à l'état pur et sans sourciller.

Mes sourcils, eux, deviennent de vraies salières. Le climat toujours chaud et humide de ce mois de septembre me couvre de sueur. Les coulées sudatoires de mon front terminent leur course dans mes sourcils broussailleux. Quand, par chance, je trouve un véhicule, ma peau et mes deux touffes sourcilières sèchent instantanément. Il n'y a plus qu'à secouer pour assaisonner les *cha gio* (nems vietnamiens).

Retour à la marche. Le trafic de la route numéro 1, allant de Saigon à Hanoi, diminue fortement aux alentours du 17e parallèle nord. C'est ici que se trouvait l'ancienne ligne de démarcation séparant le Vietnam du Nord et le Vietnam du

Sud. Les procapitalistes et les communistes convaincus ne se mélangent pas plus qu'avant la réunification, d'où la faiblesse du trafic.

Mon premier Vietnamien du Nord s'arrête. La discussion est toujours limitée, et mon regard se pose sur son tableau de bord. La tête en ressort d'un chien en plastique noir et jaune bouge dans tous les sens à chaque imperfection de la route, comme si elle battait la mesure de la musique folklorique vietnamienne qui sort des enceintes.

Le prochain véhicule est un camion. Le chauffeur tourne le volume à fond et souhaite partager avec moi son entrain :

— Musique occidentale !

Il veut me faire plaisir et je n'ose pas l'interrompre. Je suis donc condamné à écouter en boucle une compilation comprenant les Backstreet Boys et Britney Spears. Force est de dire que les Vietnamiens ne sont pas rancuniers. Dans le domaine des résidus de culture, je préfère tout de même la tour Eiffel de Dalat.

Mais alors que la petite blonde reprend à tue-tête le très poétique refrain de *Baby One More Time*, la mer de Chine apparaît à la sortie d'un virage. L'Empire du Milieu se rapproche.

Plus je m'enfonce dans le nord du Vietnam, plus l'inflation des prix semble me toucher. Les tarifs en vigueur paraissent s'accorder selon la pigmentation de la peau. J'ai peut-être pris des coups de soleil, mais les prix doublent quand même. Pas de scrupules à avoir pour le long nez des pays procapitalistes.

Je démarre une nouvelle journée pour le moins humide. Contrairement aux brèves et intenses averses du Sud, je découvre la pluie persistante du Nord. Partie pour ne pas s'arrêter… Je connais le refrain. Un pick-up Toyota me sauve du déluge et me fait avancer un peu. Le ciel m'offre encore trop de gouttes ; alors, pour déjeuner, j'entre dans un boui-boui complètement vide. Mon arrivée doit être une bénédiction pour les tenanciers, car elle ramène son lot de curieux. En moins de deux minutes, le restaurant entier se remplit de potentiels clients. Autant dire que j'ai l'étrange impression d'être observé. Chacun de mes gestes est commenté à haute voix, mimé et souvent moqué.

Cependant, les rires que j'entends à mon encontre ne m'ont pas l'air si amicaux. J'ai le sentiment d'expérimenter une certaine forme de racisme. Je mange rapidement et je quitte le restaurant sur une addition aussi salée que mes sourcils et je trouve rapidement une voiture. Rapidement, lui aussi, mon nouveau conducteur me fait part de ses intentions. Nous n'avons aucune langue commune ; alors, il utilise le langage corporel. Comme c'est une requête sexuelle, il pose sa main sur ma cuisse et m'indique où se trouve mon fruit défendu. Je lui réponds donc que c'est défendu. Ce doit être la 10e offre de ce genre depuis le début du voyage. Je commençais justement à me demander à quand remontait la dernière proposition !

La pluie redouble d'intensité. Ce n'est pas mon jour. Sur la route de Vinh, j'achète un poncho pour quelques dongs (monnaie vietnamienne) et en recouvre mon sac avant que l'eau du ciel ne le fasse doubler de poids. Une voiture noire s'arrête. À l'intérieur, un couple. Les deux semblent partis dans une compétition de celui qui mâchera son chewing-gum le plus bruyamment.

Slurp, slurp, sluuuuuurp. Les GI ont fait le même cadeau à la France au sortir de la Seconde Guerre mondiale. Maintenant, le monde entier rumine comme une vache normande. Seul Singapour se dresse encore et toujours contre la propagation de la gomme à mâcher. Bref, je passe un long moment sur la banquette arrière de ce véhicule aux vitres teintées. Je sèche mon bermuda, mon pull, en fait, je devrais installer le fil à linge pour y étendre toutes mes affaires. Dehors, la pluie tombe toujours, sans discontinuer.

Encore quelques kilomètres et je découvre enfin la magnifique baie d'Along. Les rochers sortent de l'eau comme des pains de sucre. J'y passe la journée, puis je continue vers Hanoi. Arrivé dans la capitale du pays, je retrouve mon hôte Minh, qui se fait appeler Mike pour faciliter la vie des Occidentaux. La ville est oppressante. Les scooters s'envoient des coups de klaxon qui réveilleraient un comateux. Refuser l'offre d'un moto-taxi et continuer à pied devant lui est parfois vécu comme une insulte par le conducteur, qui, lui, ne se gêne pas pour en proférer. En attendant, j'accompagne Minh, ou Mike. Il est un personnage intéressant. Généreux, mais aussi brut de décoffrage, il se rapproche un peu de la caricature du Vietnamien. J'apprends beaucoup à ses côtés.

Au restaurant, il me fait la surprise de me faire déguster une viande goûteuse, similaire à celle du bœuf. Elle est servie crue, cuite, sèche, en soupe, mais, chut, ne dites rien à Brigitte Bardot, je mange du chien.

Contrairement à Saigon, Hanoi a un réseau de bus qui fonctionne. Grâce à cela, je peux sortir de la ville sans difficulté. Quel soulagement quand je découvre l'étendue de cette ville !

Une fois en situation d'auto-stop, j'arrête une camionnette qui va à Hoa Binh. Le paysage devient rocheux, majestueux. Des pics de calcaire surgissent au milieu de rizières plates ou en terrasses. J'emprunte une route de montagne, et le relief s'élève graduellement jusqu'au Laos.

Au milieu de ce spectaculaire panorama, je découvre une multitude d'ethnies locales. Les Thaïs noirs, les Thaïs blancs, les H'mong. Les femmes thaïes noires portent le vêtement traditionnel et se coiffent toutes d'un chignon au sommet du crâne lorsqu'elles sont mariées.

Une grand-mère transporte sur son dos un fardeau de tronçons de bois. Plus loin, des hommes conduisent des buffles qui, eux, tirent de vieilles charrettes. Le « progrès » n'a pas encore atteint les campagnes et ne dénature pas ces sublimes régions reculées du Vietnam. Mais les méthodes de travail paraissent bel et bien éprouvantes.

Diên Biên Phu. La frontière laotienne ouverte aux étrangers n'est plus très loin. J'arrive dans la fameuse cuvette de Muong Tenh, où eut lieu le siège de la force viêt-minh contre l'armée française en 1954. Fait majeur de l'indépendance du Vietnam, cette victoire de l'armée du général Vo Nguyen Giap précipita la fin de la guerre d'Indochine et le retour des colons français dans l'Hexagone.

Je passe la nuit à Diên Biên Phu. Il ne me reste plus qu'une journée de visa pour atteindre le Laos, et il serait judicieux de ne pas me présenter en retard aux agents de l'immigration vietnamienne.

La frontière de Tay Trang est isolée. Un bâtiment jaune pâle détonne à peine au milieu de cette jungle montagnarde. Je fais assigner mon tampon de sortie, change mes derniers dongs vietnamiens pour des kips laotiens et pars en direction de la seconde moitié de l'immigration. Le poste laotien est situé cinq kilomètres plus loin et je les parcours à pied. Le silence est étonnant ; il n'y a pas un seul véhicule.

Tout en avançant, j'entends les insectes et les mouches voler. Un papillon noir, vert et jaune batifole de ses grandes ailes autour de moi. À mes pieds, je trouve un serpent écrasé. L'unique véhicule qui passe quotidiennement a roulé sur le malchanceux. L'effervescence vietnamienne disparaît au profit d'un calme reposant et bienvenu. Aussi silencieuse qu'un temple bouddhiste laotien, la route elle-même pourrait accueillir des séminaires de méditation. Néanmoins, la position du lotus n'étant pas adéquate pour avancer, je continue dressé sur mes deux jambes.

J'atteins finalement le poste-frontière laotien. Je suis d'ailleurs le seul. Quatre agents de l'immigration aux airs importants m'accueillent. Je leur donne mon passeport. Ils le déposent sur leur bureau. Je les regarde. Ils me regardent. Après une heure, un bras s'active. Il tamponne mon passeport. Je peux reprendre la marche. Ces officiers s'adaptent simplement au rythme du pays. Je le découvre peu après en traversant mon premier village laotien.

— *Sabadi !*

Un enfant me souhaite la bienvenue dans son hameau par cette exclamation qui veut aussi bien dire « bonjour » que « au revoir ». Quelques poules, coqs et cochons en expédition me mènent à des baraquements faits de planches de bois ou de feuilles de bambou tressées. Dedans, j'aperçois des familles engluées devant la télévision. La fièvre de la *telenovela* (feuilletons télévisés) est arrivée jusqu'ici grâce aux vieilles antennes paraboliques toutes rouillées qui squattent les toits ou les jardins de ces précaires habitations.

À bord de camions pétaradants et de camionnettes recyclées, je continue ma route via Muang Khua, Udomxay, Luang Prabang. Les chemins tortueux de terre sont en mauvais état. Heureusement, ils sont encore praticables, car c'est la saison sèche. Mes véhicules laissent derrière eux un ample nuage de poussière qui m'arrive tout de même en pleine figure. C'est l'inconvénient de voyager à bord d'une remorque. Heureusement, je peux me rincer le visage quand nous passons les rivières à gué. Les ponts sont encore en construction, mais cela ne devrait plus durer longtemps, car les opportunistes travailleurs chinois ont pris le relais. Dans ces montagnes couvertes de jungle, j'arrive à Mohan, la frontière chinoise. L'Asie du Sud-Est se termine.

22

Un barbare dans l'Empire du Milieu

Les minuscules cabanes en bambou laissent la place à de monumentaux casinos rose saumon. Changement de civilisation, changement de mentalité. Le Chinois construit, beaucoup, vite et grand. À première vue, cette sorte de carton-pâte n'est pas bâtie pour durer, mais pour en mettre plein la vue. Je traverse une gigantesque « porte » dorée qui doit être visible depuis la Lune, puis j'entre dans un énorme complexe d'édifices gouvernementaux.

Je trouve mon chemin dans les bureaux de l'immigration, puis je présente mon passeport. En tant qu'expert en la matière, l'agent d'immigration scrute minutieusement les pages de mon bout de carton. Il tente de détecter les marques de faux, essaie de voir à travers les pages, puis, finalement, satisfait de son inspection des fraudes, il me laisse passer. Je fais quelques pas. Un immense panneau bleu me souhaite la bienvenue en anglais : WLECOM TO CHINA ! [sic]

Dès l'entrée, je comprends que je ne pourrai pas compter sur l'anglais des gens d'ici. Deux fautes dans le même mot, ce n'est plus une écorchure, mais une blessure de guerre ! Je sors tout l'attirail que j'avais préparé à cette intention. Panneau TOUR DU MONDE en chinois, lettre explicative de mon projet en mandarin et articles de journaux malaisiens racontant mon voyage en sinogrammes.

Avec l'aide de quelques camions, un SUV et une moto de marque Guangzhou, j'atterris à Jinghong dans le Xishuangbanna. Mes conducteurs m'indiquent brièvement la taille de ce qui constitue ma prochaine escale :

— Jinghong, petit village !

Le centre de cette ville de 500 000 habitants ressemble à Las Vegas. Tout neuf, fraîchement sorti de sa boîte. Les rues sont étonnamment silencieuses, car les motos et scooters sont électriques. Mes oreilles apprécient le cadeau. Je peux donc dormir en paix après avoir passé deux bonnes heures à chercher un hôtel qui accepte la présence d'un étranger.

Direction Kunming. Aux péages, aux stations-services, il m'est difficile de me faire comprendre. Pourtant, un SUV s'arrête. Je remarque que, depuis mon entrée dans le pays, l'état des véhicules est de très bonne qualité. L'émergence chinoise d'une classe moyenne aisée permet de voir l'apparition des derniers modèles de berlines et véhicules utilitaires sport sur la route. Au bout de quelques kilomètres, je note aussi que mon conducteur n'est pas dans son meilleur état.

Il dodeline de la tête, suite à quoi il s'inflige de lourdes claques sur le front. Aucun doute, il a sommeil. Je reste alerte. La voiture commence à zigzaguer, puis se dirige dangereusement vers le bas-côté. Je n'attends pas les premiers ronflements et lui tapote le bras en l'apostrophant :

— Ohé !

Il sursaute, se redresse in extremis et rétablit la course. Incroyable, il s'était endormi. Heureusement, notre trajet se termine au même moment, car il arrive à Pu'er, sa destination. Il me laisse le long de l'autoroute, devant un panneau rappelant ironiquement sa responsabilité de conducteur : NE CONDUISEZ PAS FATIGUÉ.

Debout le long de ce tapis roulant asphalté, je tente une nouvelle technique. Je réalise un panneau indiquant en chinois ma destination : Kunming. Cela semble fonctionner puisqu'un break s'arrête aussitôt. À l'avant, deux jeunes hommes. À l'arrière, trois jeunes filles. Dans le coffre, moi-même. Durant les cinq heures de trajet, je n'entends pas la moindre syllabe de mandarin. Les applications smartphones absorbent l'attention de l'équipée entière, qui se désintéresse alors complètement de la présence d'un *laowai* (étranger) au milieu de leurs bagages.

J'arrive finalement à bon port chez mes hôtes Willie et Yuan. Pour les remercier de leur accueil, je leur conte quelques anecdotes illustrées de photos, les faisant voyager par procuration du Sahel jusqu'en Alaska. Le cliché d'un soulier troué au Mozambique fait réagir Yuan :

— Oh ! ce n'est pas possible ! Tu voyageais avec ça ?!

Le lendemain soir, je vois débarquer Willie et Yuan avec un paquet dans les mains. Ils me le tendent :

— C'est pour toi. Que cela t'accompagne jusqu'au plateau tibétain.

J'ouvre le cadeau. Une paire de chaussures de randonnée en goretex diffuse une odeur de neuf. Je n'en reviens pas. Quelle générosité ! Je reconnais la haute qualité du produit et rêve déjà de mes futures marches où mes pieds ne tutoieront pas directement la neige. Cela me changera aussi des claquettes qui m'accompagnent depuis le début du voyage. Une gourde métallique vient également se greffer au tout. Grâce à Willie et Yuan, je suis désormais paré pour découvrir les contrées sauvages de la Chine.

Je prends réellement conscience de mon environnement à Guiyang, capitale de la province du Guizhou. Les gens me décrivent cette partie du pays comme oubliée du pouvoir central de Pékin. Aucun touriste, mais une ville bien représentative de la vie chinoise. Sur le trottoir, j'observe, effaré, de nombreuses mamans recroqueviller leur enfant de façon à ce que leur postérieur soit face au sol. Une ouverture spéciale conçue au niveau de la raie des fesses permet à ces bambins de se libérer de leur envie pressante. Pour la petite (voire grosse) commission, tout endroit est adéquat. Je vois même une mère encourager son petit devant l'entrée d'un magasin.

Comme je refuse de ciseler l'arrière-train de mon pantalon, je suis rapidement amené à utiliser les toilettes publiques à la mode chinoise. Et là, quelle surprise ! Une armada de personnes débonnaires me salue. Ce n'est pas le traditionnel *ni hao* (bonjour) qui m'interpelle, mais de les découvrir tous accroupis sur des toilettes turques, la porte grande ouverte. La défécation semble être une activité publique et presque sociale dans ce pays. Je visite. L'un d'eux semble envoyer un message avec son téléphone, un autre lit son journal. Ah ! un pudique ! La porte est fermée.

Le jour suivant, à une station-service au bord de l'autoroute, il n'y a littéralement pas de porte. Un groupe de quatre businessmen sortant d'une voiture de luxe ne se laisse pas arrêter par ce détail.

Ils s'alignent, se défont de leur costume sur mesure et prennent la pose que chaque humain sur cette terre connaît. Voilà de quoi remettre un homme à sa place.

Observer un Chinois évoluer dans son environnement est quelque chose de curieux pour un Occidental. Les règles de bonne conduite en société sont totalement redéfinies. Un Chinois trouvera de très mauvais goût que je me mouche à sa table. Par contre, parler fort, aspirer mes nouilles bruyamment ou envoyer des glaires aux quatre coins du restaurant ne sont pas un problème.

En effet, le Chinois crache beaucoup, tout le temps. Dès l'aube, les hommes, les femmes, les grands-mères et les enfants raclent en chœur leur gorge jusqu'à la trachée et envoient leurs épaisses mucosités un peu partout. Dans la rue, dans les échoppes, dans les bureaux, et même une fois sur mon sac.

C'est sous une pluie de grêlons buccaux que je dépasse 160 000 kilomètres de zigzags autour du monde. Mon hôte, Hunter He, m'invite au restaurant avec toute sa famille, pas pour fêter cet anniversaire bitumé, mais pour célébrer la meilleure pleine lune de l'année. La fête de la mi-automne est une période très importante de l'année chinoise, et la majorité des Hans (groupe ethnique principal de la population chinoise, c'est-à-dire 90 % des 1,34 milliard d'habitants) choisit ce moment pour prendre des vacances.

Nous sommes tous regroupés autour d'une table ronde à plateau tournant. Au centre trône l'objet de tous les regards : la fondue chinoise. Hunter He a commandé deux bouillons. L'un épicé, l'autre non. Chacun trempe sa viande ou ses légumes dedans, ce qui est un vrai travail quand je vois la profusion de vivres disponible sur le plateau.

L'abondance est aussi valable pour l'alcool. De la bière, certes, mais aussi un vin aussi sucré que du porto et une liqueur non identifiée.

Des petits verres sont dispersés autour de la table. Chacun trinque, pour le groupe entier, ou pour la personne qu'il veut. En tant qu'invité du bout du monde, je suis souvent choisi. Toutes les deux ou trois minutes, un des convives me tend son verre. Hunter He se penche vers moi et me conseille :

— Ne prends que de petites gorgées...

Quelle bonne idée ! À peine une goutte, et la liqueur me brûle déjà le gosier. Il n'y a pas d'étiquette sur la bouteille ; cela doit être un produit fermier. Le reste de la tablée, par contre, s'envoie sans coup férir des rasades de cette liqueur jusqu'à en confondre cantonais et mandarin. S'il y a une chose qui est certaine, c'est que je ne suivrai pas le rythme chinois !

Le lendemain, je reprends la route à travers ce pays. La Chine est le pays au monde où une contribution financière m'est le plus souvent demandée. Presque un conducteur sur deux me refuse pour cette raison. L'argent est le concept le plus important pour un Chinois, et toutes les opportunités sont bonnes pour gagner quelques yuans (monnaie chinoise).

Parfois, *Zhongguo* (pays du Milieu en chinois) me paraît situé sur une autre planète. Ainsi, un break Toyota Highlander V6 sport noir s'arrête. Je découvre un monsieur chinois visiblement aisé, vêtu d'une chemise courte à carreaux blancs et bruns, et d'un pantalon de costume noir tombant comme un baggy.

L'alternative chinoise du port de pantalon offre l'option du trop long qui déborde ou du trop court en feu de plancher. Il semble impossible pour eux de trouver la bonne taille, à quelques exceptions près. La mode chinoise est basée sur des critères que seul un véritable Han peut comprendre. Depuis que les blouses bleues sont parties, chacun s'affaire à trouver son propre style. Les résultats sont parfois étonnants. Combien de fois ai-je vu les fameuses chaussettes de sport en coton blanc associées à une paire de mocassins ?

Je me rapproche du delta de la rivière des Perles et plus particulièrement de Hong Kong.

En ce jour du 8 octobre 2012, mon cadeau pour mes cinq ans de voyage est tout trouvé. Je monte à bord d'une BMW noire conduite par un homme à la voix éraillée. Nous filons à toute allure à travers un réseau impressionnant d'autoroutes, de tunnels et de viaducs. Cette immense mégalopole du sud-est chinois offre une centaine de kilomètres de bétonnage massif et ininterrompu. Partout des constructions, des chantiers, des grues, des tours qui s'élèvent, des grands travaux. Impressionnant et effrayant.

Après un coup d'œil sur mon nouvel atlas routier en sinogrammes, j'accepte le point de chute déterminé par mon bienveillant conducteur et il me dépose à l'aéroport de Shenzhen. Une rame de métro me conduit jusqu'à la frontière de Hong Kong. Je passe l'immigration, prends un KCR (Kowloon-Canton-Railway, sorte de RER pour Hong Kong) jusqu'à Kowloon et pars m'installer en face du Victoria Harbour.

Assis devant l'illuminée ligne de gratte-ciel du centre financier, j'allume le cigare brésilien que mon hôte Willie, de Kunming, m'a donné pour cette occasion.

Pfffouu, j'exhale.

J'observe la fumée disparaître dans l'immensité du ciel étoilé. Nostalgie et extase se mêlent. Cinq ans de route, de rencontres et de découvertes me reviennent. Puis, je balaie du regard le trafic incessant du port de Hong Kong. Quel privilège d'être témoin de ce monde !

Bien que Hong Kong soit désormais rattaché à la Chine, je perçois des nuances et ressens toujours un peu l'influence britannique de l'ancienne concession du royaume. Dans le métro, un écran diffuse les derniers résultats de la ligue de football anglaise. Un peu plus loin, une marque bien connue dans tout le Commonwealth affiche sa publicité. Tout est propre et régulé, ce qui me rappelle quelques visions de Singapour.

Hong Kong est la Chine, mais les Hans y sont différents. Ils ne crachent plus, ne défèquent plus la porte ouverte et parlent un peu moins fort. D'ailleurs, j'apprends que les habitants de Hong Kong éprouvent une certaine inimitié pour les Chinois du continent. Ils ne se réjouissent pas non plus d'être désormais sous l'influence politique de Pékin.

Je vais dormir dans la Chunking Mansion, la Mecque des routards par excellence. Je découvre un immeuble d'une dizaine d'étages où se mélangent business indiens, arabes, réfugiés africains et magouilleurs en tous genres. Les personnes les plus louches de toute la planète semblent s'être donné rendez-vous ici. Je trouve une chambre en dortoir. La palme du bon marché à Hong Kong, mais aussi l'oscar du plus sordide. À l'intérieur de cette vétuste piaule, je découvre une petite feuille affichée à l'intention des résidents temporaires :

> Si t'arrives pas à dormir, c'est ton problème, n'en fais pas celui des autres. Bienvenue à Chungking Mansion !

Au réveil, je pars visiter le quartier de Kowloon et l'île de Hong Kong. Je monte au dernier étage de la tour IFC, j'admire le panorama de la ville au parc Victoria, visite le Musée d'histoire et foule les pas de Bruce Lee, Jackie Chan et Wong Kar Wai à la promenade des Stars. Bien que le réseau de transport soit excellent, j'opte pour la randonnée urbaine. Je trouve grisant de marcher au milieu de tous ces gratte-ciel, et cela me rappelle mon escapade dans le centre financier de Manhattan, à New York.

Le jour suivant, je repasse en Chine.

Shenzhen, puis Guangzhou (Canton). Je trouve l'île de Shamian et le vieux quartier chinois de Qingping. Au rythme où les bulldozers avancent, j'imagine que ses jours sont comptés. Certains étals proposent des ingrédients qui ne me paraissent pas forcément destinés à la cuisine. Hippocampes, pattes de cerf, serpents séchés, testicules de taureau. Cela me rappelle quelques recettes de marabouts africains. Plus loin, des bacs de serpents vivants, de scorpions. C'est le quartier de la médecine traditionnelle chinoise. Il est aussi possible de trouver des cornes de rhinocéros, réputées aphrodisiaques. Ces produits braconnés valent des fortunes.

Je me perds dans ce labyrinthe de ruelles étroites, tout en ayant l'impression de découvrir une Chine d'un autre siècle. Des groupes d'hommes jouent au mah-jong. Crachats et raclements de gorge rythment la partie. Ils parlent fort, j'ai l'impression qu'ils s'invectivent. L'argent mis en jeu semble les passionner.

Je reprends mon chemin et j'emprunte une ruelle plus silencieuse. De vieilles dames balaient devant des portes à double battant. Je lève la tête vers le ciel. D'immenses barres de béton paraissent prêtes à avaler ces restes de culture ancestrale. Le progrès avance en Chine, et, pour cela, il n'hésite pas à piétiner sur son passé.

Mon objectif est maintenant de remonter vers Shanghai, à plus de 1500 kilomètres de là. Coup d'œil sur la carte. Cela ne représente qu'une petite portion du territoire chinois.

Sortir de Canton est un vrai cauchemar. La ville s'étale à l'infini. Du centre au nord, il me faut parcourir 40 kilomètres avant d'atteindre le boulevard périphérique. Je marche, j'ai l'impression d'être perdu. Des routes partent dans tous les sens, et certaines n'apparaissent pas sur mon atlas, pourtant daté de l'année dernière. J'ai le décourageant sentiment que les autoroutes se construisent au fur et à mesure que j'avance.

Une fois dans la campagne, les immeubles en verre laissent la place à des morceaux de ciment abandonnés, non terminés ou en construction. Le temps est étrangement chaud pour ce mois d'octobre. Ma ration d'eau est à sec ; il me faut remplir mes bouteilles. Je vais dans une ferme et trouve un paysan médusé par mon apparence. Il m'indique un tuyau d'arrosage ; c'est suffisant.

Van, pick-up et même Porsche Cayenne m'emmènent sur la route de Quzhou. Bloqué à la nuit tombante entre deux autoroutes, je dors sous un pont. Ces derniers jours de stop m'ont beaucoup fatigué. Heureusement, un couple m'aide à couvrir les 400 derniers kilomètres me séparant de Shanghai. J'arrive de nuit et je vais me coucher dans une auberge de jeunesse, seul établissement économique qui accepte les non-Chinois.

La Chine industrialisée m'ennuie. Les villes sortent du sol, toutes semblables, toutes démesurées. Pourquoi construire aussi large, aussi grand ? Cela me rappelle mon passage aux États-Unis, où les banlieues étendues ne peuvent être distinguées les unes des autres. La Chine et les États-Unis.

Après avoir visité les deux et voyagé sur presque toute la planète, je comprends les mentalités et les désirs de chacun. Ces deux titans aménagent leur pays pour impressionner le reste du monde. À l'étranger, ils sont partout. J'ai vu des Chinois construire des routes en Éthiopie, tenir des magasins au Belize, s'organiser en communauté à San Francisco. Ils tiennent le commerce et ne se mélangent pas.

Les Américains, de leur côté, placent des marionnettes politiques un peu partout sur le globe pour pouvoir exploiter les ressources ou étendre leur influence sur une région. Chili, Salvador, Turkménistan. Pour que la population locale ne se doute de rien, ils caressent leurs idéaux par l'industrie du divertissement. Film, musique, publicité. Quand cela ne suffit pas, ils tentent de s'imposer par la force. Vietnam, Corée, Afghanistan, Irak.

La Chine fait de même ; elle étend ses tentacules. Corée, Japon, Vietnam, Tibet.

L'Empire de l'Ouest et l'Empire de l'Est se rejoignent dans leurs désirs de grandeur. Aucun doute à avoir là-dessus : ils veulent tous deux gouverner le monde.

En attendant de voir l'issue de cette course au pouvoir, la Chine continue de bâtir. Je découvre la banlieue de Shanghai. Toujours une myriade de constructions verticales, un bétonnage à foison et un chiffre d'affaires explosif pour les loueurs de grues.

Shanghai, métropole immense et cosmopolite, fait de l'argent, et c'est cela qui attire. Le yuan à tête de Mao (chaque billet chinois est imprimé à l'effigie du défunt leader) est très visible sur la côte est chinoise, et tout le monde vient pour profiter du boom économique. Dans l'ancienne concession française de Shanghai, les Maserati, Lamborghini et Bentley se garent devant les nombreuses boutiques ultrachics. L'égalité pour tous prônée par le Comité central communiste de Pékin n'est ici qu'une lointaine blague, car, à Shanghai, ce sont les nouveaux riches qui paradent.

Ce Shanghai me met mal à l'aise, comme chaque fois où l'homme n'existe que pour cultiver son ego. Plus haut, plus grand, plus gros. La propagande mensongère communiste d'un côté, l'ultra-mégacapitalisme de l'autre. Où est le juste milieu ? Cela ne pourrait être qu'anecdotique si ça n'avait pas d'aussi grosses conséquences sur l'environnement. Voilà quatre jours que je suis ici et je n'ai toujours pas vu le ciel !

Pour quitter Shanghai, je prends la direction de Nanjing, puis je continue plein ouest vers Xi'an et sa fameuse armée en terre cuite.

En ce début novembre, le froid et l'hiver arrivent. La température baisse subitement d'une dizaine de degrés pour arriver dans les négatifs. Il gèle.

J'arrive dans la province d'Anhui et je m'enfonce dans la paisible campagne chinoise. Le contraste est saisissant et je ne suis pas mécontent de laisser derrière moi le rythme infernal des mégapoles. Et puis, terminé le salon de l'auto, l'étalon noir de Ferrari laisse sa place aux buffles boueux tireurs de charrettes.

Grâce à Wang, un autre de ces généreux Chinois qu'il m'arrive de croiser, je visite l'intérieur d'une maison typique de campagne. Les murs en ciment sont à nu et ne sont recouverts d'aucune peinture. La décoration est très sommaire. Juste une table ronde au milieu de la pièce et un portrait de Mao quand il était jeune. Je vois souvent Mao dans ce pays, mais pas chez les plus riches, sauf quand ils sont membres du parti.

Après une nuit entière de camion, j'arrive à Xi'an. Les premiers rayons du soleil éclairent une enceinte fortifiée de 16 kilomètres qui entoure la vieille ville. Les restes de patrimoine historique chinois sont assez rares pour être notés, alors, j'en profite. Je ne peux pas manquer la visite de l'armée d'argile, située à 35 kilomètres à l'extérieur de la ville. Je découvre ce qui constituait la protection du tombeau de l'empereur Qin Shi Huang, mort il y a plus de deux mille ans. Dans la plus grande fosse, une gigantesque armée de guerriers en terre cuite se dresse fièrement, prête au combat. Il est estimé que 6000 statues furent enterrées ici.

Au sortir de Xi'an, une vague de grand froid m'accueille dans la province du Shanxi. De gros flocons terminent leur course sur le bout de mon nez, et le magnifique centre historique de Pingyao se recouvre d'une fine pellicule blanche. La Chine tropicale n'est plus qu'un évasif souvenir. Quand ai-je croisé la neige pour la dernière fois ? Nouvelle-Zélande, Amérique du Sud ? Au milieu d'un paysage d'arbres aux branches dénudées, je suis cueilli par une famille qui roule en direction de Shijiazhuang, la capitale de la province d'Hebei.

Le père, au volant, est policier à Taiyuan. Sa femme est infirmière dans l'hôpital de la même ville, et leur fils, un peu enrobé, est assis à côté de moi, sur la banquette arrière. Il me fait un peu penser aux enfants américains élevés au Burger King ou au Pizza Hut. Sa mère, très protectrice, ne cesse de se retourner et de le pousser à exercer son anglais.

La pression qu'elle lui met semble fortement l'irriter, le bloquer. Il balbutie tout de même quelques mots, laissant sa mère béate d'admiration.

Voilà certainement une des limites de la politique de l'enfant unique en Chine. Il n'y a pas le choix : les familles ont UN enfant, et il DOIT réussir. Tout est mis en œuvre pour baliser ses années d'études, car, dès sa naissance, son parcours professionnel est déjà tout tracé. Malheureusement, le « petit empereur » se retrouve en permanence au centre de l'attention. Il est tellement choyé et couvert de compliments qu'il devient peu à peu méprisant envers ses semblables, qu'il considère comme « inférieurs ».

Quelques kilomètres plus loin, surprise, une portion de la Grande Muraille apparaît. La voilà finalement ! J'en ai tellement entendu parler et elle surgit au moment où je ne l'attendais pas ! Je la vois arriver de derrière les montagnes, zigzaguant à l'infini sur un relief qui n'a rien de plat. Ce serpent rocailleux de 6700 kilomètres représente la force de l'Empire du Milieu, mais aussi sa paranoïa contre les armées barbares. Au pied d'une des portions, je trouve un panneau décrivant cette idée : LOCALISÉE À LA FRONTIÈRE DE DEUX CULTURES, LA GRANDE MURAILLE FUT CONSTRUITE POUR LA DÉFENSE DU TERRITOIRE.

Il y a donc une relation bien établie entre la différence des cultures et le conflit. Ce qui est différent est barbare, donc, source de danger.

Je traverse six anneaux périphériques et j'atteins les *hutongs* (étroites et labyrinthiques allées) de Pékin. Dans ces quartiers historiques de la capitale chinoise, je retrouve Jürgen, un Allemand avec qui j'ai voyagé au Soudan, en Éthiopie et au Malawi. Quel bonheur de revoir une tête connue ! Cela n'arrive pas souvent lorsque l'on est constamment en mouvement. Toutefois, cette émotion devrait se reproduire dès demain matin, car Wati vient me voir pour la seconde fois.

Nous avons continué à communiquer quotidiennement depuis notre dernière rencontre au Cambodge. Via Skype et téléphone, je lui conte mon périple au jour le jour, lui explique certains traits de culture, je partage des anecdotes. Je la rassure aussi sur mes sentiments et j'édifie des projets avec elle pour que nous gardions un fil commun. J'admets que, dans ma situation, il est difficile de lui apporter un peu de présence.

Pourtant, nous y arrivons. Nous gardons contact et parvenons à protéger cette petite flamme amoureuse qui paraît si fragile lorsque nous sommes éloignés. Après sept mois passés ensemble, notre longue conversation m'amène à connaître Wati bien plus que je ne l'aurais espéré. Je découvre une femme avec qui il me plairait de vivre. Ces pérégrinations autour du monde m'auraient-elles aussi apporté ma seconde moitié ? De jour en jour, cela devient une forte probabilité.

En attendant que son avion ne sorte les trains d'atterrissage, je visite la célèbre place Tian'anmen. Le centre de l'univers chinois ne m'impressionne pas autant que ne l'avait fait la Praça dos Girassois à Palmas, dans l'État brésilien du Tocantins. Cette place brésilienne est un gigantesque (et, disons-le, inutile) amoncellement de bitume au milieu d'une ville construite seulement à partir de 1989. Cette même année est beaucoup plus connue pour les tragiques manifestations étudiantes de Tian'anmen, qui secouèrent le globe et remirent définitivement en question la grandiloquence chinoise. Voilà d'ailleurs la véritable surprise qui m'attend au cœur de Pékin. D'innombrables scanners et détecteurs filtrent les sacs, alors qu'une patrouille de soldats fouille chaque curieux qui désire visiter la supposée plus grande place du monde.

Ce haut lieu symbolique et touristique est animé. Beaucoup de personnes concernées par le régime politique actuel s'y rendent. Certains s'extasient devant le vrai motif de leur visite. Au centre du centre de l'univers chinois trône le mausolée de Mao, et ses plus fervents adorateurs viennent payer un dernier hommage à sa dépouille, plus de 36 ans après sa disparition.

Pour ma part, je préfère présenter mes respects à ma petite cannibale, qui ne devrait pas tarder. Je passe la nuit sur un banc de l'aéroport de Tianjin et l'attends au matin à la sortie de l'immigration. La voilà d'ailleurs qui arrive :

— Tikus !

Je lui fais signe en la hélant de son surnom[1] au milieu d'une foule de voyageurs chinois. Nous nous enlaçons et j'en profite pour lui nouer une écharpe autour du cou, lui enfiler une paire de gants et conclure en lui déposant un énorme chapeau communiste chinois sur les oreilles. Wati, dans quelques instants, va découvrir la signification du mot « froid », elle qui vit toute l'année sous une température de 30 °C.

Pendant cinq jours, nous ne nous quittons pas. Nous visitons la Cité interdite, et Wati me fait remarquer que même les gardes officiels ne se gênent pas pour recouvrir le sol de leur visqueuse bave. Nous allons également voir la Grande Muraille à Badaling. Bien que nous soyons au début de la saison hivernale, la portion la plus touristique du *Chang Cheng*

1. *Tikus* signifie « rat » en indonésien. Ce fut l'un des premiers mots que j'ai appris à Bali, d'où ce sobriquet.

(« Grande Muraille » en chinois) abonde de plusieurs milliers de Chinois hilares, qui courent dans tous les sens comme de grands enfants.

Wati, elle, rencontre la neige pour la première fois de sa vie. Mais ce froid frigorifiant ne lui plaît guère, car, en dehors des jolies cartes postales, il attaque chacun de ses membres à ses extrémités.

Les adieux sont tristes, et j'abandonne quelques larmes à ces terres chinoises. Cette relation longue distance est difficile. Même si ces courtes entrevues sont importantes, elles ne sont pas suffisantes. Certes, elles ravivent la mèche, mais elles font aussi réapparaître le sentiment de nous quitter en permanence. Wati conclut notre échange par une simple phrase qui me touche :

— À l'issue de ton voyage, je t'attendrai à Bali...

Nous avions déjà évoqué le fait que je revienne sur l'île des Dieux. Comme le ton de sa voix me fait comprendre qu'elle patientera vraiment dans cette dernière ligne droite, je peux me lancer sereinement dans cette longue traversée de l'Eurasie.

Pour rejoindre la France depuis la Chine, ma situation d'auto-stoppeur me confine à un seul itinéraire plausible : l'Asie centrale. En effet, j'apprends à Pékin que le Pakistan ne délivre plus de visa à l'étranger, ce qui, par extension, me bloque la route des Indes. En présumant que je peux traverser illégalement le Tibet, le sous-continent indien m'isolerait comme dans une enclave. Le Pakistan ne délivre donc pas de visa, les frontières terrestres birmanes sont fermées pour cause de junte militaire et le Tibet est impénétrable dans l'autre sens. Je décide donc d'aller visiter les pays en « -stan ».

Ainsi, j'obtiens mon autorisation officielle de voyager au Kazakhstan. Il me faut maintenant atteindre sa frontière, située à 4500 kilomètres de là. Neuf jours de visa chinois seront-ils suffisants pour parcourir tout l'Empire du Milieu ? Mieux vaut ne plus tarder. Je me dirige donc de pied ferme vers l'autoroute G6. Dans une station-service, un homme à bord d'une Volkswagen noire m'interpelle en anglais :

— *Where are you going ?*

Cette question est toujours bon signe pour un autostoppeur : elle est souvent comme un prélude à l'invitation.

Quelques secondes plus tard, je suis à l'intérieur de l'habitacle. Hachinko, le conducteur, est accompagné de son ami Danidwo. Ils me conduisent à Zhangjiakou tout en se présentant dans un anglais excellent :

— Je travaille pour une célèbre compagnie américaine, m'informe Danidwo.

— Et moi, je possède une ferme de 10 000 vaches aux alentours de Pékin, renchérit Hachinko.

Pendant que je les questionne sur les détails de leurs activités, la route traverse des paysages qui me rappellent certaines contrées de l'île du Sud, en Nouvelle-Zélande. Des montagnes enneigées couvrent de leur ombre d'immenses plaines colorées d'un aride beige.

Malheureusement, la splendeur de l'ensemble est complètement gâchée par un nombre effarant de centrales au charbon qui recrachent toute gueule ouverte une dense fumée blanchâtre, me rappelant tristement que la Chine est le premier émetteur au monde de gaz à effet de serre.

J'entre à présent en Mongolie-Intérieure. Les centrales au charbon se multiplient, tout comme les flocons de neige, dont la chute redouble d'intensité. Pourtant, le blanc que je remarque le plus provient des innombrables cheminées qui ornent toujours le paysage. Combien de centaines de kilomètres ai-je déjà parcourus ? Sans discontinuer, j'observe ce long filet de toxiques touffes cotonneuses qui émaillent le ciel de cet interminable panorama industriel.

Entre deux véhicules, je marche. Bien que cette errance ne me mène nulle part, elle permet de me réchauffer, car la température est désormais sous le point de congélation. Le froid a également un autre avantage. En effet, plus le climat est hostile, plus j'accumule les couches de vêtement, ce qui déleste mon sac d'un certain poids. Mon dos remercie le ciel, contrairement à mes doigts de pied qui, eux, se plaignent des méfaits du gel.

Un SUV s'arrête. À bord, un groupe de businessmen allant à Ordos, une de ces villes nouvelles qui sortent de terre pour héberger les exploiteurs de matières organiques ou minérales. Cependant, l'aride désert environnant peine à attirer tous ces riches prospecteurs. À qui montreraient-ils leurs nouvelles acquisitions matérielles ? Aux chameaux ? En conséquence, nombre de ces ensembles de tours modernes demeurent simplement inhabitées.

Aux abords de Lanzhou, de hautes montagnes commencent à apparaître. Le plateau tibétain n'est plus très loin, et le climat est toujours aussi sec. Les couleurs changent. Tout d'abord, c'est le bleu du ciel qui se manifeste. Quel bonheur d'avoir une interaction directe avec le soleil ! Ses rayons offrent une chaleureuse palette de couleurs à l'environnement désertique qui n'attendait que cela. Jaune, rouge orangé, marron, l'Asie centrale commence à se faire sentir.

Mon âme de voyageur se réveille à cette vision. Je ressens l'immensité des espaces, j'entrevois la liberté de mouvement des nomades via un choix infini de directions. Et, surtout, j'éprouve un énorme soulagement de quitter cette éprouvante masse industrialisée et surpeuplée. Maintenant, place au vide du désert et à la rencontre des minorités ethniques, car j'arrive dans la Chine de l'Ouest.

Xining. Voilà quatre jours que j'avance sans discontinuer depuis Pékin et je commence sérieusement à ressentir la fatigue. Mes jambes me portent encore, mais c'est mon esprit qui me fait progresser. Cinq années de route m'ont amaigri, éreinté, vidé. La moite chaleur, la brûlante sécheresse, le froid glacial. Mon corps a beaucoup subi.

Les longues attentes, l'absence de sommeil, les repas oubliés. Pourtant, je continue de repousser mes limites. Arrivé tard le soir, je repars tôt le matin et me lance sans tarder dans les montagnes du plateau tibétain. L'évocation de ces terres mythiques est suffisante pour me pousser vers l'hostile climat de froid et de neige qui m'y attend.

Dès mon entrée dans les montagnes, je réalise l'ampleur de la tâche. De violentes bourrasques balaient sans prévenir une route glacée par la rudesse de l'hiver. Mais la magie tibétaine ensorcelle tout de même mon esprit. Au détour d'un col de 3700 mètres, je vois surgir un troupeau de yacks. Ces énormes bovins cornus, que j'avais découverts enfant dans les albums de *Tintin*, se dressent aujourd'hui devant moi. Narines fumantes, ils déplacent lourdement leur épaisse cuirasse de poils noirs pour chercher un peu d'herbe au milieu de la neige.

Les cols sont de plus en plus hauts, atteignant désormais 3800 mètres. La hauteur que nous prenons offre à la vue de splendides panoramas montagneux, mais s'arrêter pour les prendre en photo engendrerait de dangereuses péripéties. La brusquerie et la violence des coups de vent m'enverraient planer dans un dénivelé sans fond.

Néanmoins, mon conducteur du moment prend ce risque. Il s'agite pour me montrer quelque chose, mais je ne vois rien avec cette poudre neigeuse qui virevolte devant mes yeux. Puis, oui, il apparaît. Un chörten. Les drapeaux de prières multicolores qui lui sont affiliés flottent violemment dans le sens du vent. Les rafales atteignent facilement 100 km/h et je me demande comment les moines tibétains ont pu édifier ces stupas dans de telles conditions. Notre arrêt est très bref, mais, pour moi, cet instant est magique.

Je perçois ces constructions bouddhistes comme de chaleureuses salutations envoyées depuis l'inaccessible Tibet. Inaccessible, en effet. La politique pro-Han du gouvernement chinois persécute depuis longtemps ses minorités ethniques. Les Mongols, les Ouïgours et surtout les Tibétains sont les principales victimes de ce désir d'acculturer.

Chaque jour, des milliers de travailleurs hans sont envoyés dans ces régions reculées pour apporter le surnombre et imposer leur commerce et leur culture. Voulant dissimuler son perfide dessein au reste du monde, le Parti communiste chinois a littéralement fermé la « région autonome » du Tibet aux étrangers.

Quelques instants plus tard, je croise des temples bouddhistes tibétains, puis une lamaserie. Que j'aimerais passer plus de temps sur ces terres ! Mais le climat est rude, très rude.

Il fait tellement froid que, quand mon visage se tourne face au vent, mes lèvres se recouvrent d'une couche de glace en un quart de seconde. J'enfile alors toutes mes affaires sans exception. Mais, même vêtu de six tee-shirts, deux pull-overs, un gros manteau, deux pantalons, un *long John* (caleçon long), cinq paires de chaussettes, une écharpe et un gros bonnet, mon corps frissonne toujours aussi violemment.

De Jiuquan à Urumqi, un Ouïgour m'emmène dans sa Chevrolet blanche toute neuve. Je dépasse 170 000 kilomètres d'auto-stop sur cette longue autoroute verglacée. L'hiver est arrivé et je dois me cantonner aux grands axes pour pouvoir avancer. D'un arrêt à un autre, je remarque que les Hans laissent peu à peu la place aux Ouïgours.

Ce peuple turcophone me rappelle fortement les habitants du plateau anatolien. Les panneaux sont écrits en *alphabet* arabo-persan (ou écriture ouïgoure), les plats proposés sont à base de kebab, et les appels à la prière des mosquées rythment le quotidien de cette communauté musulmane.

Arrivé dans la capitale du Xinjiang, il fait -10 °C et un bon mètre de neige recouvre le sol. De là, je prends l'autoroute pour ma première république d'Asie centrale.

23

Pérégrinations en dictatures post-soviétiques

WELCOME TO KAZAKHSTAN.

La frontière kazakhe m'offre un énorme contraste et met un terme à mon expédition dans l'Empire du Milieu. J'avoue que ce gigantesque pays, bien qu'il soit extrêmement intéressant et culturellement très riche, m'a fatigué. L'absence d'esprit critique de la population, le nationalisme aveugle, la mentalité élitiste et aussi une certaine forme de racisme envers tout ce qui n'est pas chinois m'ont frustré à plusieurs reprises.

Et puis, la Chine m'inquiète. Elle est très puissante, mais est encore loin d'assumer ses responsabilités. Les côtés profiteur, opportuniste et immoral de la Chine me dérangent. Je suis inquiet, car l'accès au pouvoir et le profit semblent être une excuse pour tout : pollution à outrance, exploitation de la main-d'œuvre à bas coût, persécution des minorités.

J'espère seulement que le géant asiatique prenne un jour conscience de ses limites...

L'arrivée au Kazakhstan me plonge immédiatement dans une ambiance « Europe de l'Est post-URSS ». J'ai la sensation de redécouvrir la Pologne des années 1990. Tout de suite, je remarque les enseignes écrites en alphabet cyrillique. Les maisons bâties en bordure de route me paraissent petites et vieilles, mais à visage humain. Après la déification du béton en Chine, ce contraste est frappant. Je prends un instant une mosquée pour une église orthodoxe. Sa façade blanche et ses coupoles bleues m'ont floué. Les rues sont vides au moment où je reprends l'auto-stop. D'ailleurs, comment fonctionne le concept dans ce pays ?

Je sors le pouce à tout hasard.

Rapidement, un SUV s'arrête. Le conducteur m'apprend que l'auto-stop est connu dans ce pays :

— Au Kazakhstan, tu peux en effet solliciter les véhicules en montrant ton pouce.

— Comment appelle-t-on cela ?

— Nous disons simplement *avtostop*. C'est un mot russe.

Très similaire au français et bien plus facile que le *cèng ché* chinois, le *menumpang* indonésien ou le *a jalon* guatémaltèque.

Partout, je croise des véhicules en forme de pot de yaourt. Les fameuses Lada, ces voitures du peuple qui datent de l'occupation soviétique, occupent encore les routes. Tout comme les camions KamAZ. Je grimpe à bord de l'un d'eux, et le chauffeur m'explique avec succès en chino-russo-kazakh :

— Tu vois cette route ? Regarde là, puis là. Un vrai désastre. C'est la dictature de Nazarbaev[1], mon ami ! Ce pays est corrompu jusqu'à la moelle !

Cette corruption touche également les villages, car, de nuit, il y fait un noir total. Je découvre les locaux à la lampe de poche. Le Kazakh possède un visage qui raconte à lui tout seul des siècles d'échanges sur la route de la Soie. Ce faciès si typique est un fascinant mélange entre le Turc, le Chinois et le Mongol. Les influences culturelles sont multiples sur ce rond-point de civilisations. J'entends aussi beaucoup parler russe. Cette langue est presque connue de tous dans la région.

Par contre, il fait toujours aussi froid. Ce mercredi, le mercure descend jusqu'à -29 °C. Sortir dans les rues d'Almaty devient une douleur de chaque instant. C'est pourquoi

1. Président du Kazakhstan depuis 1991.

je décide d'investir dans une paire de chaussettes en poil de chien. Bien que l'odeur flirte réellement avec celle d'un cabot mouillé, ces bas en laine me changent la vie. Je ne focalise plus mon attention sur mes doigts de pied, mais sur ce qui m'entoure, ce qui est plutôt important quand on voyage.

J'obtiens mon visa pour l'Ouzbékistan, file à Bichkek au Kirghizstan, et j'y attends un éventuel dénouement pour l'obtention du visa iranien. J'ai eu beau préparer minutieusement ma rencontre avec l'embrouillamini administratif de cette région du globe, mais non. Comme une vulgaire mouche tombant dans une assiette de *plov*[1], je m'englue quand même dans cette mélasse administrative.

Le visa iranien n'est accessible qu'en obtenant un code provenant d'une douteuse agence iranienne, dont les promesses de délai sont aussi valables que le programme politique d'un dictateur ouzbek. Je fais pourtant l'erreur de les croire. D'une estimation d'un maximum de 22 jours, la procédure entamée à Pékin en prendra au total 43.

Pour combler cette frustrante attente, j'en profite pour étudier la suite de l'itinéraire, visiter les blocs de béton communistes de la ville, déambuler dans son bazar et découvrir les montagnes aux alentours. Un jour, je prends même une paire de skis et vais dévaler les pistes de Zil, une des stations locales datant de l'ex-URSS.

Noël arrive et je suis toujours bloqué dans la capitale kirghize. La neige tombe dru à la fenêtre de Guillaume, un Français qui est arrivé jusqu'ici en vélo couché. Il a décidé de passer l'hiver dans cette ville et il m'héberge dans l'appartement qu'il loue.

Je passe les fêtes avec la communauté de voyageurs, d'expatriés et de Corps de la Paix[2] de Bichkek. Anglais, Américains, Allemands, Argentins, Belges, Russes et aussi Kirghizes se mélangent pour assister au feu d'artifice tiré de la place Ala-Too, où s'élève l'immanquable statue de Lénine. À la fin

---

1. Plat typique d'Asie centrale de riz pilaf, légumes et gras d'agneau, le tout servi dans une mer d'huile.
2. *Peace Corps*. Agence américaine créée par JF Kennedy ayant pour but de favoriser la paix dans différents coins du globe.

du spectacle, l'excessive présence policière nettoie la place de ses temporaires badauds.

Le lendemain, j'envoie à mes parents et à Wati la bonne nouvelle :

Le père Noël vient de passer en Asie centrale. Dans sa hotte, il m'a apporté le visa iranien. Je ne devrais plus tarder à arriver en France. Deux, trois mois tout au plus. À très bientôt !

Je peux finalement quitter Bichkek après un séjour forcé de 18 jours. Je pars avant l'aube par la marche, ou plutôt par le patinage. En effet, le sol est toujours glacé, conséquence d'une chaussée jamais déblayée.

À bord d'un camion de marque allemande, je traverse un paysage de hautes montagnes entre Bichkek et Och, puis je descends dans la vallée de Ferghana, où la frontière de l'Ouzbékistan m'attend.

Au poste d'immigration, un agente de sexe féminin parlant un peu français m'accueille et m'explique les (nombreuses) démarches à suivre tout en partant à la recherche d'éventuelles possessions interdites :

— Pouvez-vous, s'il vous plaît, ouvrir votre ordinateur, nous montrer vos livres, faire une liste de vos objets de valeur, déclarer votre argent ?...

Sitôt sorti, j'aperçois un char militaire qui bloque la route. Il essaie de manœuvrer sans grand succès devant une Lada conduite par Mahmoud, qui me fait de grands signes pour que j'approche. Son faciès est à mi-chemin entre le Turc et le Perse. Une tête d'Ouzbek, tout simplement. Il me fait monter, suite à quoi nous dérapons dans la neige pendant une dizaine de kilomètres.

En observant le trafic routier, je remarque un détail singulier : les voitures sont presque toutes des Daewoo et des Chevrolet blanches. Je tiens l'explication lors de mon arrivée à Asaka, quand je passe devant une fabrique. Nozim, mon conducteur, m'explique :

— Voici l'usine de General Motors. Elle produit toutes les Daewoo et Chevrolet du pays. C'est la seule chaîne d'assemblage automobile en Ouzbékistan.

La presque totalité de la population est donc cliente de l'industrie automobile du pays. Par choix ou par contrainte ? Je me renseigne :

— Est-il possible d'importer un véhicule depuis l'étranger ?

— Oui, mais, pour protéger notre économie, le gouvernement impose d'énormes taxes à l'importation. Avec un salaire ouzbek, il est presque impossible de s'en procurer.

Quelques minutes plus tard, Nozim gare sa Chevrolet devant chez lui et m'invite à prendre le thé. Je découvre une maison illuminée par des bougies et des lampes de poche. Il s'en excuse :

— L'électricité est souvent coupée dans mon village.

Cette faible lueur me permet toutefois d'admirer les nombreux tapis qui décorent la pièce. Au sol, au mur, partout. Les motifs rouges, noirs, blancs, verts sont très détaillés. Les Ouzbeks ont élevé la fabrication de tapis au rang d'art. Quelle belle expression de culture et quelle hospitalité ! Nosim me fait asseoir, il m'offre du thé, du pain sec, du café, des confiseries. Je n'ai pas eu un tel traitement au Kirghizstan ni au Kazakhstan.

Le lendemain, je reprends *papouti* (auto-stop en Ouzbékistan) au milieu des champs plats de la vallée de Ferghana. Un jeune fleuriste au volant d'une Daewoo, un grand-père aux dents en or et une petite voiture rouge se succèdent jusqu'à la chaîne montagneuse de Chatkal.

Après une courte pause dans une *chaikhana* (maison de thé ou restaurant), où je déguste des *shashlyk* (brochettes de kebab), un policier m'invite à monter dans sa Chevrolet. L'officier Hamid me permet de slalomer une centaine de kilomètres dans ce relief rocheux. Au moment où il me dépose en périphérie de Tachkent, une gitane vient parfumer son habitacle d'une odorante fumée végétale. En échange, Hamid lui donne un petit billet (la plus grosse dénomination ouzbèke est 1000 sum, soit 0,25 euro), puis il part rejoindre ses collègues.

Un nombre incroyable de policiers m'interpelle dans ce pays. Dans la grisâtre capitale ouzbèke, je me fais contrôler trois fois par jour. Sur la route, idem. Cela en devient lassant. Que dire des chauffeurs routiers qui voient leur cargaison fouillée à chaque barrage ? Cela me permet d'observer leurs plaques d'immatriculation : Turquie, Ukraine, Lettonie. Ces destinations lointaines me permettent de ressentir la proximité de l'Europe.

Mais Tachkent freine rapidement ce sentiment, car j'y reçois une nouvelle attaque administrative. Le labyrinthe bureaucratique n'est pas terminé. En effet, l'ambassade du Turkménistan me demande d'attendre 20 jours pour qu'on me délivre un simple visa de transit. Comme je dois légalement sortir de l'Ouzbékistan dans moins de deux semaines, je décide d'aller me réfugier au Tadjikistan pour patienter. Au final, tout ce méli-mélo de visas en Asie centrale me coûtera un total de 428 dollars pour une attente de 93 jours cumulés.

J'arrive donc à la frontière tadjike. Les officiers ouzbeks ne me laissent pas sortir sans que je fournisse une preuve de mes dépenses d'argent, puis une ribambelle de documents témoignant de mon enregistrement quotidien auprès des hôtels destinés à recevoir les touristes. Quel zèle inutile ! Ces agents d'immigration expriment parfaitement la paranoïa des leaders dictatoriaux qui règnent sur tous ces États policiers.

J'entre finalement au Tadjikistan. Il n'y a plus ou presque de Daewoo. Le trafic est moindre également. Est-ce parce les Tadjiks émigrent massivement en Russie pour travailler ? À vrai dire, seul le vent des montagnes manifeste vraiment sa présence. Il me fait face, et sa force ralentit considérablement ma marche.

Dans ce tableau d'escarpements brun et noir apparaissent quelques taches colorées. Des femmes sont vêtues d'un costume tadjik teinté de jaune, blanc et bleu. La plus jeune perpétue aussi la tradition des pieds à la tête. Elle porte une paire de souliers brodés, tandis que son chapeau carré laisse tomber des cordes à ses extrémités. Comme les Afghans, les Tadjiks ont des influences persiques. Le faciès de ces femmes s'en ressent. À l'image des Iraniennes, leurs yeux sont plus grands, plus expressifs. Ces dames doivent le savoir, car elles s'ornent les paupières d'un fard bleu et jaune, apportant là un peu de gaieté à ces sobres montagnes.

J'arrive à Khujand, où Jahovir m'offre l'hospitalité. Je découvre sa maison, qui est également tapissée de A à Z. Jahovir m'exprime son rêve d'aller aux États-Unis. Il parle très bien anglais, tadjik, farsi, russe, ouzbek, arabe, turc...

À ce carrefour des peuples, je rencontre fréquemment des personnes qui sont bilingues, trilingues ou bien plus. C'est encore le cas quelques jours plus tard avec Bakokhoja. Ce jeune Tadjik à la lourde toison capillaire connaît l'anglais, le français, en plus du tadjik, du russe et de l'ouzbek. Faute de professeur, il a appris tout seul.

Douchanbé. Je suis accueilli chez Erwin et Hélène, qui travaillent pour une ONG. Ils sont les parents d'une petite Adèle, un an et demi, et logiquement le sujet de toutes les conversations. Je commence à poser des questions sur le bout de chou, comment l'éduquer, les problèmes et difficultés rencontrées, puis je m'arrête. Serais-je en train de me considérer comme futur papa ?

Peut-être. En tout cas, cette pensée n'est plus repoussée par mes désirs de liberté, car je les ai pleinement satisfaits. La sensation d'arriver à la fin d'un cycle émerge au fond de moi.

J'ai vogué seul sur les routes du monde pendant une demi-décennie, passant d'une prompte rencontre à une autre, sans jamais entretenir d'amitié forte, sans jamais avoir un meilleur ami pour m'épauler, une fiancée à choyer, et cela commence finalement à me peser. Mes dernières pensées sur la route s'inscrivent désormais dans la page du bilan et de la suite à donner à ma vie.

Je me suis épanoui dans les interactions sociales, par le partage et les échanges. Ma clé du bonheur se trouve inéluctablement dans les relations humaines. Ainsi, j'éprouve le besoin d'en construire une.

Wati personnifie ce désir. C'est pour moi un luxe d'avoir trouvé une femme qui rit à mes blagues, qui aime voyager et avec qui je serais heureux de partager mes petits moments de bonheur. Moi qui m'épanouis dans les relations humaines, je voudrais désormais cultiver l'échange en permanence.

Les difficultés de cette relation longue distance me paraissent de bonnes bases à une vie commune. Je m'étonne parfois qu'elle n'ait pas abandonné durant cette longue attente, mais, 10 mois après, nous tenons toujours bon. Alors, à bientôt, *sayangku*, je suis désormais dans la dernière ligne droite.

Je devrais toutefois redéfinir la droiture de cette ligne, car de nombreuses montagnes se dressent devant moi. La route traversant la chaîne de Zeravchan étant fermée, j'emprunte un autre itinéraire. L'auto-stop est un désastre. Pendant une journée entière, je ne parcours que 80 kilomètres, dont une bonne vingtaine à pied.

Retour en Ouzbékistan, je prends mon visa turkmène (le dernier du voyage), visite les joyaux de Samarkand et Boukhara, puis me présente à l'immigration de mon dernier pays d'Asie centrale.

L'arrivée au Turkménistan conclut en apothéose cette laborieuse découverte des dictatures postsoviétiques. L'agent d'immigration turkmène réduit sur un coup de tête mon visa de cinq à trois jours, considérant que la durée initiale administrée par l'ambassade est trop longue.

Pour être certain que je ne dévie pas de ma ligne de transit, il réserve devant moi des hôtels pour chaque nuit que je passerai dans le pays, m'imposant bien sûr ses choix d'établissements. La rudesse de cet accueil ne me donne qu'une seule envie : traverser au plus vite cette dictature xénophobe.

Pour cela, j'évite les traditionnels taxis non officiels, puis engage la discussion avec les camionneurs en transit. Ils me répondent d'un air désolé :

— Nous ne pouvons pas prendre le risque, dans ce pays, de faire monter un passager.

À première vue, je les comprends.

Mon attention se porte alors sur une Lexus, et son conducteur accepte de me prendre en charge. La voiture est confortable, le conducteur, peu bavard, alors, j'observe le désert qui est aussi stérile que la teneur de notre échange. Nous traversons des étendues de rien, mais le vide du désert possède également son charme. L'absence totale d'obstacles visuels m'apaise l'esprit, ce qui me rappelle l'océan.

J'arrive de nuit à Mary et je suis étonné de voir des lampadaires. Sont-ce les seuls en Asie centrale ? Les énormes réserves de gaz du pays permettent certainement d'éclairer cette capitale régionale.

Comme je refuse de me rendre à l'hôtel assigné par l'agent d'immigration, je passe la nuit dehors. Une fabrique de ciment m'offre le confort de ses énormes poutres et je m'y allonge. Quelques gouttes de pluie me réveillent au milieu de la nuit… Ce doit être le taux annuel d'humidité qui m'arrive dessus.

Je reprends la route au lever du soleil, et une Toyota bleu ciel s'arrête immédiatement. Contrairement à ce que je pensais, le stop est relativement facile au Turkménistan.

Ce couple va jusqu'à Achgabat, mais la capitale étant hors de ma ligne de transit, je demande d'être déposé à une intersection. Encore un véhicule et j'aperçois enfin la frontière iranienne. Je termine à pied sous une température qui s'élève désormais à 20-25 °C.

Le côté iranien de l'immigration est long et difficile à traverser. J'attends trois heures dans une salle, le temps que l'officier vérifie mon visa. Puis, mes sacs sont ouverts, intensément fouillés, et mes affaires, abandonnées en désordre. Je ramasse tout et sors du bâtiment en suivant la lumière du jour. Quelques secondes plus tard, je retrouve l'astre chaud du Moyen-Orient, cinq ans après l'avoir quitté.

Mes premiers pas en Iran m'expédient dans une atmosphère bien différente de l'Asie centrale. À mi-chemin entre le brouhaha syrien et les contes des *Mille et Une Nuits*, je hume cet air iranien à pleins poumons. Voici la Perse et sa culture vieille comme le monde. En tant que routard, j'attendais depuis longtemps d'effectuer un pèlerinage dans ce mythique eldorado de l'hospitalité.

Je trouve un hôtel pour la nuit. Il me fut recommandé par le médecin qui m'a ausculté à la frontière. Une fois dans l'établissement, je me rassasie d'informations nouvelles. Des Iraniens trempent leur sucre dans le thé, mais ne l'y abandonnent pas. Comme une délicate confiserie, ils ingèrent le glucose ainsi porteur d'une saveur infusée.

Derrière eux, j'aperçois les premiers portraits de l'ayatollah Khomeiny, qui est fidèlement accompagné de son successeur l'imam Khamenei. L'image de ces leaders chiites me suivra pendant toute la traversée de l'Iran, partageant par moments de belliqueux slogans antiaméricains ou israéliens.

Au matin, je prends la route de Machhad. Un flot de cubes roulant passe devant moi. La Saipa iranienne remplace la Chevrolet ouzbèke. Encore habitué au rythme d'Asie centrale, je sors le pouce et... me reprends. Mauvaise idée : je me rappelle qu'exposer le plus court des doigts de la main en Iran équivaut à tendre son majeur sur les routes françaises. Pour ne pas insulter la totalité de la population iranienne, je choisis d'attirer l'attention des conducteurs en agitant ma paume comme je l'ai fait en Asie du Sud-Est.

Le résultat ne se fait pas attendre. Ali le boucher arrête sa camionnette bleue et m'encourage à grimper dedans. J'évite la remorque, car une vache fraîchement abattue y gît. La cabine me paraît plus propice. À travers le pare-brise apparaissent les premières teintes orientales. Le beige pastel du désert, moucheté de rares pousses vertes, entoure quelques bâtisses clairsemées. Faits de briques de terre séchée, les villages se fondent délicatement dans le décor, car chaque particule de ses constructions en provient.

La poésie de l'endroit est aussi ensorcelante que le regard d'Ali. Expressifs, perçants (peut-être parce qu'ils sont persans), ses yeux semblent raconter l'histoire de la Création.

Faute de vocabulaire, je ne saurai jamais s'il me décrivait le big bang ou les détails de l'abattage, mais Ali fait l'effort de communiquer. Ses gestes, ses grands sourires et son entrain me rappellent les Bédouins jordaniens. Humble, mais honnête, simple, mais généreux.

Plus loin, une Peugeot s'arrête. L'industrie automobile française, Peugeot et Renault en tête, semble confortablement installée dans ce pays. Les véhicules sont produits par le constructeur Iran Khodro. Toutefois, certains modèles me paraissent étranges. Cette Renault cubique, par exemple, est-ce pour s'adapter à la clientèle de Saipa ?

Mon conducteur me dépose à Machhad, « ma » première ville iranienne.

Le trafic routier est dangereux, surtout en tant que piéton, car ici les voitures chassent le bipède. Alors, je suis le mouvement de la foule. Elle m'emmène dans les méandres d'un ensemble architectural confus, où des échoppes fleurissent de toutes parts, entre deux bazars et quatre vendeurs de rue. Falafel, kebab, *perenj* (riz) et *sangak* (pain) envoient de délicieux effluves qui combattent les nocives fumées noires des taxis jaunes. Ce fouillis vivant et coloré me rappelle la Syrie d'avant-guerre. J'aime cette effervescence, je m'y sens à l'aise.

Mais de trop nombreux détails demeurant inexpliqués, je fais appel à la communauté locale de couchsurfing pour m'éclairer sur toutes ces zones d'ombre. Quelques heures plus tard, j'arrive chez Masoud, qui héberge simultanément Johanna et Liga, d'Australie et Lettonie. Comme le passeport iranien restreint considérablement les possibilités de voyage, beaucoup de citoyens du pays d'Ahmadinejad utilisent ce site Internet. Cela leur permet de voyager par procuration tout en obtenant des informations non censurées du monde.

Et en censure, Masoud en connaît un rayon. Je le découvre peu à peu au milieu de mes interrogations :

— Qui est l'homme du poster, celui qui est affiché sur ton mur ?

— Ah ! c'est mon oncle. Il est directeur de cinéma et assez connu dans le pays. À vrai dire, ce qui l'a vraiment rendu célèbre est une œuvre qui fut censurée dès sa publication.

— Pourquoi donc fut-elle censurée ?

— Son film traitait de la police religieuse en Iran. Comme tu le remarqueras peut-être, c'est un sujet tabou dans ce pays.

Pour cela, je décide de suivre Johanna et Liga qui vont au complexe de l'imam Reza. Vingt millions de pèlerins annuels permettent au Haram-e Razavi d'être le second lieu de culte le plus visité de tout le monde musulman, après La Mecque, en Arabie Saoudite.

À son approche, Johanna se fait gronder par une dame iranienne en tchador. Une mèche de cheveux dépasse de son foulard, ce qui apparemment lui donne un air dévergondé. Quelques instants plus tard, le problème est réglé, car, pour continuer, elle doit à son tour porter le tchador. Liga et Johanna m'abandonnent à l'entrée du complexe. Comme dans le métro, la mixité des genres n'y est pas permise.

J'entre par la porte des hommes et je découvre l'immensité du Haram. Arches, minarets, arabesques, mosquées, fontaines. Je progresse au milieu d'un jardin d'Éden jusqu'au cœur du complexe, le sanctuaire.

Je n'ai jamais entendu parler de ce martyr assassiné il y a environ 1200 ans. Je ne devrais pas, n'étant pas musulman, mais le désir d'apprendre me pousse à pénétrer dans la dernière demeure de l'imam Reza, descendant du prophète Mahomet. J'entre.

Plusieurs salles se succèdent ; la plupart sont recouvertes d'une coupole où brillent mille paillettes d'or et d'argent. Le kitsch des églises chrétiennes orthodoxes est dépassé, mais le rendu est impressionnant.

Debout ou à genoux sur les tapis, des pèlerins musulmans récitent quelques prières du Coran à voix basse. Il arrive que l'un d'entre eux en lance une à voix haute pour que tous la reprennent en chœur.

Une clameur s'élève au loin. Je la suis et découvre rapidement l'objet de son origine : le tombeau de l'imam Reza.

C'est la bousculade. L'atmosphère de recueillement s'évapore devant cette transe collective. Une assemblée de fidèles tente en vain de mettre la main sur la tombe, un père envoie son fils par-dessus la foule, certains pleurent, d'autres ne semblent plus savoir où ils se trouvent. Moi, l'étranger qui ne connaissait pas l'imam il y a seulement 10 minutes, je demeure bouche bée.

Que ce soit pour Mao Zedong ou l'imam Reza, l'idolâtrie de groupe me met mal à l'aise. Ce mouvement de foule semble incontrôlable et, pendant que je l'observe, un plumeau m'arrive dans le nez. C'est un garde qui attire mon attention. Pourvu qu'il ne s'aperçoive pas que je suis un infidèle, pourvu qu'il ne me demande pas de réciter une prière du Coran, pas ici...

— *Here*, prononce-t-il fermement, interrompant ainsi le cours de mes pensées.

À ce mot, il me tend simplement un sac plastique pour que j'y range mes chaussures. Étourdi que je suis, j'avais omis ce léger détail à l'entrée. Quelle montée d'adrénaline !

Je passe quelques jours à Machhad, puis je prends la direction de Téhéran, situé à 900 kilomètres de là. Sur la route, j'expérimente une nouvelle fois la fameuse hospitalité iranienne. Hadi Moradi arrête sa Peugeot 405 aux alentours de Nishapur, m'emmène visiter la tombe de Khayyâm, poète et savant perse, me remplit la panse d'onctueux mets perses, puis me trouve un camion en direction de la capitale iranienne.

Cette aide spontanée, couplée d'un désir d'informer sur sa culture, m'estomaque. Comment ce pays est-il plus connu pour son programme nucléaire que pour la générosité de son peuple ?

Ville moins conservatrice que Machhad, Téhéran est une gigantesque tache bétonnée de treize millions d'habitants au milieu du désert. Je suis étonné de voir que la mode féminine est à la refonte du nez. Le port du voile n'empêche pas la chirurgie esthétique !

Les murs, eux, sont toujours repeints à la gloire propagandiste de l'ayatollah et, dans ce trafic chaotique, il serait dangereux de lever la tête trop longtemps pour les observer. Quelques bouilles d'enfants me poussent toutefois à interroger mon hôte Komeil qui m'accompagne :

— Que représentent ces portraits ?

— Ce sont les martyrs du peuple. L'ayatollah Khomeyni les envoya se faire exploser sur les champs de mines pendant la guerre contre l'Irak, histoire de déblayer la route. Pour les convaincre, il leur faisait parvenir une petite clé qui leur garantissait l'accès au paradis. Certains d'entre eux n'étaient âgés que de 13 ans.

Je connaissais ces faits. En avoir la confirmation de la bouche d'une personne d'ici me désole encore plus. Comment ces « guides suprêmes » osent-ils manipuler des gosses de cette façon ? Comment osent-ils se faire élever au rang de *sayyid* (descendant du prophète) suite à cela ?

Je fais un rapide détour par Shiraz, Isfahan et Persépolis, car mes jours sont désormais comptés. J'annonce la date de retour à mes parents. Le 12 mars 2013, je célébrerai mon anniversaire (et donc aussi celui de ma sœur jumelle) en famille et à la maison. Déjà trop de Noëls, de mariages et de fêtes de famille ratés. C'est décidé : je ne manquerai pas la prochaine réunion. Comme il me reste ainsi 18 jours pour atteindre la France, je consulte pour une dernière fois ma carte routière et m'extirpe de la capitale iranienne.

24

Les derniers kilomètres

Le compte à rebours commence. Je quitte Téhéran par le métro. Le centre, la banlieue, puis la route à la sortie de la ville. Encore une mégapole qui disparaît derrière moi. Je trouve assez rapidement un camionneur turc qui se dirige vers l'ouest. Direction la Turquie. Je réalise, en filant vers cet endroit-clef du voyage, que mon tour du monde se termine bientôt. En effet, la Turquie représentait pour moi le début de l'aventure, la sortie de l'Europe et d'un monde connu. En empruntant cette porte dans l'autre sens, j'ai le sentiment de rentrer à la maison.

Un autre camion turc prend le relais et m'amène à la frontière. Je parle un peu allemand avec lui et, au fil de la conversation, il me demande d'où je viens :

— Normandie, dis-je.

Cela lui évoque clairement quelque chose :

— Tu connais Cléon ? Il y a une usine Renault là-bas. J'ai parcouru la ligne Bursa-Cléon pendant très longtemps, m'apprend-il alors qu'un paysage désertique iranien défile toujours sous mes yeux.

Cléon m'est très familier, en effet, car l'usine dont il parle est située à vingt kilomètres de chez moi ! Dommage qu'il ait interrompu cette liaison il y a une décennie, car il aurait pu être mon dernier conducteur, explosant au passage tous mes records de longue distance en auto-stop. Au lieu de cela, il me dépose quelques kilomètres plus loin à la frontière turque.

J'y découvre une longue file de huit kilomètres. Huit kilomètres de camions les uns derrière les autres. Huit kilomètres que je préfère parcourir à pied.

Un officier tamponne mon passeport pour l'une des dernières fois, et j'arrive dans le poste d'immigration turc. Il est déjà tard et je décide de passer la nuit dans la cafétéria.

Une télévision HD diffuse des programmes turcs s'adaptant à la demande occidentale. Quel choc ! J'avais oublié la stupidité de ces jeux télévisés ! Ces blagues de préado, ces mannequins superficiels, ces comportements hystériques déclenchés par le gain d'un grille-pain. Cette sous-culture semble même avoir empiré depuis mon départ...

À Dogubayazit, un camion Mercedes s'arrête. Erdem, le conducteur, va à Istanbul, à 1500 kilomètres de là. Pendant deux jours et deux nuits, nous parcourons la Turquie de l'est à l'ouest, traversant les montagnes d'Erzurum, puis longeant la mer Noire. Je retrouve les mosquées ottomanes, dont les minarets s'élèvent dans le ciel comme des fusées au démarrage.

Je traverse la Turquie rapidement, très rapidement même. Je remarque avec étonnement que mon premier passage il y a cinq ans m'avait dévoilé toutes les richesses de sa facette orientale. Aujourd'hui, c'est l'inverse : la Turquie évoque pour moi l'Europe. Ma perception est-elle orientée par mes désirs du moment, ou le pays d'Atatürk a-t-il réellement changé ?

À Istanbul, je tombe sur un routier roumain qui va à Bucarest. Grâce à lui, je retourne officiellement en Europe. L'apparition de la bannière bleue étoilée à la frontière bulgare me procure des frissons.

Hier située aux antipodes, cette république slave revêt aujourd'hui à mes yeux un costume maison. Mon camionneur, Daniel, regarde des films sur son ordinateur tout en conduisant. Cela l'aide à rester éveillé, me dit-il. Nous traversons la

Bulgarie pendant la nuit et arrivons au matin à Bucarest, la capitale roumaine.

Mes premiers pas en Roumanie ont quelque chose de plutôt spécial. À la sortie du camion, je pose mes pieds par terre et j'avance. Étrange. La seconde foulée était différente de la première. Je regarde derrière moi. Au pied du camion, mes semelles m'adressent un dernier signe d'adieu.

En effet, les deux se sont décrochées de mes chaussures ! Je réalise seulement maintenant qu'il y avait un radiateur installé sous mon siège. Il a chauffé à blanc mes souliers pendant toute la durée du voyage. Le contraste avec la température d'une Roumanie hivernale a décollé mes semelles qui sont désormais totalement irrécupérables. Heureusement, il me reste une paire de rechange que j'utilise pour découvrir Bucarest.

J'erre toute la journée dans cette ville à l'architecture grise et carrée, observant les innombrables blocs de béton communistes qui jonchent le sol de cette zone urbaine étendue. Impossible de manquer le palais du Parlement, qui était si cher à Ceausescu. Les dimensions de ce second édifice le plus grand du monde sont à l'image du dictateur mégalomane qu'il fut. Il faut dire à sa décharge qu'il l'a fait bâtir après le Pentagone américain…

Bucarest signifie également un retour aux commodités occidentales. Les tramways et les bus à numéros facilitent ainsi ma sortie de la ville.

Direction Cluj, puis Oradea. Je suis à 10 kilomètres de la Hongrie quand une camionnette Renault s'arrête. Mon conducteur m'emmène jusqu'à Budapest. Je passe une journée à visiter cette magnifique ville, puis je la quitte avec un couple de Hongrois qui vit à Ulm, en Allemagne. Je m'assois donc à l'arrière de leur BMW, à côté de Bony leur labrador. Nous traversons la moitié de la Hongrie et la moitié de l'Allemagne avant d'arriver chez eux en fin de journée. Peter et Vera m'invitent à passer la nuit chez eux. Ce seront mes derniers hôtes « spontanés » du voyage.

Le lendemain, ils me déposent à une entrée d'autoroute en direction de la France. Un homme s'arrête et me fait avancer d'une trentaine de kilomètres. Je vois la première plaque d'immatriculation française. Terminaison en 13, c'est un Marseillais. Je suis à l'affût de tous ces petits détails qui m'annoncent une prochaine entrée en France. La maison se rapproche.

Encore quelques kilomètres. Un minivan transportant des produits congelés me pousse jusqu'à Stuttgart, puis une Nissan me dépose dans une station-service de Saarbrücken. Là, deux jeunes s'arrêtent à ma vue. J'ouvre la discussion :

— *Sprechen Sie Englisch ?*

— T'es français ? me répondent-ils.

Ils vont à Strasbourg et veulent bien m'y emmener. Ça y est, j'y vais, j'y suis !

Après toutes ces années à y penser, à l'imaginer sous toutes ses formes, voici enfin le véhicule qui va me ramener en France. Pas de limousine ou de voiture excentrique pour terminer en beauté, mais deux jeunes tout à fait normaux. Quoique…

Ils me disent revenir de deux jours passés aux Pays-Bas, et, à première vue, ils n'y sont pas allés pour faire du tourisme. Les deux ne travaillent pas, mais conduisent une voiture, disons, plutôt correcte. Autrement dit, à chaque péage autoroutier et aux abords de la frontière, je prie pour ne pas tomber sur les douaniers. Quelle entrée au pays !

Quelques hectomètres plus loin, au détour d'un pont, je vois surgir de nulle part un panneau F entouré de ses étoiles jaunes européennes.

Ça y est ! Je suis en France !

Pas de feu d'artifice pour mon retour, mais, dans mon esprit, c'est le carnaval. Je dévore littéralement toutes les informations qui se présentent à moi. L'organisation des routes à la française, les panneaux, les maisons, les commerces.

Les deux jeunes me déposent près du tramway strasbourgeois.

« Je suis de nouveau piéton, le sac au pied, et je suis en France », me dis-je.

Sorti de son contexte, cette phrase ne veut absolument rien

dire, mais, pour moi, à ce moment, cela signifie beaucoup. Je suis pris d'une sorte d'euphorie.

J'ai envie d'embrasser cette terre qui est la mienne, qui m'a vu grandir et que j'ai quittée il y a si longtemps. Cette terre est mon amie, ma famille. Les premières personnes que je croise me paraissent familières. Pourtant, je ne les connais pas.

Je les vois cependant comme des membres de ma tribu, de mon groupe ethnique. J'ai souvent su reconnaître les Français par leur faciès lorsque j'en voyais à l'étranger. Maintenant, c'est comme s'ils se ressemblaient tous. Des traits fins, un nez aquilin... Je ne sais pas, une tête de Français, tout simplement.

Je demande ma route à deux vieilles dames accolées à une station de bus. Pas de bêtise, il faut que j'utilise le vouvoiement. Voilà une chose que j'avais oubliée à force de m'exprimer en anglais.

Je remarque que j'ai gardé mes yeux de voyageur. Je scrute les Français, leurs traits de caractère, leur environnement, comme si je cherchais à comprendre leur culture. Je suis surpris de réaliser que tout le monde parle français autour de moi. Après plusieurs années à entendre des langues que je ne maîtrisais pas, je me sens doté d'un pouvoir spécial, celui de comprendre exactement tout ce qui se dit.

J'utilise donc ce pouvoir. J'écoute toutes les conversations, je m'en abreuve. Les gens qui m'entourent ne semblent pas avoir conscience de la puissance des mots. Ils expriment des concepts qui ont des significations concrètes. Je me régale d'identifier l'intonation de voix qui fait basculer le sens de la phrase. Ces expressions verbales déclenchent en moi des émotions incroyables. Tout cela est tellement proche de ma personne que j'ai l'impression de m'écouter parler !

Je trouve la France propre. Ma vision sur ce point a changé également. J'imagine que, si je disais cela à un Français qui n'a jamais quitté la France, il aurait la même réaction que moi avant mon départ. Pourtant, quel fossé avec tous ces pays en développement, où les sacs plastique font partie intégrante du paysage !

Marcher dans les rues de Strasbourg me procure un émerveillement permanent. J'ai le sentiment d'être chez moi. Tout m'est familier. Les plaques de rue, les journaux, le sigle de presse, le PMU, le tramway qui annonce les stations en français. Je remarque toutefois que les plaques d'immatriculation ont changé.

À la sortie de la capitale alsacienne, un certain Pierre-Olivier me fait monter dans sa voiture. Il va jusqu'au village de Blamont, en Meurthe-et-Moselle. Je lui raconte mon voyage et il m'invite chez lui. Sa femme me sert un repas typique du pays. Munster, beaujolais, saucisson, moutarde. Que la gastronomie française m'a manqué !

Pierre-Olivier me dépose de nouveau sur la route. Quelques minutes plus tard, un camion immatriculé au Luxembourg s'arrête. Le conducteur va jusqu'en région parisienne, mais me dépose à Vitry-le-François. J'y trouve la jonction allant à Reims, où m'attendent mon parrain Joachim, mes cousins Raymond, Nelly, Samantha et Vincent.

Peu après, j'arrive devant leur maison.

Toc, toc, toc.

J'entends Nelly s'exclamer à l'intérieur. Le grand moment arrive. Ils ouvrent la porte. L'instant qui suit se déroule comme dans un rêve. Autour d'une onctueuse bouteille de champagne, ils m'assaillent de questions auxquelles je réponds avec plaisir. Mon corps subit la fatigue, mais mon esprit s'abreuve de cet échange. Cet instant dure une soirée.

Le lendemain, Raymond me dépose à l'entrée de l'autoroute en direction de la capitale. Il me faut vingt minutes pour trouver un van Renault conduit par Gérard. Il me dépose en plein centre de Paris, où je dois retrouver Coralie, ma sœur jumelle.

Elle m'attend près d'un café situé en face de la gare Saint-Lazare. Je la retrouve.

Quelle sensation étrange ! Je m'étais habitué à observer sa photo que je gardais précieusement dans mon sac, et voilà que son visage s'anime. Ce portrait n'est plus statique, il est vivant ! Pendant une minute, notre environnement n'a plus de sens et nous nous redécouvrons. Je réalise qu'elle est encore plus perturbée que moi. Un instant, tellement elle est rouge, je crois qu'elle va sangloter, puis tout redevient normal.

Les premiers mots que nous prononçons ne peuvent pas résumer toutes ces années de vie que nous avons passées éloignés l'un de l'autre. Nous redémarrons simplement le dialogue, comme s'il s'était estompé hier, mais il ne s'interrompra qu'au moment d'aller au lit.

Ce soir, je dors chez elle à Mantes-la-Jolie. Je rencontre pour la première fois son petit ami Samuel, puis nous allons tous ensemble à Rouen le lendemain, où je dois retrouver mes parents.Ce chemin, je le connais par cœur, mais cette fois tout va trop vite. Je n'ai pas le temps d'assimiler ce qui se passe.

Au cœur de l'Amazonie, sur l'océan Pacifique, dans l'arrière-pays australien, je l'ai rêvée mille et une fois, cette arrivée. Mais la vitesse du présent me donne l'impression de tout balayer d'un coup.

Plus les minutes s'égrènent, plus je me rapproche de mes parents et plus je suis fébrile. Voilà déjà le dernier virage, la dernière rue, ma maison.

Nous nous garons.

Mon père devait guetter derrière la baie vitrée, car il sort aussitôt. Il est là, mon papa ! Il m'a tellement manqué ! J'aurais tant voulu partager cette aventure avec lui. Ses yeux brillent. Lui qui n'est généralement pas émotif, il me serre dans ses bras. Les larmes me montent.

Voilà maman. Elle est émue. Je me blottis contre elle, respire son parfum, et je sais qu'il n'en faudrait pas plus pour qu'elle éclate en sanglots.

Je prends lentement conscience du présent.

Cinq années de vie ont passé, nous avons tous vieilli, mais papa et maman sont toujours là, aimants et bien vivants. Je les aime, mes parents, et suis tellement content d'avoir pu les rendre fiers de moi.

Ma maison n'a pas changé, tout est pareil. Tout, sauf ma perception. J'arrive comme si je passais. Il faudra me faire à l'idée que cette fois je reste, je ne repars plus.

Enfin, si, il le faut tout de même.

Je dois officiellement terminer ce voyage là où je l'ai commencé, c'est-à-dire à Caen.

Le lundi 11 mars 2013, mon père me dépose sur la route départementale 675. La neige tombe fortement, mais voilà déjà une voiture qui s'arrête, puis une autre, et encore une autre. Ce sera mon dernier conducteur, le 1752e du voyage. Il s'appelle Sylvain Clerel et me dépose à Caen. J'y retrouve Denise De Monte, l'ancienne directrice du Clos Herbert, où j'avais débuté mon voyage le 8 octobre 2007.

L'arrivée officielle se fera à l'école demain.

Mais l'imprévu n'existe pas qu'en auto-stop.

Au matin du 12 mars 2013, je me réveille avec plus de cinquante centimètres de neige dans le jardin de la directrice, et ça tombe toujours. La radio annonce que cela n'est pas arrivé dans la région en plus de quarante ans.

Impossible de circuler, personne à l'école, alors, je pose tout de même pour la postérité, mon panneau et mon pouce levé.

180 700 kilomètres, 1752 véhicules, 71 pays et territoires traversés en cinq ans, cinq mois et cinq jours. Des rencontres inoubliables, des expériences qui marqueront à vie, des océans immenses traversés, l'opulence, la misère, des histoires, des invitations, des cultures découvertes. Bref, maintenant, je peux le dire : j'ai fait LE TOUR DU MONDE EN STOP !

Épilogue

Quelques semaines après mon retour en France, j'ai pris un billet d'avion pour aller rejoindre Wati à Bali.

Là-bas, dans ce pays où il fait bon vivre, j'ai commencé une nouvelle vie, une vie avec elle.